인간 이순신 평전

인간 이순신

박천홍 지음

평전

북하우스

명성의 여신 파마^{Fama}는 많은 사람들이 열망해 마지않는 여신이며 여러 얼굴을 지니고 있는데, 명성이라는 것도 일주일짜리의 커버스토리 평판부터 빛나는 불후의 명성에 이르기까지 여러 가지가 있다. 사후의 명성은 다른 명성에 비해서 덜 변덕스럽고 더욱 견고한 것이긴 하지만, 파마의 명성 중에서는 희귀하고 바라지 않는 품목 중의 하나다. 그것이 단순한 상품처럼 전수되는 것이 아니기 때문이다. 그 중에서 가장 큰 이득을 보는 사람은 죽은 사람이고 또한 그것은 팔 수도 없다.

　　　　　　　　　　　　　　─한나 아렌트

기념비적 역사를 넘어서

이순신은 민족의 신화, 공동체의 영웅, 전쟁의 명장, 인간을 넘어선 인간으로 기억되고 있다. 이순신의 존재는 하도 눈부셔서 그앞에 서기가 망설여질 지경이다. 그에게 바쳐진 화려한 찬사는 전대미문이다. 정인보는 그를 거룩한 '성자'의 반열에 올려놓았다. 설의식은 나아가 그를 '민족의 태양'으로 추앙한다. '인류 성선(性善)의 최고발영(最高發英)이라 할 자'로 그를 기리는 최남선은 단연 압권이었다. 한 인간의 생애가 그처럼 빛나는 언어의 후광에 휩싸여 있다는 사실이 경이롭다.

이순신은 우리 민족이 세운 불멸의 사원에 성스럽게 봉안되었다. 그를 신이나 영웅의 자리에서 끌어내려 인간의 지위를 되찾아주려는 시도는 신성모독이나 우상파괴로 낙인찍혔다. '인간' 이순신은 금기의 영토였다. 그에게는 오직 경배와 찬탄만이 합당한 대우처럼 보였다. 민족의 태양은 늘 빛나야 하며 사악한 어둠이 그 빛을 가릴 수 없다는 것이 이순신을 향한 오래된 믿음이었다. 하지만 이순신 동상 주위에 금줄이 쳐지고 그의 생애가 신비화될수록 남은 것은 공허한 우상의 을씨년스러운 풍경일 뿐이다.

우상은 언젠가는 허물어지게 마련이다. 독재자 박정희가 민중의 귀와 입을 막으며 요정에서 일본 군가를 부르고 있을 때, 세종로 사거리에서 투구 갑옷을 입고 서 있던 이순신은 "구리로 만든 엉터리 이순신"으로 전락할 수밖에 없었다. 시인 김지하는 희곡 「구리 이순신」에서 '민중의 뼈'를 딛고 서 있던 독재자의 우상을 허물어버렸다. 독재자의 종말과 함께 '우상' 이순신도 빛을 잃었다.

어쩌면 이순신은 역사상 가장 아낌없는 찬사를 받았지만 또한 가장 정당하게 평가받지 못했던 인물일지도 모른다. 백전백승의 불패 신화로 미화되고 박해와 시련의 서사만 과잉 부각됨으로써 그의 생애가 왜소화되어왔기 때문이다.

이순신은 범접할 수 없는 영웅이 아니었다. 인간의 경지를 뛰어넘은 초인이나 신은 더구나 아니었다. 오히려 평범한 인간이었기에 때로 다른 인간을 증오했고, 전쟁의 불확실성 때문에 동요했고, 냉혹한 군율로 부하들의 목을 베었고, 육체적 질병으로 땀을 흘리며 신음했고, 알 수 없는 운명 앞에서 초조하게 점을 쳤고, 가족의 안부에 노심초사했고, 피붙이를 잃은 슬픔으로 통곡했다.

이순신의 생애를 찬찬히 들여다보면, 명상적 우수(憂愁)에 잠기고 고독과 울분에 몸부림치는 한 인간을 만나게 된다. 보이는 적과 보이지 않은 적들에 둘러싸여 있었기에 그는 늘 잔뜩 찌푸린 얼굴로 내면을 응시하고 있었다. 전쟁터에 도사린 피로와 결핍, 소름끼치는 공포, 예측불허의 우연, 죽음의 가능성 앞에서는 그도 초연할 수 없었기에 꿈자리마저 사나웠다. 그를 신으로 받들었던 종교의 사제들은 그의 인간적 고통과 슬픔에 애써 눈감은 채 기념비를 세우는 데만 열중했다.

기념비처럼 견고한 것도 시간이 흐르면 파괴되고 인간의 헛된 욕망만을 기념할 뿐이다. 불사의 영혼은 기념물이 필요없다. 그의 존재 자체가 살아 있는 상징으로 후대에 기억되기 때문이다. 이순신이 위대했던 것은 그의 업적을 돌에 새긴 비석 때문이 아니라, 자신의 덧없고 비속한 생애를 최선의 순간, 숭고한 가치, 초월의 의지에 매달았기 때문이었다. 역사가 그를 영웅으로 기억하는 까닭은 그가 자신의 생을 덮친 고뇌에 정직했기 때문이었다.

부끄러운 고백이지만, 필자는 최근에야 비로소 이순신의 『난중일기』를 읽었다. 그것도 스스로 원해서가 아니라 남에게 등 떠밀려서 들춰보게 된 것이었다. 우연히 한 출판사에서 어린이들에게 『난중일기』를 쉽게 읽히게 하자는 기획을 했고, 이순신과 인연이 없던 필자에게 연락이 왔다. 처음엔 뜨악했지만, 못할 것도 없다 싶어 응했다. 덕분에 『난중일기』와 이순신 관련 자료를 훑어볼 수 있었고, 이순신의 발자취를 따라 남해안을 뒤지고 다녔다.

이순신 동상이나 사당, 기념탑, 기념비 등을 돌아보며 사진을 찍는 일은 고역에 가까웠다. 이순신은 우리에게 너무 진부해져버린 인물이라는 생각을 지울 수 없었다. 그런데 여행하면서 강렬하게 인상에 남는 것이 하나 있었다. 한산 앞바다를 굽어보고 있는 한산대첩기념비가 그것이었다. 그것은 몇 번이나 길을 잘못 들어 헤매다가 겨우 찾을 수 있는 곳에 서 있었다. 정확히 말하면 한산도 문어포 산정이었다.

입구부터 을씨년스러웠다. 콘크리트 포장로에는 나뭇잎들이 수북이 쌓여 있고, 그 사이로 푸른 이끼들이 점령하고 있었다. 이미 오래 전에 인적이 끊긴 것이 분명했다. 기념비는 흉물스러웠다. 화강암으로 깎아 만든 거북선 몸체와 노에는 비바람이 남기고 간 검은 얼룩이 덕지덕지 붙어 있었다. 그 주변에는 썩어서 떨어져나간 나무 의자가 서 있고, 잡초 사이로 담배꽁초와 쓰레기들이 버려져 있었다.

기념비의 내력을 보면 이것의 정체를 알 수 있다. 이 기념비는 1978년부터 1979년 사이에 만들어졌다. 국비 1억 5,500만 원이 들어갔다고 한다. 당시로는 거액이었다. 높이 20미터의 기념비에 새겨진 것은 박정희 전 대통령의 글씨다. 기념비 표석에는 "1979년 10월 비면제자(碑面題字) 대통령 박정희"라고 쓰여 있다. 김재규가 쏜 총탄에 맞아 사망하기 며칠 전이다. 박정희가 최후로 남긴 기념비인지도 모른다. 표석에는 이런 문구도 새겨져 있다.

이 해전(한산해전)이야말로 우리 민족의 자랑이므로 박정희 대통령이 특별하신 분부를 내려 만인이 바라보는 한산섬 높은 언덕 위에 슬기의 증언탑을 세우게 한 것이다.

한산섬 앞바다는 민족의 마음의 고향
창파를 내다보면 눈부신 승리의 역사
오늘도 혈관 속에서 힘이 절로 솟는다.

이 고색창연한 문구와 이곳의 황폐한 풍경은 마치 한편의 부조리극을 보는 것 같았다. 저 허황한 언어로는 이순신의 삶과 죽음,

싸움을 담아낼 수 없지 않을까. 영웅이나 신화 같은 관제 이데올로 기로 이순신의 생애를 가두어두는 것은 역사에 대한 모독이 아닐까. 지도에는 있지만 우리 마음속에는 이미 없어져버린 저 기념비처럼 이순신도 몇 개의 형상과 추상만 남은 채 잊혀져온 것은 아닐까. 이런 어지러운 질문들이 이 책을 쓰게 한 동기였다.

19세기 영국의 한 작가는 전기를 "우리 자신보다 나은 존재가 분명히 있음을 보증하는 연대기"라고 말한 바 있다. 전기를 쓰는 사람은 자칫하면 한 사람의 일생을 도덕의 틀에 가두려는 유혹에 빠지기 쉽다. 하지만 한 사람의 생애를 이끌어가는 힘 가운데 도덕은 이념일 수는 있지만 진실 자체는 아니다.

한 인간의 전기를 쓰면서 공정성과 객관성을 표방하기는 쉽다. 하지만 엄밀히 말하면 역사의 공정성과 객관성은 추구해야 할 이상이지 눈앞의 현실은 아니다. 더구나 하나의 사건이나 인물에 대해 서로 다른 증언이 속출할 때 어떤 것을 선택하고 배제하는가 하는 것은 고도의 정치적 행위일 수밖에 없다. 문제는 선택이나 배제 자체가 아니라 그 과정을 감추거나 생략하는 것이다.

이순신이 위대한 인물이자 불세출의 영웅이었다는 데 대해서는 누구도 이의를 제기하지 않는다. 하지만 그의 삶에서 어떤 국면들은 논자들 사이에 이견이 분분하다. 옥포해전 출전 경위와 승전장계, 원균과의 반목, 통제사 파직과 구속 이유, 노량해전에서 맞이한 최후와 사후 처리, 공신 책정 과정 등이 그 예다. 이런 논란은 임진 왜란 당시의 시대상황과 기록의 한계에 기인하는 바가 크다.

선조 연간은 '목릉성세(穆陵盛世, 목릉은 선조의 묘호)'로 일컫는다. 문운(文運)이 융성하고 걸출한 인물들이 다수 배출되었기 때문이다. 하지만 조선왕조 개창 이후 2백 년 동안 지속된 평화는 어느새 나라의 기둥뿌리를 갉아먹고 있었다. 몇몇 신하들은 위험신호를 보냈다. 1573년(선조 6) 김성일은 선조에게 "조정이 비고, 창고가 비고, 들판이 비었다"며 머지않아 멸망의 화가 닥칠 것이라고 직언했다. 이이李珥도 1583년(선조 16)에 상소를 올려 자신의 근심을 털어놓았다.

우리나라가 태평한 지 오래되어 방심이 날로 심해졌습니다. 경향이 공허하고 군사와 군량이 모두 모자랍니다. 작은 적이 잠시 변경을 침범해도 온 나라 안이 놀라 요동합니다. 만일 큰 적이 침입한다면 비록 지혜 있는 자라도 계책이 없을 것입니다.(『석담일기』)

하지만 이런 쓴소리들은 선조에게 외면당하거나, 이이의 표현을 빌자면 '서캐 · 이 · 여우 · 쥐 같은 조정의 무리들'에 가로막혀 묻혀버렸다. 한편 조선이 오랑캐의 나라라고 멸시하던 일본에서는 도요토미 히데요시가 국내를 통일해 전국시대를 끝맺고 욱일승천의 기세로 명나라 정벌을 호언장담하고 있었다. 조선에서는 통신사를 파견해 일본 정세를 염탐하게 했지만, 당파적 입장 때문에 일본의 침략설은 무시되고 말았다.

1592년(선조 25) 일본군이 파상공세로 조선을 침략하기 시작했을 때, "모든 관리들은 새떼가 흩어지듯 도망가고"(김시양, 『자해필담』) "삼천리 온 강토가 마치 솥 안에 든 물고기나 굴 속의 개미처럼 떠들썩했다. 곳곳에는 잡초만 무성하고 백골이 들판을 뒤덮어 다시는 살아갈 희망이 없게 되었다."(신흠, 『상촌집』)

전쟁의 참화는 인명과 재산만 황폐하게 한 것은 아니었다. 국가의 공식기록마저 흩어지거나 불에 타버렸다. 광해군 때 편찬된 『선조실록』은 역대 실록 가운데 가장 조잡한 기록이라는 오명을 뒤집어썼다. 더구나 정파적 입장이 개입되었다는 혐의 때문에 인조·효종 때 다시 편찬된 『선조수정실록』도 또다른 곡필의 사례로 꼽힌다.

당시 정사와 야사들을 살펴보면, 기초적 사실부터 인물에 대한 평가에 이르기까지 혼돈스럽기 짝이 없다. 이순신에 대한 방대한 양의 증언기록은 때론 정치적 입장에 따라, 때론 기억의 왜곡에 따라 엇갈리는 경우가 수두룩하다. 더구나 인물 평가에서는 극과 극을 달리는 경우가 비일비재하다. 역사는 결국 선택의 기술일 수밖에 없기에 이 책에서는 논란이 되는 사건이나 평가를 가능한 한 드러내려 했다. 역사에서 진실은 단 하나가 아니라 복수일 수 있다는 믿음 때문이다.

임진왜란은 우리 민족에게 지울 수 없는 상처를 남겼다. 하루아침에 쑥대밭으로 변해버린 강토에서 백성들은 너나없이 넋을 잃었다. 허약한 체질이 만천하에 드러나버린 왕조는, 비록 멸망은 면했지만 점차 몰락의 내리막길을 걷지 않을 수 없었다. 이웃 일본에 대한 원한과 적개심은 우리 민족의 심장에 화인처럼 찍혔다. 정유재란 때 일본에 포로로 끌려갔던 정희득이 "왜적은 우리와 함께 하늘과 해를 이고 살 수 없으며, 백세까지라도 반드시 갚아야 할 원수"(『해상록』)라고 했던 것은 우리 민족의 심정을 대변한 말이었다.

전쟁의 상처는 시간의 힘으로도 쉽게 치유되지 않았다. 조선총

독부의 어용지 『경성일보』를 감독하고 있던 군국주의자 도쿠토미 소호德富蘇峰는 조선의 속사정을 탐문하면서 한 가지 사실에 놀라움을 감추지 못했다. 『근세일본국민사』에서 그는 다음과 같이 털어놓았다.

조센에키朝鮮役(임진왜란)는 전쟁을 일으킨 도요토미 히데요시와 그의 자손에게 화를 끼쳤음은 물론, 오늘에 이르기까지 화를 남겼다. 일본이 조선을 병합해 통치하는 데 가장 곤란한 것 가운데 하나는 조센에키의 기억이다. 무릇 모든 조선 사람은 이 전쟁을 기억하고 있다. 따라서 조선의 곳곳에 이 전쟁을 기억하기 위한 돌비석이라든지, 현판, 분묘, 서적, 또는 구비전설 등이 헤아릴 수 없을 정도로 많다. 하나하나 없애버리려 해도 도저히 손을 댈 수 없을 정도이다.

상황은 지금도 크게 다르지 않다. 이순신은 도처에 살아 있다. 도시의 심장 세종로 사거리에, 아이들 함성으로 어지러운 초등학교 교정에, 남해안의 넘실거리는 파도를 굽어보는 사당에, 시간의 풍화를 무색케 하는 견고한 기념비에, 민족의 집단전기인 국사 교과서에, 과거의 스펙터클인 텔레비전 사극에, 심지어 백 원짜리 몇 개가 고작인 빈자의 초라한 호주머니 속에도 이순신은 여전히 형형한 눈빛으로 살아 있다.

이런 인물의 전기를 쓴다는 것은 무모한 일일지도 모른다. 기록을 읽으면 읽을수록 이순신의 참모습은 미궁에 빠져들었다. 그 시대에 대한 무지 때문에 당황하고, 이순신의 생각을 따라잡지 못해 난감한 적도 많았다. 사료가 침묵하는 지점에서는 빈곤한 상상력을 한탄했다. 그럼에도 이 책을 준비하는 동안 그가 감히 넘볼 수 없는 신이 아니라 우리와 마찬가지로 사랑하고 고뇌하고 슬퍼했던 인간이었다는 사실을 발견하여 즐거웠다. 그는 인간의 얼굴을 한 영웅이었다.

이 책을 쓰면서 가장 고심했던 대목은 이순신과 원균의 관계였다. 1980년대 이후 이순신에 대한 신비화와 성역화의 반작용으로 주기적으로 고개를 들었던 원균 재평가론은 역사의 공과를 엄정하게 따진다는 점에서 새겨들을 만한 대목도 없지 않았다. 패자에게 가혹한 역사의 편견을 교정한다는 점에서도 일리가 있었다. 이 책에서도 수긍할 점은 반영했다. 하지만 원균의 명예회복은 이순신의 명예를 훼손하지 않는 범위 내에서 정당하다.

필자는 이순신의 생애를 평가하면서 다음과 같은 원칙에 따랐다. 먼저 이순신을 둘러싼 시대적 상황을 놓치지 않으려 했다. 이야기가 번잡스러워질 우려가 있었지만, 그렇지 않으면 이순신의 진면목을 볼 수 없다고 믿기 때문이다. 둘째, 임진왜란의 개별 해전 장면은 소략하게 언급하고 지나쳤다. 그것은 전쟁사가들의 몫이거니와 이순신의 생애는 전쟁의 승리보다는 일상의 삶 속에서 더욱 빛났기 때문이다. 셋째, 이순신의 수난과 당쟁의 관계는 주목하지 않았다. 이순신을 궁지로 몰아넣은 것은 정파적 이해관계라기보다는 오히려 일선 전쟁터와 조정 사이의 뛰어넘지 못할 거리와 소통 불능이었다. 마지막으로, 가능한 한 이순신의 '일상'을 되살리려 했다. 피와 살을 가진 인간 이순신의 모습은 일상의 세목 속에서 드러나기 때문이다.

이순신은 전쟁의 명장(名將)이라기보다는 삶의 명장(名匠)이었다. 니체가 말한 것처럼 삶이란 밑바닥으로부터 끊임없이 배우고 가차없이 훈련받아야 하는 수공업 같은 것이다. 이순신은 자신의 생애를 역사에 길이 기억되는 수공업품으로 만들 줄 알았다. 아무도 감히 흉내낼 수 없는 희대의 무인(武人)보다는 누구나 도달할 수 있는 삶의 예인(藝人)으로 이순신을 그려보는 게 이 책의 목적이다.

2005년 8월

박천홍

차례

기념비적 역사를 넘어서 5

1부
전쟁

우리는 시간이 우리의 옆에서 죽어가는 사람들의

화색 없는 얼굴 속으로 사라져 들어가는 것을 보았다.

— 에리히 마리아 레마르크

일러두기

1. 이 책에서는 『선조실록』 『이충무공전서』 등의 관찬사료와 유성룡의 『징비록』, 조경남의 『난중잡록』 등 당대인의 개인문집을 일차사료로 삼았다. 『이충무공전서』 가운데 이순신의 선행만을 기록한 이분의 「행록」은 제한된 범위 내에서 인용했다. 저자와 연대미상의 『선묘중흥지』, 신경의 『재조번방지』 등은 왕실의 입장을 대변하거나 사대주의적 관점이 짙기 때문에 제외시켰다. 중국측 사료는 『명사(明史)』, 일본측 사료는 포르투갈 선교사 프로이스의 『일본사』를 주로 참고했다.

2. 본문에서 출전을 밝히지 않은 채 기록한 사건과 시간은 『선조실록』, 이순신의 『난중일기』와 장계에 따른 것이다. 필요한 경우에 한해서 문장 가운데나 인용문 끝에 출전을 밝혔다.

3. 일본 지명과 인명은 『일본 지명 읽기 사전』(그린비 일본어 연구실 엮음, 그린비)과 『일본 인명 읽기 사전』(그린비 일본어 연구실 엮음, 그린비)에 따랐다.

4. 임진왜란 당시의 연월일은 모두 음력이다.

5. 저서, 잡지는 『　』, 논문, 시, 희곡, 상소문, 행장 등은 「　」로 표기했다.

1. 토붕와해(土崩瓦解)

봉화가 타오르다

1905년 5월 27일, 일본 해군 사령부가 있던 진해만. 도고 헤이하치로東鄉平八郎 제독이 이끄는 일본 해군은 러시아의 발트함대를 기다리고 있었다. 숨막힐 듯한 정적이 풍경을 제압하고 있었다. 마침내 러시아 함대가 출현했다는 급보가 날아들었다. 해군 장교들은 출항에 앞서 이순신 장군의 영전에 나가 향을 사르며 승리를 기원했다. 그날 쓰시마對馬島 앞바다로 출전한 일본함대는 발트함대를 침몰시켰다. 훗날 전승축하회 석상에서 도고 제독은 귀빈들을 향해 입을 열었다.

"불초 도고를 혹은 넬슨에 비유하고 혹은 이순신에 빗대 칭찬해 주니 분에 넘치는 영광입니다. 하지만 넬슨이라면 몰라도 이순신에 비유되는 것은 당치도 않습니다. 불초 도고와 같은 사람은 이순신의 발밑에도 한참이나 미치지 못하는 자가 아닙니까?"

그로부터 5년 후인 1910년 8월 29일, 대한제국 총리대신 이완용과 조선통감 데라우치 마사타케^{寺內正毅} 사이에 '한일병합에 관한 조약'이 체결되었다. 그날 밤 데라우치는 측근들과 축배를 들며 즉흥시를 읊었다. "가토^{加藤淸正}와 고니시^{小西行長}가 세상에 살아 있다면 오늘밤 떠오르는 저 달을 어떻게 보았을까." 그때 곁에 있던 이토 히로부미^{伊藤博文}의 어느 심복이 화답했다. "도요토미^{豊臣秀吉}를 땅 속에서 깨워 보이리라. 고려 산 높이 오르는 일본 국기를."

동아시아에 파란을 일으켰던 임진왜란의 주역들이 3백여 년 후 다시 호명된 사실은 기묘하다. 하지만 과거의 인물을 추억하되 그 내용과 어법은 퍽 달랐다. 도고가 장수로서 불세출의 적장에 대한 외경을 겸손의 수사법으로 완곡히 표현했다면, 데라우치와 이토의 심복은 정상배(政商輩)로서 자국의 야심가들이 감히 이루지 못한 꿈을 성취했다는 자만심을 한껏 뽐냈다. 하지만 그들은 중화질서의 변방에서 동아시아의 중심을 꿈꾸었다는 점에서 야망을 공유했다. 그들의 총칼과 계략 앞에서 노쇠한 두 왕조는 허망하게 무릎을 꿇었다.

헤겔은 "세계사에서 중요한 모든 사건과 인물들은 두 번 출현한다"라고 말한 바 있다. 마르크스는 "한 번은 비극으로 한 번은 희극으로 등장한다"라고 덧붙였다. "현 세대는 과거의 망령들을 주술로 불러내며, 이 망령들로부터 이름과 전투구호와 의상을 빌려 이 유서 깊은 분장과 차용한 언어로 세계사의 새로운 장면을 연출한다"는 게 마르크스의 통찰이었다. 하지만 마르크스가 놓친 게 하나 있다. 타자에 의해 유린당한 자들에게 역사는 희극도 비극도 아닌 참혹한 운명일 뿐이었다.

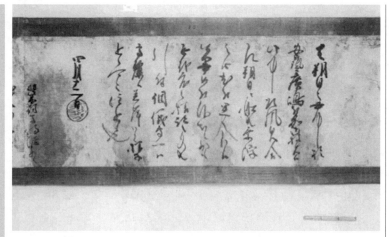

도요토미 군령서 임진왜란 전 규슈·시코쿠 지방 다이묘들에게 도요토미 히데요시가 보낸 명령서로 군선·군량 할당 등을 상세히 지시하고 있다.

이제 4세기 전으로 시간을 거슬러 올라가보자. 1592년(선조 25) 3월 13일 일본의 군사 모험가 도요토미 히데요시는 조선 원정군 편성을 마쳤다. 동아시아 맹주국 명나라와 그에 버금가는 문명국 조선을 꺾어보겠다는 망상이 현실화한 날이었다. 다음달 4월 13일 오전 8시 고니시 유키나가가 이끄는 1번대 18,700명이 전선 7백여 척을 타고 쓰시마 북단의 오우라大浦항을 떠났다. 오후 5시 무렵 부산항이 손에 잡힐 듯 보였다. 임진왜란은 그렇게 도적처럼 한반도를 덮쳐왔다.

적선을 맨 먼저 발견한 것은 부산 다대포의 응봉 봉수대 군사들이었다. 당시 응봉 봉수대에는 봉수군 10명과 그들을 관리·감독하는 책임자인 오장(伍長) 2명이 있었다. 오장 이등李等은 뭔가 심상치 않은 일이 닥쳐오고 있다는 것을 직감했다. 그는 군사를 시켜

일본의 조선 원정군 편성

육군

1번대 고니시 유키나가^{小西行長}, 소 요시토모^{宗義智}, 마쓰우라 시게노부^{松浦鎭信}, 아리마 하루노부^{有馬晴信} 등 18,700명

2번대 가토 기요마사^{加藤淸正}, 나베시마 나오시게^{鍋島直茂} 등 22,800명

3번대 구로다 나가마사^{黑田長政}, 오토모 요시무네^{大友吉統} 등 11,800명

4번대 시마즈 요시히로^{島津義弘}, 모리 요시나리^{毛利吉成} 등 14,000명

5번대 하치스가 이에마사^{蜂須賀家政}, 이코마 지카마사^{生駒親正}, 후쿠시마 마사노리^{福島正則}, 도다 가쓰타카^{戶田勝隆}, 조소카베 모토치카^{長宗我部元親} 등 25,100명

6번대 고바야카와 다카카게^{小早川隆景}, 다치바나 무네시게^{立花宗茂} 등 15,700명

7번대 모리 데루모토^{毛利輝元} 등 30,000명

8번대 우키타 히데이에^{宇喜多秀家} 등 10,000명 쓰시마에 주둔

9번대 하시바 히데카쓰^{羽柴秀勝}, 호소카와 다다오키^{細川忠興} 등 11,500명 이키^{壹岐}에 주둔

총 158,800명.

수군

구키 요시타카^{九鬼嘉隆}, 도도 다카토라^{藤堂高虎}, 와키사카 야스하루^{脇坂安治}, 가토 요시아키^{加藤嘉明} 등 9,200명.

곧바로 가덕진 첨사 전응린에게 보고했다. "13일 오후 4시 무렵 왜선 90여 척이 부산포로 향해 잇따라 다가옵니다." 그리고는 봉화 두 개를 피워올렸다. 적이 출현했다는 신호였다.

이등의 보고를 받은 전응린도 지체 없이 경상우도 수군절도사 원균에게 급보를 띄웠다. 이등의 통지를 전하면서 "부산 다대포 장수에게 군선을 정비해 바다로 나가 만일의 사태에 대비하게 하겠습니다"는 내용이었다. 거제도 가배량의 수군 진영에 있던 원균은 다음날인 14일 오전 10시에 전응린의 기별을 받았다. 처음에는 긴가민가했다. 해마다 오는 무역선일지도 모를 일이었다. 하지만 한두 척도 아니고 90여 척이나 한꺼번에 몰려온다니 낌새가 수상했다.

원균은 미심쩍어하면서도 서둘러 대책을 마련했다. 우선 소속 포구들에 공문을 돌렸다. 망보는 군사들에게 각별히 신경 써서 밤낮으로 해안 동정을 살펴보라고 지시했다. 부하 장수들에게도 군선을 정비해 바다를 굳게 지키라고 명령했다. 곧이어 전라좌도 수군절도사 이순신에게 군사를 급파했다. 그날 오후 4시 무렵에는 경상좌도 수군절도사 박홍의 공문이 날아들었다.

"가덕진첨사가 왜선 150척이 부산포로 다가온다고 했습니다. 이것은 필시 해마다 오는 무역선은 아닌 듯합니다. 무척 걱정스러운 일입니다."

하루가 채 지나기도 전에 일본 배의 숫자가 두 배 가까이 늘었다. 불길한 일이었다. 원균은 다시 이순신에게 글을 썼다. "사연을 낱낱이 말하자면 시간이 너무 늦어질 것입니다. 대강만 적어 우선 전합니다. 차차 또 기별하겠습니다."

다음날 15일 아침. 이순신은 여수 좌수영 관청으로 출근하지 않

토붕와해(土崩瓦解)

23

왔다. 성종 공혜왕후 제삿날이라 근무가 없는 날이었다. 지난 11일에 전라도 순찰사 이광이 보낸 편지에 답장을 쓰면서 하루를 보냈다. 14일에는 활터에 나가 화살을 10순(50발) 쏘았지만, 이날은 건너뛰기로 했다. 얼마 전 아우 이우신李禹臣을 통해 보낸 물건을 어머님이 잘 받으셨는지 궁금했다.

저녁 8시 무렵, 뒤이어 또다시 원균의 공문이 날아들었다. 왜선 3백50여 척이 벌써 부산포 앞바다에 닻을 내렸다는 소식이었다.

다음날 16일 아침 8시 경상도 관찰사 김수의 서찰이 문턱을 넘어왔다. "지난 13일 왜선 4백여 척이 부산포 앞바다에 닻을 내렸습니다. 적의 형세가 여기까지 이르고 보니 극히 걱정스럽습니다." 적선 수가 하룻밤 사이에 늘어나고 있었다. 저녁 10시쯤 원균의 공문서 두 통이 또 다시 적정을 보고했다. 왜적이 부산진을 함락하고 선봉대가 동래로 향해 갔다고 했다. 사태는 점점 예측불허로 치닫고 있었다. 언제 적들이 경상도를 넘어 전라도까지 쇄도해올지 모를 일이었다.

그 무렵 부산에는 이미 아비규환의 비명소리가 하늘을 가르고 있었다. 적과 맨 처음 맞붙어야 하는 얄궂은 운명을 맞은 것은 부산진첨사 정발이었다. 그는 사냥터에서 경황없이 돌아와 전투를 독려하다 적의 총탄을 맞고 비명횡사했다. 뒤이어 동래부사 송상현도 결사 항전하다 비극적인 최후를 맞이했다. 일본군이 육지에 오른 지 불과 이틀 만이었다. 김해와 밀양도 적의 총칼 앞에 맥없이 무너졌다. 도깨비 같은 가면을 쓰고 조총을 쏘며 까마귀 떼처럼 몰려드는 적들 앞에서 조선은 속수무책이었다.

당시 부산의 처참한 상황을 그린 시 한 편이 전해온다. 전쟁이

최첨단 신식무기 조총

임진왜란 초기에 일본군이 승승장구한 것은 조총의 위력 때문이 기도 했다. 이수광은 "왜노가 비록 전투에 익숙하고 진군이 가볍고 빠르다고 하나 그들이 승리한 것은 실로 조총 때문"(『지봉유설』)이 라고 말했다. 일본은 1543년 8월 25일 처음으로 조총을 입수했다. 규슈^{九州} 다네가시마^{種子島}의 영주였던 도키타카^{時堯}는 포르투갈 상 인에게서 조총 두 자루를 사고 사격술과 화약 제조법을 배웠다. 이 듬해에는 한 해 동안 무려 6백여 정이 제조되었을 만큼 조총은 빠 르게 보급되었다.

조선에서는 일본보다 한참 뒤늦은 1589년에야 비로소 조총의 존 재를 알게 되었다. 일본에 통신사로 갔던 황윤길과 김성일이 조선 으로 돌아올 때, 쓰시마 성주 소 요시토모^{宗義智}가 공작새 두 마리와 조총, 창, 칼 등을 바쳤다. 선조는 공작새는 남양(경기도 화성)에 놓아 보내고, 조총은 군사 물자의 제조를 맡았던 군기시^{軍器寺}에 넣 어두라고 지시했을 뿐 별다른 관심을 기울이지 않았다.

당시 조총은 최첨단 무기였다. 유효사거리는 50미터이며 1분에 4발 정도를 발사할 수 있었다. 임진왜란 때 모든 일본군이 조총으로 무장한 것은 아니었다. 대량 제조가 불가능했기 때문이었다. 조총은 선봉부대인 조총병이 상대편의 사기를 꺾는 데 주로 활용되었다.

일본군의 전투방식은 마치 각본을 짠 듯이 치밀하고 조직적이었 다. 먼저 조총병이 사격을 하고 난 후 재장전을 하기 위해 2선으로

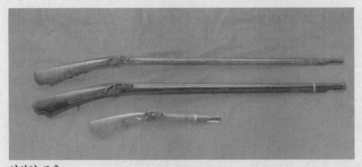

일본의 조총

물러난다. 그러면 궁병이 조총병의 재장전 시간을 메우기 위해 활을 쏘았다. 그 후 조총병이 계속해서 사격해 상대편의 전열이 흐트러지면 창병이 기병과 함께 진격해 백병전을 벌여 전투의 승패를 갈랐다. 이덕형도 일본군이 "가장 먼 곳에서는 조총을 쏘고, 다음은 창으로 찌르고, 가장 가까운 곳에서는 칼로 벤다"(『선조실록』1593년 2월 20일)라고 보고하고 있다. 전국시대의 혼란기에 몸으로 연마한 전법이었다.

조선군에게 두려운 것은 조총만이 아니었다. 일본군의 복장도 간담을 서늘하게 했다. 정유재란 때 일본으로 잡혀갔던 정희득의 『해상록』에 따르면, 일본군은 호랑이 가죽과 닭털로 갑옷을 만들었다. 금과 은으로 만든 가면을 말머리와 사람 얼굴에 씌우고 괴상망칙하게 보이도록 했다. 조선군은 "호랑이와 표범·허깨비가 한꺼번에 내달으니 눈 깜짝할 사이에 넋을 잃고 얼이 빠졌다"라고 한다.

끝난 후인 1607년 동래부사로 부임한 이안눌의 서사시 「4월 15일」
이 그것이다. "4월이라 보름날/아침에 집집마다 곡하는 소리"에
깜짝 놀란 부사는 아전에게 그 까닭을 묻는다. 임진년에 동래성이
함락된 그날이라 온 고을 백성들이 통곡한다고 한다. 부사의 눈에
눈물이 흘러내리는데, 아전이 다시 아뢴다.

　울어줄 사람 있으면 그래도 덜 슬프지요.
　온 가족 칼날 아래 쓰러져
　울어줄 사람 하나 없이 된 집 얼마나 많다고요.

　부산과 동래가 적의 수중에 떨어졌다는 소문이 전염병처럼 퍼져
가기 시작했다. 상하 없이 모두 혼비백산했다. 당시 최전선 지휘관
이었던 경상좌수사 박홍과 경상좌병사 이각은 성을 버리고 도주하
기 바빴다. 백성들은 오랫동안 전쟁을 모른 채 태평세월을 누리다
가 아닌 밤중에 전란이 일어났다는 흉흉한 풍문만 듣고도 보따리
를 싸고 뿔뿔이 흩어졌다. 당시 어법을 빌리자면 '흙이 무너지고
기왓장이 깨지는(土崩瓦解)' 형국이었다.

적은 신병과 같다

　고니시 유키나가의 1번대는 부산과 동래에서 피의 살육전을 벌
인 후 양산, 밀양, 청도, 경산, 대구를 지나 상주로 향했다. 그들은
변변한 저항조차 받지 않은 채 질풍노도처럼 거칠 것 없이 북상했

다. 4월 18일 아침에는 2, 3번대가 동시에 부산 앞바다에 닻을 내렸다. 가토 기요마사의 2번대는 양산에서 동쪽으로 꺾어서 언양, 경주, 영천, 의성을 거쳐 충주 쪽으로 진군했다. 구로다 나가마사의 3번대는 부산에서 해로로 김해에 상륙한 다음 창원, 창녕, 성주, 영동을 석권하고 청주로 진로를 잡았다. 일본군 세 부대는 일본 사신들이 서울로 가던 길을 따라 시속 20킬로미터 속도로 행군했다. 그야말로 대나무를 쪼개는 듯한 기세로 질주한 셈이었다.

조정에 변방의 흉보가 날아든 것은 4월 17일 아침이었다. 부산진이 함락된 지 3일 만이었다. 당시 초고속 통신망이었던 봉수망이 아무 탈 없이 작동했다면 대략 12시간 안에 변경의 소식이 조정에 이르렀을 것이다. 하지만 임진왜란이 일어나기 전부터 봉수는 시간이 지체되거나 두절되는 일이 적지 않았다. 봉수군이 태만하거나 봉수대 관리를 소홀히 한 것이 그 이유였다. 1532년(중종 27년)에는 변방에서 서울까지 5~6일이 걸리기도 했다. 어쨌든 응봉 봉수대에서 피워올린 연기는 어디쯤에선가 종적 없이 사라지고 말았다.

이날 변란의 조짐을 처음 조정에 알린 이는 경상좌수사 박홍이었다. "높은 곳으로 올라가서 바라보니 붉은 깃발이 성안에 가득합니다"라고 보고한 장계가 오늘날 전해지는 전부다. 설마 지엄한 조정에 그렇게 달랑 한 줄짜리 보고서를 보냈을 리야 만무하지만, 그 전후 문맥은 잘려나가버렸다. 박홍의 소식을 접수한 대신들은 대궐에 모여 선조에게 뵙기를 청했다. 하지만 어찌된 일인지 선조는 문을 닫아걸고 대신들을 물리쳤다.

대신들은 왕에게 서면으로 전시 사령관들을 임명하도록 청했다.

이에 따라 순변사 이일은 중로(中路, 조령 방면), 방어사 성응길은 좌로(東路, 죽령 방면), 방어사 조경은 우로(西路, 추풍령 방면)로 파견하고, 조방장 유극량은 죽령, 조방장 변기는 조령을 지키게 했다. 그리고 당시 상중이었던 전 강계부사 변응성을 경주부윤으로 임명했다. 이들은 모두 스스로 군관을 뽑아 데리고 가게 했다.

18일에는 하루에 10여 차례씩 남쪽의 흉흉한 소식이 대궐 문을 두드렸다. 어느새 발 없는 말이 천 리를 달려 서울 안에서는 변고가 일어났다는 소문이 파다하게 퍼졌다. 모두들 우두망찰하며 귀를 세우고 조정의 동태만 살피고 있었다. 다음날 선조는 승정원에 명령서를 내렸다.

"전란이 급박한 이때 평시의 규칙만을 지킬 수 없다. 죄를 짓고 파면되었던 사대부는 죄의 경중과 거리를 불문하고 모두 등용해 소임을 맡겨 보내라. 상을 당해 집에 있는 무사도 모두 벼슬을 맡긴다."

비상시국을 맞이한 특단의 파격적인 조치였다. 20일에는 영의정 이산해의 추천으로 좌의정 유성룡을 도체찰사, 유성룡의 천거로 병조판서 김응남을 부체찰사, 한성판윤 신립을 삼도순변사로 각각 임명했다. 이로써 전시 작전사령부 진영이 짜여졌다. 유성룡은 군정과 민정을 총괄하는 최고 사령관이 되고, 신립과 이일은 일선 최고 지휘관이 될 터였다. 당시 조정에서는 신립과 이일에게 큰 기대를 걸고 있었다. 그들은 함경도에서 여진족의 난을 평정하는 데 혁혁한 공을 세운 당대의 명장으로 명성이 자자했다.

신립이 전쟁터로 떠날 때 선조가 친히 그를 불렀다. 보검 한 자루를 하사하면서 "명령을 듣지 않는 부하 장수에게는 이 칼을 쓰도록 하라"라고 일렀다. 신립보다 먼저 임명을 받은 순변사 이일은 하루가 다급한데도 서울에서 3일이나 허송했다. 군사 3백 명을 모으는데, 군사 경험이 전혀 없는 아전과 유생들이 태반이었기 때문이었다. 조정에서는 어쩔 수 없이 그를 단신으로 먼저 내려가게 했다.

조정에서는 이일과 신립의 승전보를 목이 빠지게 기다렸다. 하지만 낭보 대신 패보만이 잇따랐다. 이일은 4월 25일 상주전투에서 혼이 빠져 달아났고, 신립은 천혜의 요새지 조령을 버리고 충주 탄금대에서 배수진을 쳤다가 28일 전사하고 말았다. 구사일생으로 사지에서 목숨을 건진 이일은 "적은 신병(神兵)과 같아서 감히 당해낼 자가 없습니다. 신에게는 오직 죽음이 있을 따름입니다. 죄를 기다립니다"라는 참담한 장계를 올렸다.

상주와 충주의 비보는 조정을 공황 상태로 몰아넣었다. 조령과 죽령, 추풍령이 무너졌다면, 서울은 이제 방패막이가 사라진 위험한 도시일 수밖에 없었다. 국왕과 대신들은 낭패감에 사로잡혀 허둥지둥했다. 대신들은 서울 고수파와 파천파로 나뉘어 의견이 분분했지만, 4월 29일 결국 피난으로 낙착되었다. 선조는 신하들의 뜻에 따라 광해군을 세자로 책봉하고 장자 임해군을 함경도로, 여섯째 아들 순화군을 강원도로 보내 군사를 모집하게 했다.

30일 새벽 국왕 일행은 대궐문을 나섰다. 당시 도성에서는 일부 백성들이 난동을 부렸다. 백성을 사지에 남겨두고 떠난 국왕과 신하에 대한 원한이 폭발한 것이었다.

난민들은 국왕의 재산을 모아둔 창고에 들어가 보물을 훔쳐갔다. 왕조의 장엄한 상징이던 창덕궁과 창경궁도 잿더미로 변했다.

귀중한 서적과 왕조실록도 불의 재난을 면치 못했다. 난민 가운데 일부는 장예원과 형조에 들이닥쳐 공사 노비문서를 불살랐다. 신분차별에 대한 분노의 표출이었다. 서울은 하루아침에 유령의 도시로 전락하고 말았다.

선조의 피난길은 그야말로 고난의 행군이었다. 국왕의 끼니를 마련하지 못해 신하들이 쌀과 반찬을 찾느라 부산을 떨어야 했다. 일부 신하들은 이 핑계 저 핑계 대며 하나 둘 떨어져 나갔다. 생사의 문제 앞에서 추상적인 군신의 윤리는 헌신짝처럼 버려졌다. 국왕의 위엄과 체통도 말이 아니었다. 5월 2일 선조 일행이 개성에 이르렀을 때, 백성들은 상감이 백성은 생각하지 않고 오직 후궁들만 배부르게 해주다 오늘 이 지경에 이르렀다며 국왕을 힐난했다. 행렬에 돌을 던지는 자들까지 있었다.

한편 일본군은 5월 3일 서울에 무혈입성했다. 부산에 발을 들여 놓은 지 20일 만이었다. 고니시 유키나가와 가토 기요마사의 뒤를 이어 후속 부대들도 속속 서울에 집결했다. 지휘관들은 머리를 맞대고 사냥터를 분배했다. 고니시 유키나가 부대는 평안도로, 가토 기요마사 부대는 함경도로, 구로다 나가마사 부대는 황해도로, 시마즈 요시히로 부대는 강원도로 진격했다. 고바야카와 다카카게 부대는 전라도, 모리 데루모토 부대는 경상도, 후쿠시마 마사노리 부대는 충청도로 내려왔다. 그리고 서울은 우키타 히데이에 부대가 지켰다. 서울은 이듬해 4월 18일까지 1년 가까이 적 치하에 놓여 있었다.

서울 함락의 승전보가 규슈九州 히젠肥前의 나고야名護屋 성에 있던 도요토미에게 날아든 것은 5월 16일이었다. 그는 아들 히데쓰구秀次

에게 기고만장한 편지를 보냈다. 북경을 히데쓰구에게 건네 명나라의 관백으로 삼고 자신은 영파寧波에 머무른다, 천황을 북경에 모시고 그 주변 10개국(주)을 황실 소유의 땅으로 떼어준다, 일본의 관백은 하시바 히데야스羽柴秀保나 우키다 히데이에에게 넘긴다, 천축天竺(인도)은 다이묘들에게 나누어준다는 등 그의 편지는 장밋빛 환상의 결정판이었다.

전란 중에도 일상은 지속되었다. 서울 사람들은 모두 달아났다가 얼마 되지 않아 차츰 돌아왔다. 시장이 다시 열렸고 적과 섞여서 물건을 사고팔았다. 일본군은 성문을 지키면서 백성들에게 통행증을 발급했는데, 모두 통행증을 받아 적에게 복종하면서 감히 명령을 어기지 못했다. 또한 적에게 빌붙는 잇속 빠른 무리도 나타났다. 이들은 적의 길잡이가 되어 이웃을 밀고하거나 적의 기세를 등에 업고 미운털이 박힌 자들에게 행패를 부리기도 했다. 전쟁은 때로 인간에게 감춰진 비루한 속성을 폭로하기도 했다.

적선을 기습하라

일본군이 경이적인 속도로 진격하고 온 나라가 풍비박산날 무렵, 전라좌수사 이순신은 얼음 같은 차가운 정신으로 전황을 읽고 있었다. 당시 경상도는 황소 같은 외풍 앞에서 찢어진 창호지처럼 사납게 휩쓸리는 비극의 땅이었다. 4월 20일 이순신이 경상도 관찰사 김수에게 받은 서찰은 경상도의 운명에 대한 요약문이나 다름없었다.

"거센 적들이 몰아치므로 당해낼 도리가 없습니다. 적들이 승리한 기세를 타고 마구 치달리는 형상이 마치 무인지경에 들어온 것 같습니다."

이순신은 뜻밖에 초연했다. 다음날에는 활터에 앉아서 성을 지키는 군사들의 배치 상황을 점검했다. 22일에는 관리들의 부정을 적발하기 위해 군관을 파견하고 병사들을 사역시켰다. 그에게 일상은 어김없이 작동해야 할 태엽 감은 시계 같은 것이었다. 그는 아직 나설 때가 아니라고 판단했다. 그가 움직이기 위해서는 조건이 필요했다. 그것은 마침내 찾아왔다. 4월 26일과 27일에 조정에서 내려보낸 공격 명령서가 바로 그것이었다.

"수로를 따라 적선을 기습 공격하라. 그러면 적은 후방을 염려하게 될 것이다. 이는 훌륭한 전법이다. 군사상 진퇴는 반드시 기회에 따라야만 그르침이 없는 법이다. 조정이 멀리서 지휘할 수 없으니 그 도를 주장하는 장수의 호령에 맡길 뿐이다. 경상도에 통문을 보내 서로 의논한 뒤 기회를 보아 처치하도록 하라."

"경상우수사 원균의 장계를 보니 수군을 거느리고 나가 적을 공격할 계획이라고 한다. 이는 중요한 기회이다. 급히 그 뒤를 따라 나가 기회를 잃지 말도록 하라. 그러나 천 리 밖이라 혹시 무슨 뜻밖의 일이 있으면 반드시 여기에 구애받지는 말라."

조정의 명령은 기묘한 혼란을 드러내고 있다. 전라도와 경상도 수군이 합동작전으로 적을 기습 공격해 적의 후방을 교란하면 아군이 반격할 시간을 벌 수 있다는 게 조정의 판단이었다. 하지만 여기에 단서를 붙였다. 각 도의 수군 사령관에게 전권을 위임한다는 것이었다. 결국 사세에 따라서는 조정의 명령을 거부할 수도 있는 빌미를 준 셈이었다. 또하나 눈여겨볼 대목은 작전의 주체를 원균으로 명시한 것이다. 이것은 나중에 이순신과 원균의 운명적인 불화를 예고하는 실마리였다.

이순신은 기하학적 정신을 소유한 장수였다. 조정의 지상명령을 거역할 수는 없었지만, 자신을 둘러싼 여러 상황적 조건을 분별하지 않을 수 없었다. 그는 신중에 신중을 거듭했다. 한 도의 해역을 책임지는 장수라 해도 독단으로 움직이는 것은 사리에 맞지 않을 뿐 아니라 위험했다. 먼저 전라도 관찰사 이광, 전라도 방어사 곽영, 전라도 병마절도사 최원 등에게 조정의 명령을 알렸다. 당시 지휘계통으로 볼 때 당연한 수순이었다.

다음에는 합동 작전지역인 경상도의 지형지물과 전력, 적정을 파악해야 했다. 이순신은 경상도 순변사 이일, 경상도 관찰사 김수, 경상우수사 원균에게 공문을 띄웠다. 경상도의 지리적 여건, 수군의 작전 지역과 군사력, 적선의 수효와 현재 정박지 등에 대한 정보를 알려달라고 요청한 것이다. 이순신은 경상도에서 근무한 적이 없기 때문에 경상도 지리에 어두울 수밖에 없었다. 잘못하다간 낭패를 당하기 십상이었다.

마지막으로 아군의 역량을 점검해야 했다. 전라좌수영은 다른 수영에 비해 약체였다. 임진왜란 당시 조선 수군의 주력함대인 판옥선 수를 비교해보면, 경상좌수영 30척, 경상우수영 73척, 전라좌수영 24척, 전라우수영 50척, 충청수영 30척으로 전라좌수영이 가장 적었다. 또한 전라좌수영은 관할구역도 가장 좁았다. 전라우수영이 장흥·강진에서 옥구·군산에 이르는 15개 고을과 12개 포구를 관장한 데 비해, 전라좌수영은 순천·흥양·보성·광양·낙안

등 다섯 고을과 방답·사도·여도·발포·녹도 등 다섯 포구를 거느리고 있었다.

이순신은 이런 상황을 잘 알고 있었다. 그는 관할 수군들을 통솔해 경상도로 건너갈 계획이었다. 보성이나 녹도 같은 곳은 좌수영에서 사흘이나 걸리는 먼 거리에 있었다. 이순신은 이들을 뺀 좌수영 소속 고을과 포구 장수들에게 4월 29일 좌수영 앞바다에 모이라고 통지했다. 이순신에게 운명의 순간이 다가오고 있었다.

2. 논란의 출발

경상도가 위태하다

4월 29일 정오 무렵 이순신에게 원균의 답신이 왔다.

적선 5백여 척이 부산, 김해, 양산 등 여러 곳에 진치고 있습니다. 연해안 고을과 포구의 병영과 수영이 거의 다 함락되었습니다. 봉홧불도 끊어졌습니다. 저는 본도의 수군을 뽑아 출동시켜 적선 10척을 쫓아가 깨뜨리고 불살라버렸습니다.

원균의 이런 보고가 사실이라면 임진왜란 해전사는 다시 씌어야 한다. 최초의 승리는 옥포해전이 아니라 지명을 알 수 없는 원균의 해전이 된다. 의병장이었던 조경남의 『난중잡록』 5월 1일 기록에도 이를 암시하는 대목이 나온다. 그는 남원부사 윤안성이 흉흉한 민심을 진정시키기 위해 백성들에게 내린 글을 인용하고 있는데, 남원부사는 "지금 경상우수사가 왜적을 많이 잡아 승세를 크게 떨치고 있다. 그러니 각자 농사일에 힘써라"고 타이르고 있다. 5월 1일이라면 옥포해전이 벌어지기 전이다. 하지만 지리적 거리와 당시의 통신상황을 고려할 때, 남원부사는 풍문을 입에 올렸을 가능성도 없지 않다.

경상우도 순찰사 김수의 장계에도 "침범해오는 남쪽 변방의 적은 경상우수사 원균이 여러 장수들을 거느리고 힘을 다해 잡았다"(『선조실록』 1592년 6월 28일)는 기록이 있어 윤안성의 말과 일견 일치하는 듯하다. 하지만 김수는 같은 글에서 "수사 원균은 수군 대장으로서 여러 장수를 인솔해 육지로 피하고 우후 우응진에게 관고를 불태우게 했다"고 쓰고 있다. 윤안성과 김수의 증언은 애매하다. 그밖의 기록에서는 원균의 주장을 뒷받침할 만한 증언을 찾아보기 어렵다.

이순신에게 보낸 원균의 글은 계속 이어졌다. "나날이 적병은 늘어 그 형세가 더욱 성해졌습니다. 적은 많고 우리는 적어서 대적할수 없습니다. 본영도 함락되었습니다"며 침통한 소식을 전한 다음, "이제는 두 도가 합세해 적선을 공격하면 육지에 올라간 왜적들이 후방을 염려할 것입니다. 귀도 군함을 남김없이 거느리고 당포 앞바다로 달려오는 것이 좋겠습니다"는 부탁의 말로 끝맺고 있다.

원균의 글에 따르면, 그 무렵 경상우수영은 이미 적의 손아귀에 들어가 있었다. 박홍의 경상좌수영도 개전과 동시에 미처 손쓸 틈도 없이 무너져버린 상태였다. 그 사이 원균에게는 도대체 무슨 일이 있었던 것일까. 당시 원균의 행방이나 처신에 대해서는 여러 기록에서 진술이 엇갈리고 있다. 하지만 원균에 대한 부정적인 증언이 월등히 많은 것은 사실이다. 먼저 유성룡의 증언을 들어보자.

왜적이 바다를 건너 육지로 올라왔을 때, 원균은 왜적의 형세가 대단한 것을 보고 감히 나가서 치지 못하고, 전선 백여 척과 화포, 군기를 바닷속에 침몰시켜버렸다. 그 다음 수하의 비장 이영남, 이운룡 등과 함께 네 척의 배를 타고 곤양 바다 어귀에 이르러 육지로 올라가서 왜적을 피하려고 했다. 이에 따라 수군 만여 명이 다 무너져버렸다.(『징비록』)

전세가 불리할 때 장수가 전선과 무기를 폐기하는 것은 당연한 조치다. 적에게 역이용당할 우려가 있기 때문이다. 그런데 당시 경상우수영에 전선 백여 척과 수군 만여 명이 있었다는 것은 과장된 수치다. 앞서 살핀 대로 전선은 73척이었다. 유형원의 『반계수록』에 따르면, 임진왜란 직전 경상우수영의 수군은 겨우 2천 명에 지나지 않았다. 따라서 유성룡이 언급한 수치는 당시 관용어법으로 '많다'는 것을 표현한 것으로 볼 수 있다.

경상우도 초유사 김성일은 조정에 "우수사 원균은 군영을 불태우고 바다로 나가 다만 배 한 척만 보전했습니다"(『선조실록』 1592년 6월 28일)라고 보고하고 있다. 조경남도 원균에게 불리한 증언을 신고 있다. "경상도 연해의 왜적이 거제도로 향하자, 원균은 우후에게 군영을 지키게 하고는 백천사까지 달려갔다. 우리 어선을 보자 왜적의 배로 생각하고 어찌할 겨를 없이 급하게 노량으로 물러났다"(『난중잡록』 1592년 5월 5일)라는 것이다. 김성일이 객관적인 사실만 거론한 데 비해, 유성룡과 조경남은 원균의 비겁한 행위를 기술하고 있다.

여러 기록을 종합해볼 때, 원균은 우수영을 버리고 곤양 근처로 퇴각한 후 이순신에게 구원을 요청한 것으로 보인다. 그 과정도 혼란스럽기는 마찬가지다. 『징비록』에 따르면, 원균이 수영을 버리고 육지로 도주하려 하자 이영남이 말렸다. 이순신에게 구원병을 청해 후일을 도모하자는 뜻을 밝힌 것이다. 원균은 그 말에 따라 소비포 군관 이영남을 이순신에게 보냈다고 한다. 이영남의 간언은 다음과 같다.

공은 임금의 명령을 받아 수군절도사가 되었는데, 지금 군사를 버리고 육지로 내려간다면 뒷날 조정에서 조사할 때 무엇으로 해명하겠습니까? 그보다는 전라도에 구원병을 청해 왜적과 한번 싸워보고, 이기지 못하겠으면 그 후에 도망쳐도 늦지는 않을 것입니다.

『선조수정실록』에는 원균을 만류한 인물이 옥포만호 이운룡으로 나온다. 그는 원균에게 "사또가 나라의 중책을 맡았으니 의리상 관할 경내에서 죽는 것이 마땅합니다. 이곳은 바로 영남과 호남의 요해처로서 이곳을 잃게 되면 영남과 호남이 위태롭습니다. 지금 군사가 흩어지기는 했지만, 그래도 모을 수 있습니다. 호남의 수군도 와서 구원하도록 청할 수 있습니다"라고 항의했다.

『난중잡록』은 옥포만호 이운룡이 전라도로 달려갔다고 기록하고 있다. 이운룡이 전라좌수영에 도착했을 때, 이순신과 전라우수사 이억기가 대기하고 있었다고 한다. 하지만 이억기는 6월 4일에야 이순신 부대와 합류했다. 이운룡은 이순신에게 이렇게 말했다고 한다.

　　적병이 가득히 몰려와 여러 진이 와해됐습니다. 우수사 원균이 힘
으로 지탱하지 못하고 퇴각해 노량을 지키고 있습니다. 흉악한 왜적
이 뒤쫓아 와서 이미 사천과 남해 바다에 가득 차 있습니다. 전라도
의 함대가 그 선봉을 격파해주기 바랍니다. 그렇지 않으면 영남의 바
다는 끝장이 나고 화가 호남으로 닥쳐올 날이 멀지 않을 것입니다.
장군께서는 이 점을 숙고하십시오.

　　이처럼 당시 기록은 혼란과 착오가 적지 않아 갈피를 잡기 어려
울 때가 많다. 안타깝게도 4월 23일부터 30일까지 이순신의 일기
가 빠져 있어 진상은 더욱 오리무중이다. 당시 지휘계통으로 볼 때
이운룡이 간하고 하급 장교인 이영남이 파견되었을 가능성이 크
다. 그런데 이들 기록의 공통점은 원균이 아니라 그 부하들이 나서
서 이순신에게 도움을 요청했다는 사실이다. 원균은 왜 망설였을
까. 그의 자존심 때문이었는지도 모른다. 지위는 같았지만 군 경력
이 선배였고 전력도 월등히 강한 부대를 거느렸던 그였기에 이순
신에게 애걸하는 일이 마뜩찮았던 것은 아니었을까.

태산처럼 고요하라

　　4월 29일 오후 2시 무렵이었다. 정오에 이순신이 원균의 회답 글
을 읽고 난 후 얼마 지나지 않을 때였다. 순천의 수군 이언호가 이

조선의 비상시 군사 지휘체제

임진왜란 당시 조선군의 지휘체제를 도식화하면 다음과 같다.

육군	품계	수군
도체찰사	정1품	도체찰사
도원수	종1품	도원수
	정2품	
병마절도사(병사)	종2품	
	정3품	수군절도사(수사)
병마우후, 병마첨절제사(첨사)	종3품	수군첨절제사(첨사)
	정4품	수군우후
병마동첨절제사	종4품	수군만호
	정5품	
	종5품	
	정6품	
병마절제도위	종6품	

이상은 이론상의 명령계통일 뿐 실제로는 도체찰사와 도원수, 병사와 수사 사이에 서로 호흡이 맞지 않거나 갈등이 잦아서 군령이나 군사지휘에서 혼란이 일어나기도 했다. 각 군사지휘관의 성격이나 기능을 설명하면 다음과 같다.

도체찰사 국가 비상시에 임시로 설치되는 최고 군사 명령권자로서 정1품 재상 가운데 임명되었다. 군사업무 전반을 통괄하고 부역동원, 수령·만호의 감찰, 인사, 행정 등의 권한도 행사했다. 휘하에 체찰부사, 도진무, 종사관, 군관 등을 거느리고 현지에 직접 나가 임무를 수행하거나 조정에서 종사관 등에게 사업을 추진하도록 했다.

도원수 직접적인 전투지휘의 최고책임자로 2품직 가운데 군사 지휘 능력이 있는 문신이 임명되었다. 도체찰사와 마찬가지로 임시직이었으며 원칙적으로는 도체찰사의 명령을 받아야 했으나, 때로는 작전 권한과 책임을 두고 서로 갈등을 일으키기도 했다.

병마절도사(병사, 兵使) 각 도의 육군을 통할하던 사령관. 충청도, 경상도, 전라도, 평안도, 함경도에 전임 병사가 있었고, 경기도, 강원도, 황해도에서는 관찰사가 병사를 겸임하기도 했다. 병사는 병영을 설치하고 그 휘하에 병마우후, 군관, 아전, 노비, 공장 등을 거느렸다. 주요 임무는 지방군의 훈련, 무기의 제작과 정비, 군사들의 장비 점검, 군사시설의 유지와 보수 등이었다.

병마첨절제사 목사나 도호부사처럼 격이 높은 수령이 겸임했다.

병마우후 각 도의 병사를 보좌하는 무관. 병사가 임무를 수행할 수 없을 때 도내의 군사 전반을 다루었다. 수시로 여러 고을을 순행하면서 군사 조치와 지방군 훈련, 군기 정비 등을 살피고 병사의 명령전달과 군량, 군자금 등을 관리했다.

병마동첨절제사 도호부사나 군수 등의 수령이 겸임했다.

병마절제도위 현령과 현감이 겸임했다.

수군절도사(수사, 水使) 각 도의 수군을 통할하던 사령관. 세종 때 수군의 지휘권이 육군으로부터 완전히 독립되었다. 수사는 수영을 설치하고 휘하에 수군우후와 군관 등을 거느렸다. 주로 선상에서 근무하며 여러 포구를 순찰하면서 국방태세를 점검했다.

수군첨절제사 각 도의 수사 관하에서 여러 포구의 수군만호를 관장했다.

수군우후 수사를 보좌하는 임무를 맡았으며 병마우후와 기능이 비슷했다.

수군만호 주요 방어지에 주둔하면서 국방 업무를 담당했다. 전임직으로 오늘날 직업군인에 해당하지만 녹봉이 지급되지 않아 각종 부정 사건에 연루되기도 했다.

권관 변경 지방에 설치한 진보(鎭堡, 함경도·평안도의 북방 변경에 있던 각 진)의 수비군 장수. 경상도 고성의 삼천포와 거제도의 율포를 빼고는 모두 두만강과 압록강 연변에서 근무했다.

군관 여러 진의 장수들을 보좌하고 군사를 감독하는 군인으로 지방군의 중추 역할을 맡았다. 각 진의 장수들이 자식이나 조카, 친척 가운데 뽑아 데리고 가는 경우가 많았다.

그밖에 임진왜란 당시 장수들의 명칭을 정리하면 다음과 같다.

순변사 왕명을 받아 군무의 책임을 지고 변방을 순찰·점검하는 목사. 대개 유사시에 임명하는 임시 겸직이었다.

방어사 각 도에 배속되어 요지를 방어하는 종2품 벼슬로 병마절도사의 다음 직위였다.

초유사 난리가 일어났을 때 백성을 불러 모아 타일러 안정시키는 책임을 맡은 임시 벼슬.

순무어사 각지의 군대 또는 백성을 순찰하기 위해 중앙에서 파견된 관리.

선전관 군호(軍號), 취타(吹打), 시위(侍衛), 전령(傳令), 부신(符信) 출납 등의 임무를 맡았던 관원. 정3품에서 종9품 가운데 장차 무관의 중추가 될 인재가 선발되었다.

순신에게 달려와 남해의 소식을 전했다.

남해 고을 성중의 관청 건물과 여염집들이 온통 비었고 굴뚝에 연기라곤 없어 쓸쓸합니다. 창고 문이 열려 곡식은 모두 흩어졌고 무기 창고의 병기도 모두 없어지고 말았습니다. 군기 창고 행랑채에 한 사람이 남아 있어서 그 까닭을 물어보았습니다. 그는 '적의 형세가 급박하자 온 성안 군졸들이 소문만 듣고서 도망쳐버리고 현령과 첨사도 간 곳을 모른다'라고 대답했습니다. 또 한 사람이 쌀과 화살을 가지고 남문에서 달려나오다가 저에게 화살 몇 개를 주었습니다.

이순신은 이언호가 건네준 화살을 살펴보았다. 적힌 글자로 보아 남해의 무기가 분명했다. 이순신은 남해의 백성들이 성을 비우고 도망갔다는 말이 사실일지도 모른다고 생각했다. 하지만 일개 병사의 말을 곧이곧대로 믿을 수는 없었다. 그래서 군관 송한련을 불러 분부했다.

"남해의 소식이 사실이라면 도리어 적에게 군량을 대주는 셈이 된다. 그러면 적들이 본도로 쳐들어와 오래 머물러 퇴각하지 않을 것이다. 곡식창고와 무기 창고를 불살라버려라."

이상은 이순신이 4월 30일에 쓴 장계의 내용이다. 5월 2일자 이순신의 일기에 따르면, 송한련이 남해에서 돌아와 남해현령 기효근을 비롯해 여러 장수들이 적의 소문을 듣고 도망치고 온갖 물자도 흩어져버렸다고 전했다. 이 말을 듣고 이순신은 "참으로 경악할 일이다"라고 탄식하고 있다.

장계에 의하면 이순신이 남해의 식량과 군기창고를 불사르라고 명령했지만, 『난중일기』에는 기효근이 방화한 것으로 나와 있다. 『난중잡록』에서는 "남해현령 기효근은 창고를 불사르고 달아났는데, 왜적은 아직 남해 땅을 범하지 않았다"라고 기록했고, 이긍익의 『연려실기술』에서도 남해를 불사른 것은 기효근이었다고 증언하고 있다. 반면 김성일과 김수는 남해 방화사건의 주모자로 이순신을 지목하고 있다. 김성일의 장계는 다음과 같다.

> 남해에는 왜적이 아직 출현하지 않았는데, 현령 기효근이 전라좌수사 이순신에게 '본현이 적진과 가깝다. 왜적이 만일 이곳을 탈취하면 이곳에는 군량이 많기 때문에 오래 주둔하면서 반드시 호남을 침범하려 할 것이다'라고 보고했습니다. 그 때문에 현령이 바다로 나간 사이에 휘하 군관에게 창고를 다 불태우게 하니, 고을 백성과 군사들이 다 흩어졌습니다.(『선조실록』 1592년 6월 28일)

이 기록에는 이언호가 아니라 남해현령 기효근이 이순신에게 보고한 것으로 나와 있다. 같은 날 김수의 장계에도 "남해의 섬들은 비록 왜적의 난을 겪지는 않았으나 군량과 군기를 전라좌수사가 먼저 스스로 불태워버려 이미 빈 성이 되었습니다"고 적혀 있다. 만일 이들의 증언이 사실이라면, 남해 방화 사건은 이순신의 실수였다.

한편 4월 29일 여수 진해루(오늘날 진남관)에서 이순신이 주재하는 군사회의가 열렸다. 회의 주제는 경상도 출동 문제였다. 관할 해역을 벗어나 군사작전을 편다는 것은 전례 없는 일이었기 때문에 장수들 사이에 격론이 벌어졌다. 대다수 장수들은 고개를 내저었다. "우리가 우리 지역을 지키기에도 부족한데 어느 겨를에 다른 도에 가겠는가" 하는 게 그 이유였다. 하지만 녹도만호 정운, 광양현감 어영담, 군관 송희립은 비분강개했다.

"적을 토벌하는 데는 우리 도와 남의 도가 따로 없습니다. 영남은 왕의 땅이 아닙니까. 왜놈은 나라의 적이 아닙니까. 남이 위급한 것을 구해주지 않고 우두커니 앉아서 왜적을 기다린다면 겁 많고 나약한 것입니다. 장군께서 헤아려주십시오."

다음날 30일 새벽 이순신은 어영담을 불렀다.

"광양현감은 영남을 구원하는 것이 옳다고 했는데 이치에 닿는 말이다. 그러나 영남 바다에서 왜적을 토벌하는 것은 노량에서 끝나는 것은 아닐텐데, 깊고 먼 물길을 시험해본 사람이 없다. 이 점을 염려하지 않을 수 없다."

어영담이 말했다.

"그것은 제가 맡겠습니다. 저를 선봉으로 삼아주시기 바랍니다."

이순신은 기뻐하면서 최종 결론을 내렸다.

"광양현감의 말에 따라 분부하겠다."

이순신은 좌수영 소속 여러 장수들을 거느리고 이날 새벽 4시에 떠날 예정이었다. 하지만 출발은 지체되었다. 무엇보다 군사 수가 절대적으로 부족했다. 전선을 다 합쳐봐야 30척도 채 되지 않았다. 전투가 임박하자 몰래 도망치는 군사들도 골칫거리였다. 이순신은 전라우수사 이억기의 부대를 기다려 떠나기로 했다. 이날 오후 2시에 쓴 장계에서는 이순신의 비판적 정세 인식과 아울러 결의를 엿볼 수 있다.

신의 어리석은 생각으로는 적의 형세가 왕성해진 것은 모두가 해전을 하지 못하고 적이 뜻대로 상륙하게 했기 때문입니다. 지난날 부산 동래 연해안 여러 장수들이 전함을 잘 정비해 바다에 가득 진을 치고 적이 육지로 기어오르지 못하게 했더라면 나라를 욕되게 한 환란이 이렇게까지는 되지 않았을 것입니다. 원컨대 한번 죽음을 기약하고 곧 범의 굴을 두들겨 요망한 기운을 쓸어버리고 나라의 부끄러움을 만분의 일이라도 씻으려 합니다. 성공하고 실패하고 잘되고 못되는 것이야 신이 미리 헤아릴 바가 아닙니다.

5월 3일 아침내 가랑비가 흩뿌렸다. 이억기 부대는 아직도 감감 무소식이었다. 녹도만호 정운이 이순신에게 찾아와 말했다.

"우수사(이억기)는 오지 않고 왜적은 점점 서울 가까이 다가가니 원통하고 분합니다. 늦추다 기회를 놓친다면 후회해도 소용없습니다."

이순신은 곧 방답첨사 이순신李純信을 불렀다. 그에게 다음날 새벽 출동하겠다고 알렸다. 4일 새벽 2시에 이순신은 판옥선 24척, 협선 15척, 어선 46척을 거느리고 드디어 여수를 출발했다. 협선과 어선은 보조함인지라 이순신 부대의 전투함은 사실상 24척에 지나지 않았다. 경상우도 소비포(고성) 앞바다에 이르러 날이 저물자 진을 치고 밤을 지냈다. 6일 아침 8시에 원균이 한산도에서 전선 한 척을 타고 왔다. 이순신은 적선 수와 정박해 있는 곳, 접전하던 절차를 자세히 물었다. 뒤이어 경상우수영 소속 여러 장수들도 잇달아 도착했다.

7일 새벽 이순신과 원균의 연합함대는 돛을 펄럭이며 안개가 자

여수 진남관 전라좌수영이 있던 곳이다.

욱한 바다로 나아갔다. 정오쯤 옥포(거제도) 앞바다에 이르자 척후
장 사도첨사 김완, 여도권관 김인영 등이 불화살을 쏘아올렸다. 적
이 출현했다는 신호였다. 이순신은 여러 장수들에게 명령했다.

"망령되게 움직이지 말고 태산처럼 고요하라."

멀리 적선 50여 척이 옥포 선창에 정박해 있는 게 보였다. 형형
색색의 비단 깃발들이 바닷바람에 어지럽게 웅성대고 있었다. 포
와 화살이 포물선을 그리며 하늘을 갈랐다. 이날 이순신과 원균의
연합함대는 적선 26척을 깨뜨렸다. 당황한 적들은 황급히 육지로
도망쳐버렸다. 그날 오후 4시에는 합포(창원)에서 적선 5척을 불사
르고, 다음날 8일에는 적진포(통영)에서 적선 11척을 격파했다. 세
번의 해전에서 피해는 순천 대장선에 탄 활 쏘는 군사와 순천에 사
는 군사 이선지가 가벼운 부상을 입은 것뿐이었다. 9일 이순신은

원균 부대와 헤어져 여수로 돌아왔다.

불화가 싹트다

야심에 불타는 적의 기세를 일격에 제압해버린 옥포해전은 이순신의 생애 첫 해전이었다. 이순신에게 승리보다 더 값진 것은 미지의 적에 대한 공포와 두려움을 넘어선 자신감이었다. 이순신은 일전만으로도 적의 정체를 간파할 수 있었다. 적의 허실을 몸으로 깨우친 이상 남은 것은 때를 기다리는 일이었다.

귀로에서 이순신이 무슨 생각을 했는지 우리는 알 수 없다. 다만 그도 뜨거운 심장을 가진 인간이기에 저 불온한 바다가 달리 보였을 것이다. 그는 여수 본영에 도착한 다음날인 5월 10일 승전 장계를 썼다. "삼가 적을 무찌른 일로 아뢰나이다"로 운을 뗀 장계의 문장은 감정을 배제한 채 사실묘사에 충실한 저널리스트의 문체를 닮아 있다.

그런데 이 장계는 여러 모로 논란의 여지를 남겼다. 이순신과 원균의 불화에 빌미가 되었고, 뒷날 이순신이 파직되는 먼 원인이 되기도 했다. 먼저 이 장계가 작성된 경위를 살펴보자. 이순신에게 우호적인 평가를 내린 것으로 알려진 『선조수정실록』은 당시 상황을 이렇게 기록하고 있다.

처음에 원균이 이순신에게 구원병을 청해 적을 물리치고 연명으로 장계를 올리려 했다. 그러자 이순신이 '천천히 합시다'고 말하고 밤에 스스로 장계를 올렸다. 이 장계에서 원균이 군사를 잃어 의지할 데가 없었던 것과 적을 공격할 때 공로가 없다는 상황을 모두 진술했다. 원균이 듣고 대단히 유감스럽게 여겼다. 이로부터 각각 장계를 올려 공을 아뢰었는데, 두 사람의 틈이 생긴 것이 이때부터였다.(1592년 6월)

이순신이 먼저 승전 장계를 올리자 원균은 뒤에 따로 장계를 쓴 것으로 보인다. 박동량의 『기재사초』 1592년 6월 21일자에는 "경상우수사 원균이 거제 앞바다에서 대첩했다는 보고가 왔다"라고 기록되어 있는데, 이순신의 장계에 뒤이어 조정에 도착했을 것이다. 임진왜란이 끝난 후 이순신과 원균의 전공이 논란이 되었을 때, 선조는 승정원에 자신의 견해를 밝혔다.

(옥포해전에서) 크게 이긴 뒤 원균이 조정에 보고하려 했다. 이순신이 '공과 협력한다면 왜놈들은 섬멸하고 말고 할 것도 없는데, 이런 소소한 승전을 어찌 조정에 보고할 필요가 있겠는가. 내가 다른 도에서 급작스럽게 구원하러 왔기에 병기를 갖추지 못했으니, 왜적에게서 노획한 것을 써야 하겠다'라고 속이자 원균이 그대로 따랐다. 이순신은 비밀리에 사람을 시켜 노획한 병기와 왜적의 배에 실려 있던 금병, 금부채 등을 가지고 가 조정에 장계를 올려 과시했다. 이에 따라 전공이 모두 그에게 돌아가게 되었다.(『선조실록』 1603년 4월 21일)

왕조실록에 따르면, 결국 이순신은 원균을 속이고 단독으로 승전 장계를 올려 전공을 독차지했다는 오명을 뒤집어쓰게 된다. 이

구키 요시타카九鬼嘉隆 일본 수군의 총사령관. 구마노 해적 출신으로 오다 노부나가와 도요토미 히데요시 휘하에서 수많은 전공을 세웠다. 그러나 안골포해전에서 이순신에게 패한 뒤 전선에서 물러났다.

순신이 장계를 쓰고 있을 무렵인 5월 10일 조정에서는 옥포해전 소식을 듣고 있었다. 이날 선조는 선전관 민종신을 불러 지방 사정을 물어보았다. 그때 민종신은 "(경상도 순찰사가) 원균이 바다에 나가 적선 삼십여 척을 격파했다고 했습니다"라고 아뢰었다. 민종신의 보고에 따라 선조는 수군의 첫 승리를 원균이 거둔 것으로 알 수밖에 없었다.

옥포해전에 대한 조정의 공식 기록은『선조실록』1592년 5월 23일자에 나온다. "전라수사 이순신은 수군을 동원해 타도까지 깊숙이 들어가서 적선 40여 척을 격파하고 왜적의 수급을 베었으며, 적이 약탈해갔던 물건도 많이 찾아냈다. 비변사에서 표창하자고 청하자 임금이 품계를 올려주라고 지시했다"라고 기록되어 있다. 이순신은 옥포해전의 공을 인정받아 가선대부(종2품)로 한 계급 승진했다.

그런데 이순신의 장계에는 원균의 심기를 불편하게 할 만한 대목이 몇 군데 나온다. 이순신은 자신이 거느린 부하들의 공로를 장황할 만큼 지루하게 기록한 후 "경상도 여러 장수들이 왜선 다섯 척과 우리나라 포로 세 명을 도로 빼앗았다"라고 짧게 한 줄로 줄이고 말았다. 대신 원균과 그 부하인 거제현령 김준민의 행실에 대해서는 못마땅한 심사를 드러냈다.

우수사 원균은 다만 전함 3척을 거느렸는데, 신의 여러 장수가 잡은 왜선을 활을 쏘면서까지 빼앗으려 하는 틈에 활 쏘는 군사 두 사람이 부상당했습니다. 주장으로서 부하 단속을 하지 못한 것이 이보다 심한 것이 없습니다. 뿐만 아니라 그 도 소속 거제현령 김준민은 멀지 않은 바다에서 연일 접전하는데, 주장인 원균이 격문을 보내서 오라고 재촉해도 끝내 나타나지 않으니 하는 짓이 해괴합니다. 엎드려 조정의 처치를 바라나이다.

이순신에게 원균 부하들의 소행은 비루하고 야비하게 비쳤던 모양이다. 그런데 이순신이 해괴하다고 논평한 김준민을 다른 기록에서는 유능한 장수로 그리고 있다. 경상도 관찰사 김수의 장계에 따르면, 경상도 진이 텅 비었는데 거제현령 김준민만이 홀로 죽음을 무릅쓰고 외로운 성을 지켰다(『선조실록』 1592년 6월 28일)고 한다. 『선조수정실록』 6월자 기록에서도 영남에서 으뜸 공을 세운 장수로 김준민을 꼽고 있다.

그렇다면 이순신은 왜 이런 착오 내지 오해를 했던 것일까. 상식에 기대보자. 옥포해전은 이순신과 원균의 첫 연합작전이었다. 이순신은 다른 도의 주장인 원균과 그의 부하 장수들의 성향과 됨됨이까지 알 수는 없었을 것이다. 또한 장수로서 부하들의 전공을 챙겨주려는 것은 인지상정이다. 아군과 적군이 뒤엉켜 싸우는 혼돈의 현장에서 착오를 일으켰을 수도 있다.

옥포해전에서 또 다른 논란은 전투의 주장이 누구였는가 하는 점이다. 당시 구원병을 요청한 것은 원균이었기에 그가 주장이고 이순신은 객장일 수밖에 없었다. 『선조수정실록』에는 "원균은 그의 휘하 장령인 이운룡과 우치적을 선봉으로 삼았다"(1592년 5월)고 기록되어 있고, 선조는 "그때(옥포해전) 계책을 마련해 먼저 올라갔던 것은 모두 원균의 솜씨에서 나온 것이고, 이순신은 다만 달려와서 구원했을 뿐이었다"(『선조실록』 1603년 4월 21일)라며 이순신의 역할을 깎아내렸다.

하지만 이것은 형식논리일 뿐이다. 당시 원균이 거느린 전선은 많아야 여섯 척뿐이었다. 사세가 부득이해 구원병을 요청했고, 자신의 전력이 약한 상황에서 주장의 권위를 내세울 처지가 아니었다. 또한 경상우수사와 전라좌수사는 품계가 같기 때문에 어느 한쪽이 다른 쪽을 절제하거나 명령할 수도 없었다. 결국 두 장수는 합동작전을 펼치기 위해 공동으로 작전계획을 세웠을 것이고, 경상도 지리에 밝은 원균과 그 부하들이 선봉에 선 것은 당연했다.

당시 육지 전투에서는 조선군이 연패를 거듭하며 고전을 면치 못하고 있었지만, 옥포해전의 승리로 조선군은 일본군에 대한 열패감에서 벗어날 수 있었다. 또한 일본 수군의 진로를 거제도에서 차단으로써 적의 후방을 교란하고 전라도와 서해안으로 진출하려는 적의 야심을 무산시켜버렸다. 일본군은 뜻하지 않은 일격으로 기세가 꺾이고 해전을 꺼리거나 부담스러워했다.

조선 수군의 승리 요인

조선 수군이 해전에서 승리할 수 있었던 데는 이순신의 탁월한 전략전술뿐만 아니라 두 나라 수군의 객관적 조건도 무시할 수 없다. 일본 학자 도쿠토미 이치로가 "(임진왜란) 당시의 일본인들은 거의 완전한 육상동물이었다. 그들은 호랑이를 물 속에 던져놓은 것처럼 해전에서는 그 능력을 10분의 1도 발휘할 수 없었다"(『근세 일본국민사』)라고 평할 만큼 일본군은 해전 경험이 일천했다.

일본의 전선도 해전에 불리하기는 마찬가지였다. 포르투갈 선교사 프로이스의 증언에 따르면, "통상 일본인들은 큰 바다의 맹위와 노도에 견딜 수 있는 튼튼한 대형 선박을 소유하지 못했고, 건조된 배는 대군단을 수송하기에는 수가 부족했다."(『일본사』) 게다가 일본의 전선은 얇은 판자를 써서 구조가 매우 취약했다. 풍랑을 만나면 파손될 위험이 높았다. 일본 함선 가운데 가장 규모가 크고 튼튼했던 아타케선安宅船(길이 약 33미터, 폭 12미터)도 용골이 없는 구조였기 때문에 포격을 받거나 다른 배와 충돌하게 되면 배 전체가 한꺼번에 허물어졌다. 통신사로 일본에 파견된 적이 있던 신숙주는 성종에게 조선과 일본 배의 장단점을 보고한 바 있다.

신이 왜선을 보건대 판자는 매우 얇은데다 쇠못을 많이 씁니다. 배 밑은 좁고 위는 넓으며 양끝은 날카롭습니다. 따라서 왕래하는 데 경쾌하고 편합니다. 그러나 배가 동요하면 못 구멍이 차츰 넓어

논란의 출발

아타케(安宅船) 약 300명이 승선 가능한 일본 수군에서 가장 큰 배, 주로 지휘관급이 탑승했다. 『난중일기』에는 큰 배(大船)로 기록.

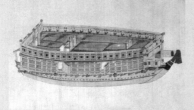

세키부네(關船) 일본 수군의 주력 전투함으로 약 70명이 탑승. 『난중일기』에는 중간 배(中船)로 기록.

고바야(小早) 상갑판이 없는 소형선으로 약 30명이 탑승. 『난중일기』에는 작은 배(小船)로 기록.

져서 물이 새고 쉽게 부패합니다. 그런데 우리나라의 병선은 몸집이 무겁고 크나 나무못은 젖으면 더욱 단단해집니다. 선체는 견고하고 견실해서 10년을 쓸 만합니다. 또 병법에 높은 데 의지하는 자는 이긴다고 했는데, 우리나라 병선이 왜선에 비해 3분의 1이나 높아 싸움에 이롭습니다." (『성종실록』 1473년 12월 26일)

일본의 전선은 선체가 좁고 낮았을 뿐만 아니라 배 밑바닥이 V자형이었다. 따라서 원양 항해에는 유리했으나 전투할 때 급히 방향을 바꾸기가 어렵다는 약점이 있었다. 또한 화포보다는 소총 위주로 전투에 임했다. 반면 조선 수군의 주력함이었던 판옥선은 선체가 높고 크며 육중한데다 선상에 각종 화포를 설치할 수 있었다. 또한 배 밑바닥이 U자형이어서 안정적이었고 기동력도 뛰어났다.

일본 수군은 상대편 배에 뛰어올라 칼로 싸우는 근거리 백병전에 능했던 반면, 조선 수군은 전선에 각종 화포를 적재해 원거리 사격으로 적을 압도했다. 근접전에서는 전선으로 적의 배를 들이받아 깨뜨리는 전법을 구사했다. 칠천량해전에 참가했던 오코치 히데모토는 "판옥선은 일본 배와 비교도 안 될 만큼 크다. 우리는 저마다 출격해 판옥선 밑에 달라붙었지만 선체가 커서 자루가 두 칸이나 되는 창으로도 미치지 못해 배에 뛰어드는 것은 어림도 없었다"(『조선기(朝鮮記)』)라고 증언하고 있다.

3. 불패의 신화

왼쪽 어깨가 뚫리다

이순신이 여수 본영에 돌아온 지 얼마 지나지 않을 때였다. 일본 군이 거제도 서쪽을 넘보고 있다는 소식이 들려왔다. 이순신은 2차 출동 준비를 서둘렀다. 먼저 전라우수사 이억기에게 서신을 띄웠다. 6월 3일 여수 앞바다에 모이자는 약속이었다. 이순신은 5월 27일 원균의 전갈을 받았다. "적선 10여 척이 이미 사천 곤양 등지까지 쳐들어왔습니다. 저는 배를 남해 땅 노량으로 옮겼습니다." 만일 3일까지 기다린다면 그 사이에 적의 세력이 더 창궐할 것이 염려스러웠다. 이순신은 5월 29일 먼저 전선 23척을 거느리고 여수를 떠났다.

이순신이 노량에 도착하자 원균은 전선 3척을 이끌고 달려왔다. 이순신과 원균의 연합함대가 사천에 다가갔다. 멀리 일본군 4백여 명이 뱀 꼬리처럼 진을 치고 있는 것이 보였다. 이순신은 여러 장수들에게 작전 명령을 내렸다.

"저 왜적들은 몹시 우쭐해 있는 것 같다. 우리가 만일 물러나는 척하면 저놈들이 반드시 배를 타고 나와 우리와 싸우려 할 것이다. 바다로 끌어내 공격하는 것이 제일 좋은 방책이다."

이순신은 제갈량이 말한 이른바 '인사출동(引蛇出洞)' 전략, 즉 뱀을 밖으로 유인하는 작전을 지시한 것이다. 조선 수군은 슬금슬금 피하는 척하며 배를 돌렸다. 일본군 2백여 명이 수의 힘을 믿고 호기롭게 달려들었다. 이순신의 계략이 맞아떨어진 순간이었다. 이순신은 거북선 한 척을 적선들 안으로 뚫고 들어가게 했다. 거북선이 터준 길을 따라 여러 장수들이 치고 들어갔다. 혈투 끝에 적선 13척을 깨뜨리고 불살라버렸다.

사천해전은 이순신의 용병술이 돋보인 전투였다. "용병한다는 것은 적을 속이는 일이다. 적에게 이익을 줄 듯이 유인해 끌어내고, 적을 혼란하게 만들어놓고 격파한다. 적을 성나게 해 소란하게 만들고, 저자세를 보여 적에게 교만한 마음이 일어나게 만든다"라는 『손자병법』의 원리를 모범적으로 구사한 것이다.

사천해전에서는 아군의 피해도 적지 않았다. 이순신의 군관 나대용이 탄환을 맞았고, 전 봉사 이설도 적의 화살을 피하지 못했다. 다행히 목숨이 위태하지는 않았다. 이순신도 왼편 어깨에 총을 맞아 등이 뚫렸다. 이순신은 그날 일기에 "중상에 이르지는 않았다"라고 썼지만, 상처가 꽤 깊었던 모양이다. 유성룡에게 보낸 편지에서 자신의 부상을 언급했다.

"어깨뼈를 깊이 상한 데다 언제나 갑옷을 입고 있어서 상한 구멍이 헐어 늘 진물이 흐릅니다. 밤낮없이 뽕나무 잿물이나 바닷물로

거북선

거북선(龜船)은 이순신만큼이나 불멸의 명성을 누려온 배였다. 한때 세계 최초의 철갑선이자 심지어 잠수함이었다는 근거 없는 신화가 유포되기도 했다. 네루의 『세계사편력』에도 "한국은 주로 거북등과 비슷한 지붕이 있고 철판을 깐 신식 배를 사용해 승리를 거두었다. '거북선'이라고 일컬어진 그 배는 전진후퇴가 모두 자유자재여서 전투력이 비상했으며, 일본 군함은 그 때문에 격파되었다"라고 씌어 있다.

하지만 거북선의 참모습은 몇 가지 점에서 기존의 상식과는 다르다. 먼저 이순신이 거북선을 창제했다는 것은 사실이 아니다. 『태종실록』 1413년 2월 5일자에 "임금이 임진강을 건너다가 거북선과 왜선이 서로 싸우는 모습을 구경했다"고 기록되어 있다. 당시 이미 거북선이 있었다는 이야기다. 거북선은 2년 후 탁진의 상소(『태종실록』 1415년 7월 16일)에 언급되다가 자취를 감추고 만다. 이순신은 거북선의 옛 제도를 참고하고 판옥선을 개량해 거북선을 만든 것으로 보인다. 이순신은 당포해전 장계에서 거북선을 묘사하고 있다.

신이 일찍이 왜적의 난리가 있을 것을 걱정하고 특별히 거북선을 만들었습니다. 앞에는 용머리를 붙여 입으로 대포를 쏘고 등에는 쇠못을 꽂았습니다. 안에서는 밖을 내다 볼 수 있어도 밖에서는 안을 들여다볼 수 없습니다. 비록 적선 수십 척 속에라도 뚫고 들어가 대포를 쏠 수 있습니다.

일본측 기록인 『정한위략』에서는 "적의 배 가운데 배 전체를 철판으로 싼 것이 있는데, 우리 대포가 그 배를 부술 수가 없었다"라며 거북선이 철갑선일 것이라고 추측하고 있다. 하지만 이는 자신들의 패전 원인을 변명하기 위해 상대편 전선의 우수성을 내세운 것이었다. 당시 기술수준으로 볼 때 배 전체를 철로 두를 수는 없었다. 이순신의 증언처럼 거북의 등 부분에 쇠못이나 칼을 꽂아 적이 올라오는 것을 불가능하게 한 정도였다. 거북선에는 비스듬히 아래쪽에 묶어놓아 헤엄쳐 접근하는 적을 막는 장병겸(長柄鎌)과 적선을 잡아끄는 사조구(四爪鉤)가 장착되어 있어 전투 효과를 극대화했다.

거북선은 임진왜란 해전에서 적선을 헤치고 들어가 판옥선에 길을 터준 돌격선이었다. 당시 거북선은 세 척에서 다섯 척에 불과했

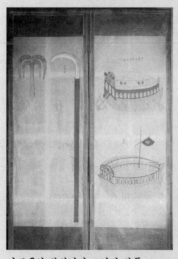

사조구와 장병겸이 그려진 병풍

통제영 거북선   전라좌수영 거북선

다. 거북선은 전란이 끝난 후 그 역사적 소명을 다한 것으로 보인다.
이순신의 부하장수였던 나대용은 훗날 "거북선은 전쟁에 쓰기는 좋
지만 사수와 격군의 숫자가 판옥선의 125명보다 적지 않고 활을 쏘
기에도 불편하다. 그래서 각 군영에 한 척씩만 배치하고 더이상 만
들지 않고 있다"(『선조실록』 1606년 12월 24일)라고 진술했다.

씻지만 아직 쾌차하지 못해 민망합니다."

이순신의 생애를 특징짓는 것 가운데 하나는 견인주의자(堅忍主義者)의 면모다. 그는 자신의 상처와 고통을 드러내는 데 서툴렀다. 그것을 안으로 감추면서 밖으로 태연한 게 그의 품성이었다. 그는 어찌 보면 무모할 만큼 자신에게 엄격했다. 하지만 때로 견인주의자에게도 스스로 감당할 수 없는 한계가 있게 마련이다. 이순신에게는 원균의 행실이 그랬다.

6월 1일 새벽에 원균이 이순신에게 찾아왔다. "어제 싸울 때 적선 두 척을 남겨두고 왔습니다. 그것이 도망갔는지 탐지할 겸 화살에 맞아 죽은 왜놈의 목을 베어오겠습니다"고 말했다. 그날 오전 8시쯤 돌아온 원균은 이순신에게 자신의 공을 뽐냈다.

"왜적들은 멀리 육지로 도망갔고 남겨두었던 배만 불태웠습니다. 죽은 왜놈을 찾아내 셋을 목 베었고 나머지는 숲이 울창해 끝까지 찾지 못했습니다."

이순신은 6월 14일에 쓴 장계에서 "원균은 패군한 후 군사 없는 장수로서 지휘할 게 아무 것도 없습니다. 접전하는 곳마다 화살이나 탄환에 맞은 왜인들을 찾아내 머리 베는 것을 맡아 했습니다"며 노골적으로 원균을 험구했다. 원균에 대한 이순신의 분노는 도덕적 의분에 가까운 것으로 보인다. 이순신에게는 원균이 비겁하고 자신의 공만 챙기는 데 혈안인 장수로 비쳤음에 틀림없다.

이순신은 6월 1일 통영 부근에서 밤을 새우고 다음날 10시쯤 당포에 도착했다. 일본 군선 12척과 일본군 3백여 명이 모여 있었다. 이날도 거북선이 종횡무진 돌격하며 적의 대장선을 깨뜨렸다. 순천부사 권준은 일본군 장수를 쏘아 맞추는 전과를 올렸다.

이순신은 3일 새벽녘에 당포를 떠나 통영으로 향했다. 적은 이미 자취를 감춰버린 후였다. 4일 이른 아침에 이순신은 당포 앞바다에 나가 진치고 있었다. 10시쯤 여러 장병들과 약속하고 막 배가 출발하려 할 때였다. 전라우수사 이억기가 전선 25척을 거느리고 다가왔다. 진중에서 떠들썩한 환호성이 울렸다. 군선과 군사의 숫자가 적은 데다 전투의 피로가 쌓일 무렵이라 후원군은 9년 홍수에 볕 나는 것이나 다름없었다.

5일 아침에는 사방에 짙은 안개가 끼었다가 뒤늦게 갰다. 거제 사는 사람이 이순신에게 적정을 알려왔다. 당포에서 쫓긴 왜선이 거제를 지나 고성 땅 당항포에 옮겨가서 닻을 내리고 있다는 이야기였다. 당항포에 이르자 큰 배 9척, 중간 배 4척, 작은 배 13척이 해안에 정박하고 있었다. 이순신은 먼저 전선 몇 척을 보내며 당부했다. 만일 적이 쫓아오면 짐짓 물러나며 적을 끌어내라. 정탐선에서 신호가 올랐다. 이순신은 먼저 거북선으로 뱃길을 열게 했다. 뒤이어 장수들에게 명령했다.

"우리가 일부러 군사를 돌려 포위를 풀고 진을 물리면 저들이 그 틈을 타서 배를 옮길 터이다. 이때 좌우에서 추격하면 모두 섬멸할 것이다."

적을 포위할 때는 반드시 도주로를 터놓아야 한다는 『손자병법』의 정석에 따른 것이었다. 한쪽 길을 열어놓자 적선이 그 틈을 타고 몰려 나왔다. 조선 전선들은 적선을 사방으로 에워싸고 협공했다. 일본 군선에서 불길이 일어나고 일본군 장수가 화살에 맞아 떨어졌다. 다른 적선 4척은 돛을 달고 꽁무니를 뺐다. 이날 일본군의 머리 43급을 베고 일본 군선을 모조리 불살라버렸다.

부하 장수들의 선전도 이어졌다. 6일에는 방답첨사 이순신이 도망치는 일본군 장수를 죽였다. 다른 군관들도 일본군 8명을 목 베었다. 방답첨사의 보고에 따르면, 아침 9시쯤 적선을 불사를 때 경상우수사 원균과 남해현령 기효근 등이 뒤쫓아왔다. 그들은 물에 빠져 죽은 일본군 50여 명을 건져내 머리를 베었다고 한다.

『난중일기』 중 「임진일기」 표지

이순신은 7일 이른 아침 웅천(진해)에 진을 쳤다. 10시쯤 적을 정탐하러 천성(창원)과 가덕도에 갔던 부하들이 돌아왔다. 그들의 손에는 일본인 머리 두 개가 들려 있었다. 그들은 "가덕 앞바다에서 왜인 셋이 한 배에 타고 있다가 우리를 보고 달아났습니다. 힘껏 쫓아가서 다 쏘아 죽이고 머리 셋을 베었습니다. 그런데 하나는 이름 모를 경상우수사 군관이 작은 배를 타고 와서 위협하고 뺏어갔습니다"고 보고했다. 원균과 그 부하들의 행태가 갈수록 가관이었다.

연합함대는 정오 무렵 영등포(거제도) 앞바다에 이르렀다. 일본군 큰 배 5척과 중간 배 2척이 율포(거제도)에서 나와 부산으로 도주하고 있었다. 수군이 추격하자 일본군들은 짐을 팽개치고 줄행랑을 놓았다. 이순신의 부하 장수들은 적선 5척을 불사르고 일본군의 머리도 36급이나 베었다. 8일부터 9일까지 여러 곳을 탐색했지만 적의 종적을 찾을 수 없었다. 이순신은 10일 연합함대를 파하고 여수로 돌아왔다.

『난중일기』의 일부 수결을 연습한 흔적
이다.

2차 출동에서 연합함대는 사천·당포·당항포·율포 해전을 합쳐 적선 72척을 불사르고, 일본군 2백여명의 목을 베는 개가를 올렸다. 조선측 피해는 전사자 13명과 부상자 34명에 지나지 않았다. 전라우수영 군대가 합세함으로써 3도 수군 연합함대의 위력을 발휘했다. 당항포해전으로 이순신은 정2품 자헌대부로 또다시 한 계급 올랐다. 그밖에 부하 장수였던 흥양현감 배흥립, 광양현감 어영담은 통정대부(정3품 당상관), 녹도만호 정운, 사량첨사 김완도 절충장군(정3품 당상관)으로 올랐지만, 원균의 부하장수들은 배제되고 말았다.

이순신의 진가는 전쟁의 승리뿐만 아니라 인간을 배려할 줄 아는 품성에 있었다. 6월 14일에 쓴 장계에서 이런 점이 돋보인다. 연합함대가 적을 토벌할 때 상당수의 피난민이 산골짜기에 숨어 있었다. 그들은 수군이 적을 무찌를 때 적의 행방을 알려주었다. 전투에서 현지민의 정보는 만금에 값한다. 이순신은 피골이 상접한 피난민들에게 일본 군선에서 얻은 쌀과 포목 등을 갈라 나누어주었다.

당시 귀화한 일본인과 어부들이 부모처자들을 데리고 전라좌수영 성내로 들어오는 자들이 꼬리를 물었다. 이순신은 이들을 외면하지 않았다. 좌수영에 가까운 장생포 등 땅이 넓고 기름지며 인가도 많은 곳에 피난민들이 살 곳을 마련해주었다. 거의 2백 명에 가까운 백성들이 한뎃잠을 피할 수 있는 거처를 얻을 수 있었다.

이순신은 사려 깊은 장수였다. 일본군에 잡혀갔던 우리나라 사람을 찾아내 살려오는 것이 적의 목을 베는 것과 다름없는 공로라고 여겼다. 이순신은 수군들에게 신신당부했다. 적선을 불태울 때는 반드시 우리 백성을 찾아내고 함부로 죽이지 말라고. 부하 장수들이 적에게 사로잡혔던 남녀 6명을 도로 빼앗아왔는데, 그 가운데는 열네 살 난 소년도 끼여 있었다. 이순신은 잡아온 관원에게 그들을 구휼하게 하고 난리가 평정된 후 고향으로 돌려보내도록 각별히 타일렀다.

이순신은 부하 군사들을 배려하는 일도 잊지 않았다. 그들은 불행한 시대를 만나 목숨을 내걸고 사지에 뛰어든 사람들이었다. 일본군에게서 빼앗은 물건 가운데 옷이나 쌀, 옷감 등은 군사들에게 나누어주거나 그들을 먹이기도 했다. 싸울 때 화살이나 총알을 맞고 부상당한 군사들에게는 약품을 나누어주어 치료하게 했다. 전사자는 각기 장수를 시켜 고향에 보내 장사지내도록 했다.

전쟁터만큼 인간의 생명이 무가치해 보이는 곳도 없다. 하지만 이순신은 생명의 고귀함을 헤아릴 줄 알았다. 그는 적과 싸워 이기는 것도 중요하지만, 우리 군사들의 안위를 챙기는 데 남달리 신경을 썼다. 전투가 시작되기 전 그는 여러 장수와 군사들에게 약속했다. 비록 적의 머리를 베지 못하더라도 힘껏 싸운 것을 으뜸가는 공로로 치겠다고. 그들이 공과 이익을 탐내서 적의 머리를 베려 하다가 도리어 해를 입기 십상이기 때문이었다. 그는 장계에서 공로자들의 이름을 일일이 기록함으로써 그 약속을 지켰다.

제갈량은 장수의 덕목으로 인(仁)을 첫 손가락에 꼽았다.

판옥선

　임진왜란 때 조선 수군의 주력 전투함은 판옥선이었다. 판옥선은 을묘왜변이 일어난 명종 10년(1555)에 기존의 전선을 개량해 만든 배로, '판자로 옥(屋, 집)을 한 층 더 올렸다'고 해서 붙여진 이름이다. 판옥선은 여러 면에서 혁신적인 전투함이었다. 노 젓는 사람을 집 안에 들여놓고 전사만이 2층 갑판 위에서 싸우게 했다. 따라서 전사는 노 젓는 사람의 방해를 받지 않고 전투에 전념할 수 있었다.

　또한 판옥선은 선체가 크고 높았다. 적이 기어오르기 힘들고 포를 발사하기에도 유리했다. 하지만 단점도 적지 않았다. 몸집이 크고 둔중해 단독행동이 어렵고 부속선이 필요했다. 또한 먼바다를 항해하기 힘들고 목재도 많이 필요했다. 이산해는 『아계유고』에서 판옥선의 장단점을 다음과 같이 분석하고 있다.

　(판옥선은) 제도가 정교하다. 적이 붙잡고 오를 수 없을 만큼 높고 깨뜨릴 수 없을 만큼 견고하며, 대중을 수용할 만큼 넓고 적을 방어할 만큼 많은 인원이 탈 수가 있다. 참으로 해전하기에는 좋은 기구이다. 그러나 공력이 가장 많이 든다. 한 척을 만들기가 큰 집 한 채를 짓는 것과 같다.

　판옥선의 승선 인원은 125명에서 130명 사이였다. 판옥선 안에는 선장(船將), 노 젓는 노군(櫓軍), 노군의 일을 돕는 격군(格軍),

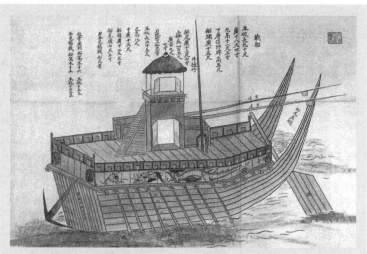

『각선도본』에 보이는 판옥선 그림

활 쏘는 사수(射手), 포를 쏘는 포수(砲手) 등이 배치되었다. 판옥선의 보조선으로는 협선(挾船)과 사후선(伺候船) 등이 있었다. 협선은 군선과 민간선으로 모두 쓰이는 소형선이고, 사후선은 주로 정찰과 연락 임무를 맡았다. 『난중일기』에서는 사후선을 탐후선(探候船)이나 탐선(探船)으로도 부르고 있다.

옛날의 우수한 장수는 부하를 대할 때 마치 자기 자식을 대하듯 했다. 어려움을 당할 때는 몸소 전면에 나서고 공로를 다툴 때는 몸소 뒤로 물러났다. 부상을 당한 병사에게는 눈물로 위로했고, 죽음을 당한 병사가 있으면 깊이 애도해 후하게 장례를 치러 주었다. 병사가 배고프면 자신의 음식을 먹이고 병사가 추위에 떨면 자신의 옷을 입혀주었다. 장수가 이렇게 할 수만 있다면 가는 곳마다 전쟁에서 필승을 거둔다.(『제갈량집』)

인(仁)은 의(義)와 짝하지 않으면, 절름발이일 수밖에 없다. 이순신은 삼엄한 군령으로 부하들의 무질서를 용납하지 않았다. 이순신의 부하 장병들은 네 번 전투에서 혁혁한 전과를 올렸지만, 그들이 거둔 수급은 보잘것없었다. 이것은 접전한 이튿날 협선을 보내 일본군 시체를 거둬 수급을 챙긴 원균의 태도와 대비된다. 경상도 연해안의 어부들이 화살에 맞아 죽은 적의 머리를 이순신에게 바치자, 이순신은 원균에게 주라고 돌려보냈다. 다른 도의 대장으로 받는 것이 온당치 않다고 생각했기 때문이었다.

한산해전

율포해전이 끝난 뒤부터 한산도 해전이 벌어지기 전까지 이순신의 행적을 자세히 알 수 없다. 그 기간 동안 『난중일기』는 공백으로 남아 있다. 그 무렵 육전에서 맹위를 떨치던 일본군은 남해안에서 조선 수군에게 발목을 잡히자 당황하기 시작했다. 도요토미 히데요시는 일본 수군장 와키사카 야스하루脇坂安治, 구키 요시타카九鬼嘉隆, 가토 요시아키加藤嘉明 등에게 특별 지령을 내렸다. 빠른 시일 안에 합동작전으로 조선 수군을 격파하라는 것이었다. 그들은 남해에서 전라도로 진격한 다음 서해로 북상할 계획이었다.

일본 수군장 와키사카 야스하루는 7월 8일 단독으로 거제도 견내량으로 향했다. 공명심에 사로잡혀 연합작전을 무시해버린 것이었다. 7월 초 이순신은 경상도의 적정을 탐문하고 있었다. 적은 거제도와 가덕도 등지에 견고한 성채를 구축하고 여러 고을에 출몰하고 있었다. 심지어 전라도 금산에도 적들이 침범했다. 그들은 수륙 양면에서 수군을 위협하고 있었다.

7월 4일 저녁 이순신은 이억기와 작전회의를 마친 후 6일에 출발하기로 약속했다. 노량에 이르자 원균이 전선 7척을 수리해서 왔다. 7일 당포에 이르자 섬사람 김천손이 달려와 "적선 70여 척이 오늘 오후 2시경 영등포 앞바다에서 견내량으로 들어가 정박했습니다"라고 전했다.

8일 이른 아침 수군이 견내량 근처에 이르자 적선 두 척이 탐색하고는 도로 돌아가버렸다. 수군이 뒤쫓아 들어가자 큰 배 36척, 중간 배 34척, 작은 배 12척이 진치고 있는 게 눈에 띄었다. 견내량은 지형이 좁고 암초가 많아서 판옥선을 대기 어려웠다. 적은 형세가 불리해지면 기슭을 타고 도주하기 쉬웠다. 이순신은 한산도 앞바다로 적을 유인해 섬멸할 계획이었다. 한산도는 헤엄쳐 나갈 길도 없고 육지에 오르더라도 굶어 죽기 십상이었다.

이순신은 먼저 판옥선 5, 6척을 보내 습격할 것처럼 가장했다. 적들이 일제히 돛을 달고 쫓아왔다. 조선군이 슬금슬금 배를 돌려

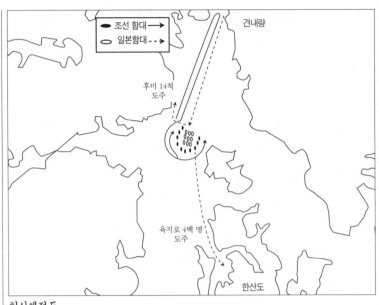

한산해전도

후퇴하자 적은 기세등등하게 추격해왔다. 이순신은 이때를 놓치지 않았다. 조선 전선이 학의 날개처럼 진을 벌리고 일본 선단을 에워 쌌다. 먼저 2, 3척을 깨뜨리자 일본 수군은 기세가 꺾여 도망치기 시작했다. 순식간에 전세가 역전되었다. 적이 대오를 흐트러뜨리며 우왕좌왕하는 틈을 타서 60여 척을 부수고 불태웠다. 한산해전의 신화는 그렇게 만들어졌다.

훗날 개화기 시대에 조선에 왔던 헐버트는 한산해전을 살라미스 해전에 비유하며 "도요토미 히데요시의 조선침략에 사형선고를 내린 사건"(『조선사 *The History of Korea*』)이라고 평했다. 유성룡은 『징비록』에서 한산해전의 의미를 이렇게 요약했다.

수록 방향에서 바라본 한산해전지

　적은 본래 수군과 육군이 합세해서 서쪽으로 올라가려 했다. 그런데 이 한 번의 싸움(한산해전)으로 그 한쪽 팔이 끊어져버렸다. 이 승리로 나라에서는 전라도와 충청도를 확보할 수 있었고, 아울러 황해도와 평안도 연안 일대도 보전할 수 있었다. 또한 군량을 조달하고 호령을 전달하여 나라의 중흥을 이룩할 수 있었다. 이는 다 이순신이 한 번 싸워 승리한 공이었다.

　한산도 해전은 임진왜란의 승패를 가르는 분수령이었다. 일본군은 한산해전의 패배로 조선 원정 계획을 전면 수정해야 했다. 해전을 피하고 부산에서 거제도에 이르기까지 여러 곳에 성을 쌓고 육지에서 수군을 공격하는 것으로 전략을 전환할 수밖에 없었다.
　조선의 연합함대는 한산해전의 승세를 몰아 일본군을 궁지에 몰아녔었다. 9일에는 안골포에 적선 40여 척이 정박해 있다는 보고를 받고 다음날 안골포로 진격했다. 일본군의 큰 배 21척, 중간 배 15척, 작은 배 6척이 보였다.

이순신은 먼저 지형지물을 파악했다. 안골포의 지세가 좁고 수심이 얕아서 판옥선이 기동하기 어렵다고 판단했다. 유인작전을 개시해 밖으로 꾀어내려 했지만 적은 쉽게 말려들지 않았다. 결국 여러 장수가 진퇴를 거듭하면서 포와 화살로 적을 공격했다. 이날 안골포 해전에서 조선군은 적선 20여 척을 깨뜨리고 머리 2백50여 급을 거두었다. 이순신은 기세를 몰아 육지까지 상륙하려 했지만 멈출 수밖에 없었다. 궁지에 몰린 적들이 우리 백성을 살육할 것을 염려했기 때문이다. "막다른 곤경에 빠진 적군은 핍박하지 말아야 한다"라는 병법의 정석에 충실한 행보였다.

11일에 양산과 김해, 동래를 이 잡듯이 뒤졌지만 적은 그림자조차 찾을 수 없었다. 이순신은 전선을 돌려 다음날 오전 10시 무렵 한산도에 이르렀다. 한산도에 상륙했던 적들은 피골이 상접한 채 해변에서 졸고 있었다. 거제도 군사와 백성이 적의 머리 셋을 베었고, 그 나머지 4백여 명도 올가미에 걸린 소리개 신세였다. 이순신과 이억기는 13일에 여수로 되돌아왔다. 군량이 바닥을 드러냈고 적이 전주에 이르렀다는 급보가 전해졌기 때문이었다.

한산해전의 공으로 이순신은 정2품 정헌대부, 이억기와 원균은 종2품 가의대부로 승진했다. 원균의 별도 장계로 경상도 장수 가운데 김승룡과 기효근이 당상관으로 오르고, 그밖의 몇몇 장수도 몇계급 뛰어올랐다. 선조는 「정헌대부를 내려준 교서」에서 이순신의 공을 치하했다.

조선 수군 전진도첩 수군이 훈련하던 각종 진법들이 일목요연하게 그려져 있다. 왼쪽에서 두번째가 학익진.

2백 년 동안 문관은 안일하고 무사는 태평하고 국민들은 전투에 익숙하지 못했다. 관군은 흙 무너지듯 달아나기만 하고 의병이 일어났지만 크게 떨치지 못한다. 그대의 용맹과 의열(義烈)이 아니면 과연 나라와 함께 생사를 같이 하겠는가.

임금의 수레는 바람 불고 서리 찬 국경의 외로운 성에 파천했다. 갑옷 번쩍이고 말발굽 소리 요란한 옛 도성에 선왕의 무덤들은 천 리나 가려졌다. 도성으로 돌아가려는 한 가닥 생각이 마치 물이 동으로 흐르는 듯하던 차에 다행히 적의 형세가 기울어졌다. 과연 하늘도 화내렸던 것을 뉘우친 줄 알겠다.

"요동으로 망명하겠다"

선조가 교서에 쓴 것처럼 그 무렵 임금의 수레는 '바람 불고 서리 찬' 국경도시 의주에 머물고 있었다. 여기서 잠시 선조의 종적을 따라가보자. 선조는 서울이 함락되었다는 소식을 듣고 개성을 떠나 5월 7일 평양에서 발길을 멈췄다. 5월 17일 임진강 전투 패보가

살라미스 해전

　살라미스 해전은 페르시아전쟁(기원전 492~480년)의 대단원을 장식한 고대 세계 최대의 해전이었다. 그리스 동맹국과 페르시아 제국이 세계 패권을 걸고 자웅을 겨룬 것이 페르시아전쟁이었다. 기원전 499년 밀레토스를 주축으로 한 소아시아 도시들이 페르시아에 반기를 들었다. 그리스 도시국가 가운데 아테네만은 전선 20여 척을 보내 반란군을 은밀히 후원했다. 페르시아의 다리우스 1세는 494년 반란을 진압하고 그리스 원정 계획을 세웠다.

　492년 페르시아 함대는 1차 원정길에 올랐지만 아토스 앞바다에서 폭풍을 만나 실패하고 말았다. 2년 후 재침했지만 아테네군이 트라키아 지방의 마라톤 평원에서 페르시아군을 격파했다. 다리우스의 뒤를 이은 크세르크세스는 480년 마지막 원정에 나섰다. 헤로도토스에 따르면, 원정군 해상부대는 51만 7,610명, 보병부대는 170만 명, 기병부대는 8만 명이었다. 페르시아에 대항하기 위해 그리스 국가들은 동맹을 결성했다. 페르시아군은 테르모필라이에서 스파르타의 결사적인 방어선을 뚫고 아테네를 함락시켰다. 이제 그리스 함대만이 유일한 희망이었다.

　그리스 연합함대는 살라미스에 집결해 있었다. 살라미스는 엘레시우스 만의 하구에 위치한 섬으로 동쪽과 서쪽의 해협은 폭이 1.2킬로미터에 지나지 않았다. 아테네가 점령당했다는 소식이 전해지자 그리스군은 큰 혼란에 빠졌다. 일부 지휘관들은 공포에 질려 탈주를 꾀하기도 했다. 지휘관들은 결국 코린트 지협으로 후퇴해 해전을 벌이기로 결정했다. 아테네의 지휘관이었던 테미스토클레스가 강경하게 반대하고 나섰다. 그는 살라미스에서 해전을 벌여야 한다고 역설했다.

"첫째, 좁은 해역에서 다수의 함선을 맞아 싸우게 될 경우 우리가 기대하는 대로 전투가 진행되는 한 소수의 함선을 지니고 있는 우리 측이 대승을 거두게 될 것이오. 좁은 수역에서 벌이는 해전은 우리 측에 유리하며, 넓은 수역에서 벌이는 전투는 적이 유리하기 때문이오. 둘째로는 우리가 부녀자와 아이들을 피난시켜놓은 살라미스를 확보할 수 있다는 것이오. 게다가 여기서 머물러 싸운다면 펠로폰네소스를 방위하는 데 도움을 주게 될 것이오."

다른 지휘관들이 "조국을 잃은 자는 침묵을 지키라"라며 시비를 걸자 테미스토클레스는 마지막 승부수를 띄웠다. 만약 자신의 계획대로 되지 않는다면 아테네 함대는 퇴각해버릴 것이라고 경고했다. 테미스토클레스의 말은 효력을 발휘했다. 연합함대의 절반 이상을 차지하는 아테네 함대가 없이 적에 대항하는 것은 불가능했기 때문이었다. 결국 살라미스에서 해상결전을 벌이자는 쪽으로 결론이 났다.

한편 페르시아 함대는 살라미스에서 동쪽으로 약 13킬로미터 거리에 있는 팔레론 만에 집결했다. 크세르크세스는 몸소 회의를 주재하며 해전에 대한 의견을 물었다. 모든 사람이 해전을 벌여야 한다고 대답했지만, 할리카르나소스의 여왕 아르테미시아만은 반대했다. "해상에서는 그리스인이 우리에 비해 남자와 여자의 차이만큼이나 훨씬 우월하기 때문"이라는 게 그 이유였다. 만약 서둘러 해전을 벌이지 않고 수군을 육지에 가까운 장소에 머무르게 하거나 펠로폰네소스로 진전한다면 승리할 것이라고 장담했다. 크세르크

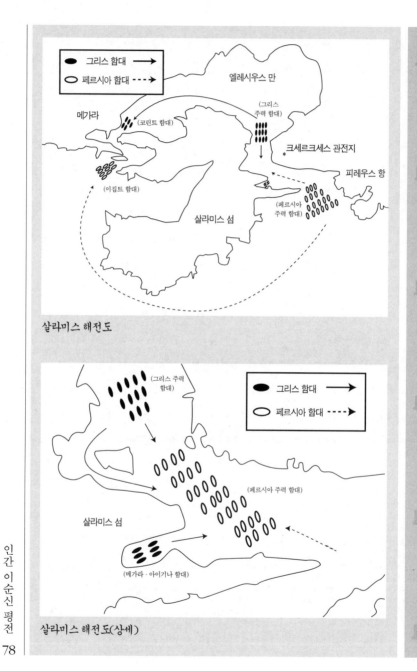

살라미스 해전도

살라미스 해전도(상세)

세스는 아르테미시아의 말을 높이 평가했지만 다수의 의견에 따르라고 명령했다.

결전이 다가오자 그리스 함대는 공포와 불안에 사로잡혔다. 펠로폰네소스의 안위가 또다시 지휘관들을 분열시켰다. 펠로폰네소스로 이동해 배수진을 쳐야 한다는 측과 살라미스를 지켜야 한다는 측이 팽팽히 맞섰다. 테미스토클레스는 몰래 회의석상을 빠져나왔다. 그는 하인 시킨노스를 페르시아 진영으로 보냈다. 시킨노스는 페르시아군 지휘관들에게 테미스토클레스의 말을 전했다.

"그분은 제게 그리스군은 두려움을 이기지 못해 도망치려고 계획하고 있다고 전하라 하셨습니다. 그리스군이 빠져나가지 못하도록 가로막기만 하십시오. 지금 귀군은 사상 유례없는 전과를 올릴 절호의 기회를 맞고 있습니다. 그리스군은 분열되어 서로 적의를 품고 있기 때문에 귀국과 싸우기는커녕 어쩌면 친페르시아파와 그렇지 않은 파끼리 해전을 벌이게 될지도 모릅니다."

크세르크세스는 테미스토클레스의 계략에 말려들었다. 그는 살라미스의 두 해협을 봉쇄하고 그리스 함대를 추격하기 시작했다. 좁은 해협을 통과해야 했기 때문에 페르시아 함대는 2열종대로 전열을 바꾸어야 했다. 함대 사이의 거리가 좁아 기동력이 떨어졌고 물살마저 거칠었다. 그리스 함대는 이 순간을 놓치지 않았다. 암벨라키 만에 숨어 있던 아이기나와 메가라 함대가 뛰쳐나와 후미를 덮쳤고, 아테네를 비롯한 그리스군의 주력부대가 해안선에 바짝 붙어 페르시아의 우측으로 돌아간 다음 적진의 중앙으로 파고들었다. 페르시아 함대는 걷잡을 수 없는 혼돈에 빠졌다. 11시간의 격전 후 200척의 전선과 4만 명의 병력을 잃은 페르시아 함대는 퇴각해야 했다.

살라미스 해전의 역습으로 궁지에 몰린 페르시아 원정군은 이듬해 479년 스파르타의 플라타이아 전투에서 패배하고 결국 군대를 거두어 돌아갔다.

헐버트가 한산해전을 살라미스 해전에 견준 것은 그 규모나 세계사적 의의에서 볼 때 과장의 어법이었다. 하지만 두 해전은 몇 가지점에서 닮은 데가 있다. 먼저 전쟁을 돌이킬 수 없는 국면으로 몰고간 것이었다. 페르시아와 일본군은 모두 육지 전투에서 승리를 거듭하고 있었다. 하지만 일격에 제해권을 상실함으로써 육지 전투는빛이 바랬다. 적은 바다를 잃어버림으로써 병참로가 끊기고 후방의위험을 막을 수 없었기 때문에 결국은 퇴각하지 않을 수 없었다. 페르시아와 그리스, 일본과 조선의 전쟁 흐름을 급선회하게 했다는점에서 두 해전은 비슷한 양상을 띠었다.

둘째, 수의 열세를 전략적 기지로 일거에 만회한 것이었다. 테미스토클레스와 이순신은 모두 전쟁의 불리한 국면에서 압도적인 적과 맞서야 했다. 현저한 전력의 열세를 뒤엎기 위해서는 적의 허를찌를 필요가 있었다. 테미스토클레스는 교묘한 첩보전과 벼랑 끝전술로 적에게는 미끼를 던져 유혹하고 아군의 고질적인 적전 분열양상을 극복할 수 있었다. 이순신은 수의 힘을 믿고 달려드는 적의만용을 역이용해 기습적인 역공으로 적의 기세를 꺾을 수 있었다.

셋째, 지리적 조건을 최대한 활용해 적을 공황상태에 몰아넣은것이었다. 그리스군은 압도적인 수의 페르시아 함대를 좁은 수로로끌어들인 다음 차례로 격파함으로써 적의 기동력을 제압했다. 페르시아 함대는 아군과 아군이 뒤엉키는 무질서한 상황에서 혼미를 거듭했고 그리스군은 마치 어부가 어망에 걸린 물고기를 잡듯이 적을일망타진할 수 있었다. 조선 함대는 정반대였다. 지형이 좁은 견내량에서 승부를 걸다가는 오히려 적에게 말려들 것을 간파하고 넓은 바다로 끌어들인 다음 학익진 전법으로 적을 포위함으로써 승패를 갈랐다.

　마지막으로 필사불굴의 정신력도 무시하지 못할 요인이었다. 그리스군에게는 살라미스 해협이 적에게 돌파당하면 조국이 멸망한다는 절체절명의 위기의식이 지배하고 있었다. 그들은 목숨을 내걸고 적의 침입을 막아야 한다는 항전의지로 충만해 있었다. 조선군에게도 상황은 마찬가지였다. 만일 한산도를 지키지 못하면 전라도와 충청도 해역이 뚫리면서 전 국토는 적의 수중에 떨어질 수밖에 없었다. 조국을 위기에서 구하려는 사생결단의 자세가 전승의 숨은 공로자였다.

올라오자 선조와 대신들은 다급해졌다. 언제 적이 코앞에 들이닥칠지 모를 일이었다. 대사헌 이항복이 선조에게 아뢰었다.

"지금 팔도가 무너져 온전할 희망이 없습니다. 명나라에 구원병을 청하는 것이 최상입니다."

그때 우의정 윤두수가 이의를 제기했다.

"명나라에서 군사를 보내 구원해준다는 것은 기약할 수 없습니다. 명나라 군사가 우리 경내로 들어오면 그 후 난처한 걱정거리가 이보다 만 배는 더할 것입니다. 경솔히 처리할 수 없습니다."

윤두수는 멀리 내다보는 혜안이 있었지만, 상황은 이미 비관적으로 흐르고 있었다. 5월 27일에는 적이 임진강을 건너 개성에 진입했다. 6월 1일 선조는 대신들에게 대책을 물었다. 정철, 심충겸, 이덕형은 평양을 버리고 함경도로 피해야 한다고 입을 모았다. 하지만 윤두수, 유성룡, 박동량은 평양 고수를 고집했다.

"우리나라 강토는 남북이 수천 리에 불과합니다. 북도는 너무 좁아서 갈 만한 곳이 없고, 압록강을 건너가면 다시 어찌해볼 수가 없습니다. 평양은 사면이 매우 험해서 적을 방어하기 쉽습니다. 또한 군사가 만을 넘고 성중의 장사도 수천을 헤아립니다. 양식도 많습니다. 이곳을 한 발자국이라도 벗어나면 국사는 결단이 납니다."

하지만 선조는 이미 평양을 떠나는 쪽으로 마음이 기울어져 있었다. 대신들의 의견이 분분하자 6월 2일 선조는 불편한 심기를 드러냈다. "여기 평양은 안전한 지역이 아니다. 군신이 함께 왜적의 칼날에 어육(魚肉)이 될 수는 없다. 나는 이주하고 싶은데, 대신들이 따르지 않는구나." 하지만 대신들은 백성들에게 평양 고수의 확고한 의지를 천명하라고 요청했다. 민심의 동요를 우려했기 때문이었다. 선조는 대신들의 뜻에 따를 수밖에 없었다.

6월 8일 적의 선봉대가 대동강가에 주둔하면서 국왕의 피난행렬을 더욱 압박해 들어왔다. 선조는 유성룡 등의 반대를 무릅쓰고 다시 떠날 차비를 하라고 명령했다. 그 무렵 일본군은 이덕형에게 강화회담을 제안했다. 하지만 적이 한 발자국도 물러날 수 없다고 강경하게 버티자 회담은 결렬되고 말았다. 왕이 평양을 떠난다는 소문이 돌자 백성들의 동태가 심상치 않았다. 국왕 일행이 자신들을 사지에 남겨두고 떠난다는 데 대해 민심은 위험수위를 넘고 있었다.

10일 중전을 함흥으로 모시기 위해 궁인들이 먼저 길을 나섰다. 이를 눈치챈 평양 백성들이 들고일어났다. 몽둥이로 중전이 탄 말을 때리는가 하면 호조판서 홍여순은 길에서 난민에게 얻어맞아 등을 다쳤다. 난민들의 고함소리가 땅을 흔들었다. 모두들 임금의 수레가 성을 나가지 못하게 막으려 했다. 백성들은 궁문 밖을 메우고 울부짖었다.

"우리들이 성을 나가지 않은 것은 임금의 수레를 믿고 사수하고자 했기 때문이었소. 적이 문밖에 이르자 갑자기 우리들을 버리고 가니 이것은 우리를 죽인 것이나 마찬가지요. 차라리 임금의 손에 죽을지언정 적에게 죽기를 원하지 않소."

하지만 백성들의 애원은 끝내 받아들여지지 않았다. 11일 선조는 평양을 버리고 영변을 향해 떠났다. 이날 대사헌 이덕형을 급히 요동으로 파견해 명나라에 구원병을 요청하기로 결정했다. 원래는 함경도를 목적지로 삼았지만, 중간에 이항복·이덕형의 의견에 따라 의주로 행로를 바꾸었다. 국왕 일행은 박천, 정주, 용천을 거쳐 천

신만고 끝에 6월 23일 의주에 이르렀다. 서울부터 의주까지 선조를 버리지 않고 끝까지 호종한 인물들은 겨우 24명에 지나지 않았다.

그런데 선조는 의주까지 피난하는 동안 한 나라의 군주로서는 도저히 믿을 수 없는 발언을 했다. 이른바 '요동내부(遼東內附)'의 뜻을 수시로 내비친 것이다. 나라와 백성을 버리고 요동으로 망명하겠다는 이야기였다. 서울을 떠난 지 얼마 지나지 않은 5월 4일, 어가가 평산에 이르렀을 때였다. 이때 이미 선조는 이런 의중을 여러 대신들에게 밝힌 것으로 보인다. 윤두수가 선조에게 한 발언이 그것을 암시한다.

난을 당하면 임금은 마땅히 힘써야 하고 신하는 마땅히 사직과 함께 죽어야 합니다. 성상께서 요동으로 건너가실 계획을 세우지 않으신 다면, 신들이 어찌 감히 성을 지키지 않겠습니까.(『선조실록』1592년 5월 4일)

『선조수정실록』에서도 당시 정황을 엿볼 수 있다(1592년 5월). 동파관(장단)을 출발할 무렵, 선조는 대신들을 불러 자신의 거취 문제를 꺼냈다. 이항복이 의주에 머물면서 팔도가 함락되면 명나라에 호소하자고 말했다. 유성룡은 "어가가 우리 국토 밖으로 한 걸음만 벗어나면 조선은 우리 땅이 아닙니다"라고 강경하게 반발했다. 그러나 선조는 "내부하는 것이 본래 나의 뜻이다"라고 못을 박았다. 임진강 방어선이 무너졌다는 소식을 듣고 선조는 다시 요동 망명론을 꺼냈다. 6월 13일 평양에서 열린 어전회의에서 선조와 대신들은 어느 곳으로 피난해야 할지 의논하고 있었다. 이날 선조의 망명 관련 발언을 뽑아보면 다음과 같다.

애초에 일찍이 요동으로 갔더라면 좋았을 텐데, 의론이 일치하지 않아 이 지경에 이르게 되었다. 나는 처음부터 항상 왜적이 앞에서 나타난 뒤에는 피해 가기 어렵다고 말하곤 했다.

내가 천자의 나라(중국)에서 죽는 것은 괜찮지만, 왜적의 손에는 죽을 수 없다.

지금 백방으로 생각해봐도 본국에 있으면 발붙일 땅이 없을 것이다. 내가 가는 곳에는 왜적도 갈 수 있기 때문이다.

요동으로 건너가는 것은 피난만을 위한 것이 아니다. 안남국(베트남)이 멸망하고 스스로 중국에 입조(入朝)하자 명나라 조정에서 병사를 동원해 안남을 회복시킨 적이 있었다. 나도 이같은 상황을 생각했기 때문에 요동으로 들어가고자 하는 것이다.

내가 나라를 떠나 지성으로 사대(事大)하면, 명조가 반드시 우리를 포용해 받아들일 것이요 거절하지는 않을 것이다.

이날 선조는 요동으로 건너갈 결심을 굳히는 한편 광해군과 신하들을 함경도로 보내 명의 원군을 기다려 나라를 회복하라고 타이르고 있다. 안남의 예를 들어 국토 회복 의지를 밝히고 있지만, 결국 나라와 백성, 심지어 왕세자마저 전쟁터에 버려둔 채 자신의 안전만을 챙기겠다는 뜻이었다. 어전회의가 열린 다음날인 14일, 선조는 광해군을 불렀다.

"국사가 이미 이 지경에 이르렀으니 다시 희망이 없구나. 우리 부자가 함께 한 곳으로 갔다가 만일 갑작스럽게 되면 뒤에는 아무 일도 하지 못하게 된다. 이제 나는 상국(중국)에 가서 호소할 것이다. 세자는 종묘와 사직의 신주를 받들고 급히 강계 등지로 가서 나라를 회복하도록 하라."

15일에 선조와 광해군은 각각 의주와 함경도로 길을 갈라 헤어졌다. 내일을 기약할 수 없는 참담한 이별이었다. 선조는 신하들에게 "국가의 일은 세자의 신상에 달려 있다. 너희들은 마음과 힘을 다해 잘 보좌해 다시 나라를 일으키도록 하라"고 당부했다. 세자를 붙들고는 서럽게 통곡했다.

24일에도 또 다시 선조는 대신들에게 성화를 댔다. 요동으로 갈지 어디로 갈지 갈팡질팡하지 말고 빨리 결정하라는 재촉이었다. 대신들은 "전하께서는 수많은 신민들을 어디에 맡기시고 굳이 필부처럼 행동하려고 하십니까?" 하며 국왕의 소아병적 행실을 꼬집었다. 국왕의 요동 망명이 거론된 이후 신민들은 경악하고 있었다. 비록 적이 가까이 왔지만 아직 전라·충청도가 모두 온전하고 강원도와 함경도 등에도 병화가 미치지 않았다. 명나라에서 망명을 허락할지도 장담하기 어려웠다. 설령 망명한다 해도 명나라 사람들이 국왕을 비웃고 업신여기며 무례하게 굴면 난감할 수밖에 없었다. 대신들은 요동 문제를 다시는 꺼내지 말라고 선조에게 주문했다.

그럼에도 선조는 안절부절 좌불안석으로 요동 망명에 대한 미련을 버리지 못하고 있었다. 25일에는 더 깊숙한 곳에 있는 창성으로 가볼까 하기도 하고, 26일에는 바닷길로 전라도로 내려갈까 하며 우왕좌왕하고 있었다. 마침내 27일에 구원병을 요청하러 요동으로 건너갔던 이덕형의 보고가 왔다. 명나라에서 요동 망명을 허락한다는 내용이었다. 그 무렵 명나라 황제 신종은 다음과 같은 칙령을 내렸다.

조선 국왕이 왜적에게 쫓겨 내부하기를 원하니 짐은 작은 나라를 구휼하는 마음에서 의리상 거부하지 못한다. 조선 국왕 일행이 관전보寬奠堡(압록강 바로 건너편의 작은 성)에 도착하거든 먼저 거처할 숙사와 심부름할 사람 10명을 마련해 두고, 강을 건너거든 영접해 머무르게 한다. 하루의 음식물로 채소 값은 은 4전, 돼지·양 각 한 마리, 국수·밥 등을 풍족하게 주어 모자라는 걱정이 없게 할 것이다. 수행하는 관원과 하인을 통산해 100명, 부인들은 20명만을 따라 건너오게 해 혼란스러워 잘못되는 일이 없게 하라.(『연려실기술』)

결국 명나라에서는 까다로운 조건을 내세워 조선 국왕의 망명을 승인한 셈이었다. 선조는 그제야 마음이 놓였다. 여차하면 언제라도 강을 건너면 될 터였다. 하지만 국왕으로서 대신들과 백성들의 눈치를 살피지 않을 수 없었다. 선조는 그제야 의주에서 오래 머무르며 사태를 관망할 마음을 먹었다. 선조는 8월에 자신을 책망하는 글을 지어 백성들에게 알리게 했다.

의주 한 구석에 하늘 국운이 어렵구나. 우리 땅이 다 없어졌으니

나는 장차 어디로 갈 것인가. 사람은 어려운 형편에 처하면 고향 돌아가기를 생각한다. 어느덧 서늘한 가을 기운이 일어나니 변방이 일찍 추워지는구나. 강물을 보니 역시 동쪽으로 흐르는데, 한결 돌아가고 싶은 생각이 물결 흐름 같구나. 하늘이 이성^{李晟}을 낳았으니 서울을 회복할 날이 있을 테지. 날마다 장소^{張所}의 보고를 고대하니 선왕릉이 탈 없다는 소식을 기다린다.(『지봉유설』)

이성은 당나라 사람으로 주자^{朱泚}의 난을 평정해 수도 장안을 수복하고 종묘가 무사하다는 것을 덕종에게 알렸다. 임금이 기뻐하며 "하늘이 이성을 낳은 것은 사직을 위한 것이로다"라며 감격했다고 한다. 장소는 송나라 하북초토사로 금나라가 점령했던 개봉의 왕릉이 무사하다는 사실을 조정에 보고했다.

그 무렵 함경도에서는 뜻하지 않은 불상사가 일어났다. 선조의 두 왕자 임해군과 순화군이 가토 기요마사에게 사로잡힌 것이었다. 원래 강원도로 갔던 순화군은 적이 추격해오자 7월에 순화군이 있던 회령에 이르렀다. 두 왕자는 조신하지 못한 행실로 인심을 잃고 있었다. 그들은 수령을 닦달하고 사나운 하인들을 풀어 백성을 노략질했다. 전란 중에도 왕자의 위세를 부린 철없는 짓이었다. 그들의 한심한 작태에 분개한 회령의 아전 국경인^{鞠景仁} 등이 반란을 일으켰다. 그들은 7월 24일 두 왕자와 그들을 따르던 신하 김귀영, 황정욱 등을 붙잡아 가토에게 넘기고 말았다. 국가 지도층의 도덕적 불감증이 제 발등을 찍고 있었다.

4. 명군, 압록강을 건너다

조선은 중국의 울타리

1592년 7월 명나라가 참전함으로써 전쟁은 국제전으로 비화하고 있었다. 명나라는 임진왜란 발발 전부터 일본이 조선을 거쳐 자국으로 쳐들어올 것이라는 정보를 여러 경로로 접하고 있었다. 유구琉球에 있던 명나라 상인 진갑은 귀국해서 "도요토미 히데요시가 조선을 선봉으로 삼아 쳐들어오려 한다"고 알렸다. 쓰시마에서 의술에 종사하던 명나라 사람 허신후는 일본의 전쟁 준비 상황을 명나라 조정에 보고했다. 그는 대담하게도 그 대비책까지 제시했다.

먼저 대병을 출동시켜 조선을 습격해 관장(官長)을 모두 죽이십시오. 그 다음 화병(火兵)을 매복시켜 적들이 오기를 기다렸다가 사면에서 공격하십시오. 산동·산서에서 군사를 출동시켜 그들의 뒤를 공격하면 관백(도요토미 히데요시)을 사로잡을 수 있을 것입니

다.(『선조수정실록』 1591년 5월)

　당시 명나라는 조선을 의혹의 눈초리로 바라보고 있었다. 조선이 일본의 앞잡이가 되어 자국을 공격해올지도 모른다는 억측이었다. 명나라 조정에서는 요동도사에게 비밀지령을 내렸다. 조선과 일본이 밀약을 맺고 있는 것은 아닌지 탐문하라는 내용이었다. 조선에서는 펄쩍 뛸 수밖에 없었다. 적의 말발굽 아래 강토가 결딴난 것도 서러운데, 믿고 의지할 명나라마저 의심하고 있으니 기가 찰 노릇이었다.

　조선 조정에서는 부랴부랴 김응남과 한응인 등을 명에 파견했다. 그들은 조선이 일본의 앞잡이가 된다는 것이 터무니없는 유언비어라고 극구 변명했다. 선조가 구원병을 요청했는데도 명나라 조정이 선뜻 응하려 하지 않은 것은 조선에 대한 의혹이 쉽게 풀리지 않았기 때문이었다. 심지어 명나라는 평양으로 피난한 선조가 조선의 진짜 왕인지 확인하려 관리를 보내기도 했다.

　6월에 들어서야 명나라는 비로소 파병문제를 본격적으로 거론하기 시작했다. 선조가 요동에 망명할 뜻을 내비치고 평양이 함락되었다는 소식이 전해졌기 때문이었다. 명나라 입장은 확고했다. 일본군을 조선에서 저지함으로써 전쟁의 화가 본국으로 미치지 않아야 했다.

　7월 10일 무렵 명나라 부총병 조승훈, 유격 사유 등이 요동병 약 3천명을 거느리고 압록강을 건너왔다. 이들은 요동의 마군(馬軍)으로, 조선의 지리에 어두웠고 적과 맞서 싸울 전략도 없었다. 그런데다 때마침 장맛비가 쏟아졌다. 산골짜기 물이 쏟아져 내리는 바람에 말이 진창에 빠져 말발굽이 갈라졌다. 7월 17일 요동병은 평양에서 고니시 유키나가 부대와 접전했지만 대패하고 말았다. 사유는 진중에서 죽었고 조승훈은 겨우 몸만 빠져나와 허둥지둥 달아나고 말았다. 이 전투에서 살아남은 군사는 수십 명에 지나지 않았다.

요동군의 패전 소식이 전해지자 명나라 조정에서는 위기의식이 팽배해졌다. 파병문제를 놓고 의견이 엇갈렸지만, 병부상서 석성의 강력한 주장으로 대규모 원정군을 파견하기로 결정했다. 8월 명나라 조정은 병부우시랑 송응창을 경략방해비왜군무(經略防海備倭軍務)로 삼고, 심유경을 유격으로 임명했다. 평양에 파견된 심유경은 고니시 유키나가와 화의 교섭에 나설 터였다.

송응창은 석성의 추천으로 원정군을 책임지게 되었다. 그가 절강 출신으로 일본군을 막는데 익숙하다는 점이 고려되었다. 골동품 상인이었던 심유경은 세 치 혀로 석성의 눈에 띄어 발탁된 인물이었다. 명나라 조정에서는 9월 초 사신 설번을 조선에 파견했다. 그는 10만 대군을 곧 파병할 것이라고 알려왔다. 설번이 명나라 조정에 보낸 보고서를 보면, 당시 명나라가 왜 조선에 원정군을 파견했는지 짐작할 수 있다.

사세를 돌아보건대 걱정거리는 조선에 있는 것이 아니라, 우리나라 강역에 있다. 본인이 염려하는 바는 강역에만 그치지 않는다. 내역까지 진동할 것이 두려워진다. 그러니 군사를 동원해 적을 토벌하는 일을 한 순간인들 늦출 수 있겠는가. 요동은 북경의 팔과 같고 조선은 요동의 울타리와 다름없다. (…) 2백 년 동안 복건·절강 지방이 항상 왜의 환란을 당하면서도 요양과 천진에 그 화가 미치지 않았던 것은 조선이 바로 울타리가 되어 막아주었기 때문이 아니겠는가.(『선조수정실록』1592년 9월)

『명사(明史)』「조선전(朝鮮傳)」에서 "조선은 중국의 울타리 구실을 하는 번국(藩國)이기 때문에 반드시 탈취해야 한다"라고 말한 것처럼, 명의 출병은 조선의 힘을 빌려 자국을 지키려는 데 그 목적이 있었다. 그러나 명나라는 때마침 서북지역에서 일어난 난을 평정하느라 12월에야 비로소 4만 3천여 명의 대규모 병력을 파견할 수 있었다.

한편 조선에서도 새로운 상황이 전개되고 있었다. 각지에서 의병이 봉기했다. 관군이 연패를 거듭하며 패주하자 백성들은 수수방관만 할 수는 없었다. 4월 22일에 영남에서 곽재우가 의병을 일으키고 김면, 정인홍 등이 뒤를 이어 의병을 규합했다. 이와 거의 동시에 호남에서는 김천일, 고경명 등이, 호서에서는 조헌 등이 각각 의병으로 나섰다. 이들 의병장들은 대부분 전직 관료나 유생이었다. 이순신과 원균의 수군이 남해안의 제해권을 장악한 것도 의병 봉기의 원인으로 작용했다. 조정에서는 의병의 힘이라도 빌릴 수밖에 없었다. 5월 말에서 6월 초에 조정에서는 의병장들에게 벼슬을 내리고 관군을 돕게 했다.

제문을 짓다

그해 8월 1일 이순신은 수륙 합동작전을 구상하고 있었다. 해전에서 조선 수군에게 쫓겨난 일본군들은 해안 근처에 성을 쌓고 언제든지 기습 공격할 태세를 갖추고 있었다. 수군의 힘만으로 육지의 적을 섬멸할 수는 없는 노릇이었다. 토끼몰이를 하듯 육군과 수군의 협공이 필요한 시점이었다. 이순신은 당시 전라 좌우도 전선 74척과 협선 92척을 정비해 여수 앞바다에 진치고 있었다. 그 무렵 경상우도 순찰사의 전갈이 왔다.

"위로 올라갔던 적들이 낮이면 숨고 밤에 행군해 양산 김해강 등지로 잇대어 내려온다. 짐짝을 가득 실은 것으로 보아 도망가려는 자취가 뚜렷하다."

8월 24일 이순신은 이억기 등과 함께 배를 띄워 남해 땅 관음포에 이르렀다. 원균을 만나 적의 소식을 들었다. 수군 연합함대는 거제도, 김해, 창원 등을 순시했다. 28일 적들이 부산 몰운대로 도망치고 있다는 소식이 왔다. 29일 밤늦게 이억기, 원균과 작전계획을 짠 다음 9월 1일 닭이 울자 돛을 올렸다. 아침 8시경 몰운대에 이르러 적선 5척을 만나고, 다대포에서는 적선 8척, 서평포에서는 9척, 절영도에서는 2척을 각각 발견했다. 3도 수군은 이들 배를 모두 깨뜨렸다.

이순신은 정탐선을 부산포로 보내 적정을 살피게 했다. 적선 5백여 척이 산기슭 아래 정박해 있다는 보고가 왔다. 적선 4척이 정탐하려 조선군을 향해 나왔다. 부하 장수들이 무차별 사격으로 모조리 깨뜨려버렸다. 조선 수군이 더 접근하자 4백70여 척의 적선들은 감히 나오지 못하고 있었다. 조선 수군을 발견한 적들은 육지와 바다에서 일제히 총과 화살을 쏘아댔다. 이날 여러 장수들이 힘을 합쳐 적선 1백여 척을 깨뜨렸다. 적들은 육지로 기어오르고 시체를 나르느라 경황이 없었다.

이튿날 이순신은 또다시 적을 공격하려 했다. 하지만 수군의 힘만으로는 육지로 상륙한 적들을 공격할 수 없었다. 더구나 적들이 고양이에게 쫓긴 쥐처럼 막다른 골목에 몰리면 백성들을 해칠 것도 염려스러웠다. 더구나 풍랑이 심해 상한 전선도 많았다. 이순신은 9월 2일 진을 파하고 본영으로 돌아왔다. 그는 다른 장수들과 약조해 전선을 수리하고 군량을 넉넉히 준비한 다음 경상도 관찰사 등과 연락해 수륙 양면 작전을 펴기로 했다.

부산해전은 이순신에게 남다른 의미가 있었다. 무엇보다 적의 심장부를 공략했다는 점에서 가장 대담한 작전이었다. 이순신은 9월 17일에 쓴 장계에서 부산해전을 다음과 같이 자평했다.

그 동안 네 차례 출전하고 열 번 싸워 모두 다 이겼습니다. 그러나 만약 장수와 병사들의 공로를 논한다면 이번 부산 싸움보다 더 잘한 것이 없습니다. 지금까지의 전투는 적선의 수가 많아도 70여 척에 불과했는데, 이번은 적의 소굴 속에 정박한 4백여 척 속으로 돌진하며 조금도 두려움 없이 종일토록 공격해 적선 1백여 척을 깨뜨렸습니다. 적에게 가슴이 무너지고 머리를 움츠려 겁내 떨게 했습니다. 비록 적의 목을 벤 것은 없으나 힘껏 싸운 공로는 먼젓번보다 훨씬 더합니다.

적의 저항이 만만치 않았던 만큼 조선 수군의 피해도 적지 않았다. 이순신을 가장 가슴 아프게 한 것은 아끼는 부하 정운의 전사였다. 훗날 심충겸은 정운이 "일본군의 대포를 맞고 죽었는데, 대포는 참나무 방패 3개와 쌀 2섬을 뚫고 지나 정운의 몸을 관통한 다음 창고로 들어갔다"(『선조실록』 1594년 4월 17일)라고 선조에게 보고했다. 이순신은 정운을 위해 몸소 제문을 지었다.

슬프다, 둔한 재주 적을 칠 길 없을 적에
그대 함께 의논하자 해를 보듯 밝았도다.
(…)
저 푸른 하늘이여, 알지 못할 일이로다.
돌아올 제 다시 싸워 원수 갚자 맹세하더니
날은 어둡고 바람조차 고르지 않아
소원을 이루지 못해 평생 통분함이 이 위에 더할쏘냐.
(…)
나라 위해 던진 그 몸 죽어도 살았도다.
슬프다, 이 세상에 누가 내 속 알아주리.
극진한 정성으로 한잔 술을 바치노라.
어허, 슬프도다.

윤휴의 『백호전서』에 따르면, 정운은 평소 탄식하며 "내가 이 장군을 만나지 못했으면 끝내 성공하지 못했을 것이고, 이 장군이 나를 얻지 못했으면 그 또한 오랫동안 죽을힘을 다하지 못했을 것이다"라고 말했다고 한다. 두 사람이 상관과 부하의 형식적인 관계를

수군 징집 명령서

넘어서 서로에게 탄복하고 있었음을 짐작할 수 있다.

　부산해전이 끝난 후 이순신은 의주에 있는 선조에게 종이와 함께 순천 백성들이 모은 곡식을 올려보냈다. 거듭되는 해전으로 잠시도 쉴 틈이 없었던 임진년이 저물어갈 무렵, 이순신은 감당하기 어려운 난제에 직면해 있었다. 전쟁터에 나가 싸울 군사들의 씨가 말라가고 있었던 것이다. 12월 10일 장계에는 당시 이순신의 절박한 상황이 잘 나타나 있다.

　당시 초모사가 전국을 돌며 닥치는 대로 군사를 징발해가고 있었다. 각 고을에서는 그 수를 채우기가 어려웠다. 징발할 군사 수를 정해놓고 뽑아갔기 때문이었다. 어쩔 수 없이 변방 군사들까지 징발되고 있었다. 중앙 장수들이 번갈아 내려와서 샅샅이 군사들을 수색해 가느라 백성의 원망이 하늘을 찌를 듯했다. 도망병이 있으

면 그 친척이나 이웃이 대신 끌려가는 족징(族徵)과 인징(隣徵)으로 백성들의 시름은 더욱 깊어갔다.

이런 사정 때문에 선조는 족징을 금하라고 명령했다. 백성들은 천만다행으로 여겼지만, 변방 장수의 입장에서는 부족한 군사를 채울 길이 없었다. 백성들은 왕의 명령에 따라 군대를 피할 궁리만 하고 있었다. 변방의 수자리는 비어가고 장수들은 군사가 없어도 속수무책이었다. 당시 상황은 모순의 극치였다. 만일 전례대로 군사의 책임수량을 채운다면 왕의 분부를 어긴 것이 될 것이요, 또 분부대로 따른다면 변방을 지킬 사람이 없을 것이었다.

이순신은 이런 궁지에서 벗어나기 위해 체찰사에게 자문을 구했다. 체찰사도 두 가지 다 시행하라는 궁색한 답변만 보내왔다. 이순신은 나름대로 대안을 제시했다. 이미 죽어 자손이 끊어진 호구는 군사 명부에서 뽑아버리도록 하자고 공문을 띄웠다. 하지만 변방 장수의 입장과 중앙의 지령은 서로 어긋나 혼선만 빚고 있었다. 한편에서는 계속 장정을 징발해가고 다른 한편에서는 징발하지 말라는 명령이 동시에 시행되면서 수군들은 나날이 줄어갔다.

여기서 당시 수군들의 처지를 살펴보자. 조선시대에는 16세 이상 60세 이하의 양인 남자들은 의무적으로 군대에 복무해야 했다. 그들은 서울에 올라와 궁문을 지키거나 각 지방의 병영이나 수영에서 근무했다. 육군이 1년에 3개월씩 복무했던 데 비해, 수군은 2교대로 한 달에 한 번씩 6개월 동안 군대에서 생활해야 했다. 군역에 동원되는 모든 장정들은 투구나 갑옷, 창, 칼, 활과 화살 등 무기를 스스로 마련해야 했다.

수군은 당번이 되면 1개월의 군량을 짊어지고 선상에서 지내야

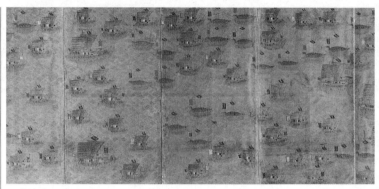

조선 수군 조련도

했다. 수군의 기본적인 임무는 성과 보루를 수비하는 일과 배를 타고 해상을 경계하는 일이었다. 하지만 수군은 툭하면 잡스러운 일에 차출되었다. 군대에 딸린 논밭 일구기, 군선 수리하기, 고기잡이나 해산물 채취, 소금 굽기, 공물과 진상품 나르기, 각종 토목공사 노역 등 셀 수 없었다. 심지어 지방관의 사택 공사나 사냥에도 일꾼으로 불려 다녀야 했다. 수군만호나 우후가 수군들을 사적으로 갈취하는 일도 비일비재했다. 그들은 직업군인이었지만, 국가에서 봉급을 지급하지 않았기 때문이었다.

수군은 육군에 비해 몇 가지 재능이 더 필요했다. 수영에 능해야 하는 것은 물론 노를 젓고 배를 다룰 수 있어야 했다. 연해 지리에 밝고 간조와 만조 시간도 헤아릴 줄 알아야 했다. 반면 형벌은 엄했다. 수군이 축성공사에 동원되었다가 도망치면 곤장 1백 대를 치고, 두번째로 도망가면 목을 벴다. 태풍이나 해일로 배를 침몰시키거나 조난을 당하면 죄인으로 취급되어 역시 곤장 1백 대를 때렸다.

사정이 이렇다 보니 수군은 누구나 꺼리게 마련이었다. 수군 수를 채우기 어렵게 되자 죄인들을 수군으로 받기도 했다. 성종 이후부터는 자손 대대로 수군직이 세습되었다. 수군은 검은 색을 칠한 둥근 나뭇조각을 차고 다녀야 했다. 앞면에는 소속포구, 성명, 나이, 얼굴 생김새, 거주지를 쓰고 뒷면에는 발행 연월일을 기입했다. 앞뒤에는 모두 '水軍'이라는 두 글자를 새겼다. 실종되거나 전사했을 때 소속과 성명을 알 수 있게 한 것이다.

평상시에 사람들은 수군이란 말만 들어도 진저리를 쳤다. 더구나 전시에는 군사들이 숨바꼭질하듯 숨어버리기 일쑤였다. 이순신에게 수군 부족은 화급을 다투는 문제였다. 이순신의 장계에 따르면, 전라좌도의 수군 수는 큰 진이라도 320명을 넘지 못하고, 작은 성에는 150명도 채우지 못했다. 그 가운데 도망가거나 죽은 지 오래된 사람이 군적에 올라 있는 자가 열에 일고여덟이었다. 그나마 복무중인 군사는 태반이 늙고 쇠약한 이들이었다. 당시 수군의 고역을 회피하는 수법도 가지가지였다. 중앙에서 파견된 육군에 붙거나 의병에 응모해버리는 자도 있었다.

비변사에서는 "근래에 적을 토벌하는 데는 해전만한 것이 없으니 전선을 넉넉히 만들라"라고 명령했다. 이순신은 그 전에 이미 본영과 각 포구에 배를 더 만들도록 조치했다. 하지만 전선 한 척에 활 쏘는 군사와 노 젓는 사람을 합해 120명도 채우기 어려웠다. 이순신은 조정에 하소연했다. 군사 징발하는 일은 종전대로 시행하되, 조금씩 형편에 맞춰 처리해 백성의 원망을 풀어주자고. 이순신은 적과 함께 숫자와도 싸워야 했다.

삼국의 동상이몽

임진년이 저물어갈 무렵 육지에서는 전쟁의 흐름이 바뀌고 있었다. 12월 25일 이여송군이 4만 3천여 명의 대군을 이끌고 압록강을 건너왔다. 명나라 사신 설번이 파병을 약속한 지 4개월이 지난 후였다. 명군 지휘부에서는 병부시랑 송응창이 군정을 총괄하고 이여송은 군사작전을 전담했다. 이여송 부대는 3군으로 편성되었는데, 좌협대장에 부총병 양원, 중협대장에 부총병 이여백, 우협대장에 부총병 장세작이 각각 임명되었다.

이듬해 1593년(선조 26년) 1월 6일 이여송군은 평양성 공격을 개시했다. 조선군 도원수 김명원 휘하 부대 8천여 명이 합세했다. 3일에 걸친 치열한 전투에서 조명연합군은 적병 1,285명을 목 베고 적의 군마 2,985필을 빼앗았다. 개전 이후 최대 전승이었다. 그만큼 숫자의 힘은 무서웠다. 평양전투 승리로 평양은 물론 개성까지 탈환했다.

이여송은 평양전투 승리에 기고만장했다. 그러나 성급하게 기병만을 이끌고 남하했던 명군은 1월 27일 벽제관에서 크게 패하고 말았다. 이여송은 조선 대신들의 만류를 뿌리치고 동파로 퇴각했다. 중원을 호령했던 명장의 체면을 구긴 셈이었다. 그는 전투 패전의 책임을 질 의사가 없었다. 서울에 진주하고 있는 일본군이 20여만 명에 이른다고 명나라 조정에 허위로 보고했다. 벽제관의 패전은 명군 지휘부의 기를 꺾어놓았다. 송응창은 더이상 적을 추격할 의사가 없었고 접전을 피하려 했다. 그리고 유격 심유경을 일본군 진영에 보내 강화협상에 나서게 했다. 전쟁을 조기에 끝내려는 속셈이었다. 그들로서는 남의 나라에 와서 구태여 피를 흘릴 까닭이 없었다.

한편 일본군의 처지는 악화일로를 걷고 있었다. 고니시 유키나가는 평양성을 빼앗긴 후 투구와 갑옷도 버린 채 남쪽으로 도주해야 했다. 2월 12일 일본군은 3만 명의 대군을 동원해 권율이 지키는 행주산성을 공격했지만 참패를 당하고 말았다. 함경도로 올라가 있던 가토 기요마사군은 의병장 정문부의 활약으로 패전을 거듭하다 서울로 퇴각했다. 2월 말 무렵 일본군은 서울로 집결을 완료했지만, 그 사이 피해는 막대했다. 고니시 부대는 18,700명이 6,622명으로 줄었고, 가토 부대도 10,000명 가운데 5,492명만이 살아남았다.

전황은 복잡하게 꼬여가고 있었다. 명나라는 전쟁을 피하면서 자국으로 되돌아갈 궁리만 하고 있었다. 일본은 남방에서 병참로가 끊겨 서울에서 한 달 가량 버틸 식량밖에 남아 있지 않았다. 선조와 대신들은 명군의 힘을 빌려 일본군을 완전히 격퇴시키려는 쪽으로만 신경을 곤두세웠다. 3국이 그야말로 동상이몽 속에 있었던 셈이다. 그 때문에 조선의 정국은 한 치 앞도 내다볼 수 없는 안개에 휩싸여 있었다.

명군이 참전하면서 일찍이 윤두수가 내다본 불행한 사태가 현실화되고 있었다. 명나라 장수들은 조선의 군신을 멸시하기 일쑤였다. 철군파의 대표적인 장수인 장세작은 그들의 퇴군을 만류하던 순변사 이빈을 발길로 걷어차며 물러가라고 꾸짖기도 했다. 그해 명군의 군량조달을 맡고 있던 흠차경리 애유신은 조선의 검찰사 김응남, 호조참판 민애경, 의주부윤 황진 등 고위 관리들을 잡아다

곤장을 때린 일도 있었다. 양곡 수송이 제대로 되지 않는다는 게 그 이유였다. 심지어 병부원외랑 유황상은 선조를 마치 부하처럼 대하며 질책하기도 했다. 이여송은 선조에게 거처를 안주로 옮기게 하고 국왕이 타는 말을 요구하기도 했다.

명나라와 일본의 강화회담에서 조선은 철저히 소외되었다. 명군 지휘부는 적을 평양 이남으로 밀어낸 것만으로도 소기의 성과를 충분히 달성했다고 생각했다. 출병 목표가 자국에 대한 내침 위협을 제거하는 것이었기 때문이었다. 따라서 그들로서는 자국의 병사를 사지로 내몰면서까지 적극적인 전투에 나설 이유가 없었다.

명나라는 심유경을 통해 3월부터 일본군과 화의교섭에 나섰다. 이와 함께 송응창은 용산 창고를 불태워 적을 곤경에 빠뜨렸다. 당시 용산 창고에는 서울에 주둔하고 있던 일본군의 군량이 쌓여 있었다. 강화교섭은 조선측의 의사가 묵살된 채 은밀하게 진행되었다. 1차 강화교섭의 결과 일본군은 4월 18일 서울에서 철병했다. 그들은 서울을 비워주면서 그때까지 온전했던 정궁 경복궁을 화마(火魔)의 제물로 삼는 복수극을 벌이기도 했다.

한편 3월에 명군 지휘부는 경략 송응창의 이름으로 금토패문(禁討牌文)을 내렸다. 조선군에게 적병을 생포하거나 사살하지 말 것은 물론, 그들의 말먹이도 노략질하지 말라는 명령이었다. 만일 이를 어길 경우 참형에 처할 것이라는 경고도 덧붙였다. 애초 명나라 원정대가 조선에 들어올 때 군사 작전권은 명군이 맡고, 조선측은 군수를 담당한다고 합의한 상태였다. 조선의 대신들은 강화와 금토패문의 부당성을 따졌다. 하지만 명 지휘부는 오히려 "왜이(倭夷)는 순종하는데 조선은 도리어 반역하려 한다"라고 협박할 뿐이었다.

송응창은 5월 중순 서일관·사용재 일행을 강화사절로 꾸미고 일본 나고야에 건너가게 했다. 도요토미 히데요시는 명나라 가짜 사절을 만나 7가지 강화 조건을 제시했다.

1. 화평 서약이 성립되면, 천지가 끝기는 일이 있어도 결코 바뀌지 않는다. 우선 명의 황녀를 맞아들여 일왕의 후비로 삼는다.
2. 최근 단절된 채로 있는 감합선(조공무역선)을 부흥시켜 상호 간에 관선과 상선을 왕래시킨다.
3. 일명양국의 대신은 서로 서사(誓詞)를 교환해 양국의 통호가 변함없이 계속될 것을 서약한다.
4. 조선의 4개도를 일본에 나누어주고 다른 4개도와 서울은 조선에 반환한다.
5. 조선 왕자와 대신 1, 2인을 일본에 인질로 데리고 간다.
6. 생포한 두 왕자와 속신은 조선에 생환시킨다.
7. 조선의 대신은 언제까지나 일본에 배신하지 않을 것을 서약한다.

그야말로 몽상가에게나 어울릴 법한 터무니없는 요구였다. 서일관 일행은 6월 중순 조선으로 돌아왔다. 일본군이 진주성을 함락한 후였다. 그들은 도요토미의 화의 조건을 송응창에게 보고했다. 송응창, 이여송 등은 이미 화의가 깨질 것을 짐작하고 있었다. 그 후 심유경은 화의를 성립시키기 위해 일본측 강화사절과 함께 도요토미의 문서를 들고 북경에 들어가려 했다. 그들이 요동에 이르렀을 때, 송응창의 긴급 지령이 당도했다. 도요토미의 항복 문서를 받아오라는 지시였다. 심유경은 다시 웅천에 주둔하고 있던 고니시 유키나가의 진영으로 되돌아가지 않을 수 없었다.

심유경과 고니시는 은밀히 모의해서 결국 항복 문서를 위조했다. 명나라가 도요토미를 일본 왕으로 책봉해준다면 번방의 신하로서 조공하겠다고 꾸민 것이다. 우여곡절 끝에 위조된 항복문서를 들고 심유경 일행이 북경에 도착한 것은 1593년 12월 초였다. 명나라 조정에서는 일본의 강화사절에게 세 가지 조건을 제시했다. 부산의 일본군은 속히 본국으로 돌아갈 것, 책봉 이외에 따로 조공은 허락하지 않을 것, 조선과 수호해 함께 속국이 될 것이며 함부로 침범하는 일이 없도록 할 것 등이었다. 명나라는 도요토미를 일본 왕에 봉하기로 결정하고 일본에 책봉사절단을 파견하도록 했다. 세 나라 모두 심유경과 고니시의 기만적인 술책에 놀아나고 있었다.

5. 불온한 평화

백성들을 돌보다

1593년 1월 22일 오전 10시. 이순신은 선조의 교서를 받았다. 적의 퇴각로를 차단하라는 지령이었다. 1592년 12월 28일에 써 보낸 것을 거의 한 달 후에야 받은 것이다. 선조는 이 글에서 이여송이 10만 대군을 거느리고 우리나라에 들어온다는 사실을 전했다. 1월 25일에는 평양성 승전 소식을 알려왔다. 이순신은 다음 날 26일 선전관 안세걸에게 장계 세 통을 써서 올려보냈다.

첫번째 장계는 유황을 보내달라는 내용이었다. 다섯 번에 걸쳐 경상도에 출전하느라 전라좌수영의 화약은 이미 바닥나버렸다. 이순신은 고심 끝에 화약 재료의 일부는 직접 만들어 썼다. 이순신의 군관 이봉수가 시험을 거듭한 끝에 염초 제조법을 알아내 석 달 동안 염초 1천 근을 만들어냈다. 이순신은 염초를 여수 본영과 각 포구에 나누어주었다. 하지만 유황만은 어찌해볼 도리가 없었다. 그래서 선조에게 유황 1백여 근을 청한 것이다.

　조선시대에 화약은 염초, 유황, 목탄을 섞어 만들었다. 염초는 담 밑이나 아궁이에서 질산칼륨의 함유량이 높은 흙을 긁어모았다. 문제는 유황이었다. 유황은 국내에서 거의 국내에서 생산되지 않아 수입해야 했다. 조선 수군이 해전에서 사용한 천자총통(天字銃筒), 지자총통(地字銃筒), 현자총통(玄字銃筒), 황자총통(黃字銃筒) 가운데 천자총통과 지자총통은 화약 사용량이 각각 30냥과 20냥으로 적지 않았다. 따라서 이순신에게 화약 재고량은 초미의 관심사일 수밖에 없었다.

현자총통 ⓒ 육군박물관

　두번째 장계에서는 의병장에 대한 조치를 알렸다. 이순신은 해전 사령관이었지만 육전 방비에도 마음을 늦출 수 없었다. 그는 1592년 8, 9월 사이에 근처 각 고을에 통문을 띄워 의병을 모집했다. 그의 요청에 따라 한 달 만에 4백여 명이 모였다. 그 가운데 용감하고 지략이 있는 자들에게 구례나 광양 등 요해처를 지키게 했다. 또한 승병장 의능과 삼혜, 의병장 성응사 등에게는 전선을 나누어주고 바다로 나가도록 지시했다.

세번째는 백성들에 대한 이순신의 사려를 엿볼 수 있는 장계다. 당시 전라도로 피난해 들어온 경상도 사람들이 2백여 호나 되었다. 이순신은 그들에게 모두 임시로 거처를 마련해주고 겨울을 나게 했다. 하지만 당장 그들을 구제할 물자가 턱없이 부족했다. 난리가 평정된 뒤에는 그들이 제 고장으로 돌아가겠지만, 당장 굶주리는 꼴은 볼 수 없었다. 그는 전에 유성룡에게 난민들이 임시로 편안히 살 수 있는 곳을 마련해달라고 편지를 썼다. 비변사에서는 "농사지을 만한 섬이 있거든 피난민을 들여보내 살 수 있도록 하라"라고 회답했다.

이순신은 돌산도가 적지(適地)라고 판단했다. 돌산은 사방이 산으로 둘러싸여 있어 도적이 들어올 길이 없는데다 지세가 넓고 땅도 기름졌다. 이순신은 피난민을 타일러 돌산에 들어가 살게 했다. 원래 조정에서는 이순신의 건의에 부정적이었다. 돌산이 말을 기르는 목장이어서 백성들을 피난시키면 방해가 되기 때문이었다. 그러나 이순신은 백성들에게 농사를 짓게 해도 말을 먹이고 기르는 데 해가 되지 않을 것이라고 호소했다. 결국 조정에서는 이순신의 제안을 받아들였다.

이순신은 전투도 게을리하지 않았다. 조정에서는 평양전투의 승리에 한껏 고무되어 있었다. 수군에게 일본군을 습격하라고 거듭 채근했다. 이순신은 2월부터 3월까지 다시 연합함대를 구성했다. 웅천에 숨어 있는 적들을 섬멸하려 했지만, 적은 호락호락하지 않았다. 이미 조선 수군에게 뜨거운 맛을 본 터라 일본군은 쉽게 대적하려 들지 않았다. 피하기만 하는 적들에게는 달리 뾰족한 수가 없었다. 이순신은 4월 3일에 여수로 돌아왔다.

한편 육지에서는 낭보가 잇따랐다. 2월에는 권율을 중심으로 한 조선군이 행주대첩의 개가를 올렸다. 일본군은 사세가 불리하게 돌아가자 4월 18일 서울을 버리고 경상도로 퇴각했다. 유성룡은 4월 20일 명나라군과 함께 서울에 입성했다. 그는 그 동안 적 치하에서 고난의 세월을 견뎌야 했던 서울의 처참한 상황을 목격했다.

성안에 남아 있는 백성들을 보니 살아남은 자들은 백 명에 한 명 꼴이었다. 살아 있는 사람도 다 굶주려 야위고 병들고 피곤했다. 낯빛이 귀신 같았다. 이때는 날씨가 몹시 무더웠다. 죽은 사람과 죽은 말이 곳곳에 버려져 있었다. 썩는 냄새가 성안에 가득 찼다. 길에 다니는 사람들은 코를 막고서야 지나갈 형편이었다.(『징비록』)

유성룡과 함께 서울에 입성한 도원수 김명원은 모조리 불타버려 빈터만 남은 경복궁을 보았다. 그는 왕궁의 폐허 앞에서 다음과 같은 시를 지었다.

창포 싹이 움트기 시작하고 버들눈도 트려 하는데
대궐 안 연못과 높은 언덕에 석양이 물드는구나.
도리어 부럽구나, 당나라 안녹산의 병란을 겪은 시인 두보가.
장안 서울에 돌아와서 곡강 머리에
대궐 문들이 성한 채 닫혀 있음을 보았음이여.

서울을 버린 일본군은 울산 서생포부터 동래, 김해, 웅천, 거제에 이르기까지 16곳에 성을 쌓고 장기 농성전에 돌입했다. 6월 29일에는 일본군의 총공세로 진주성이 무너졌다. 경상도는 적들의 철옹성 같은 거점으로 바뀌고 있었다.

내부의 적

1593년부터 1597년까지 조선은 내일을 기약할 수 없는 불온한 평화가 지배하고 있었다. 명나라와 일본 사이에 밀고 당기는 기만적인 강화회담이 지루하게 시간을 끌고 있었다. 그 사이 산발적인 전투로 모두들 지쳐가고 있었다. 명나라는 느긋했고, 일본은 수세에서 공세로 전환할 틈만 엿보고 있었다. 조선은 그 사이에 끼여서 조급증과 답답증으로 신경쇠약에 걸릴 수밖에 없었다.

전쟁사가 버나드 로 몽고메리는 "전시에는 적이 분명하지만, 평화시에는 보다 음험한 적과 직면하게 된다. 그것은 다름 아닌 내부의 취약성이다"라고 간파했다. 조선이 바로 그꼴이었다. 전쟁이 소강국면으로 접어들자 국왕과 대신들은 전쟁 책임론과 국면 타개책을 놓고 옥신각신 다투기 시작했다. 전쟁 지휘관들 사이의 불화와 반목도 곧잘 도마 위에 올랐다.

이순신에게도 그런 불길한 운명이 점차 닥쳐오고 있었다. 당시 연합함대 장수들 사이에는 미묘한 기류가 흐르고 있었다. 이순신과 원균의 갈등이 점차 수면 위로 떠오르고, 전라도와 경상도 장수들 사이의 불화가 눈에 띄기 시작했다. 경상도 장수들은 상대적으로 자신들의 공이 인정받지 못한 데 대해 점차 불만을 터뜨리기 시작했다. 이순신은 밖의 적과 함께 안의 적과도 힘겨운 싸움을 벌여야 하는 상황에 놓여 있었다.

웅천해전이 한창이던 2월 22일이었다. 부하 장수들이 이순신의 명령을 무시하고 적에게 달려들었다가 역습을 당했다. 경상도 장수들은 이런 상황을 보고도 못 본 체했다. 적전분열 상황이 드러난 것이다. 급박한 전투 상황에서도 장수들 사이의 갈등이 위험 수위를 넘고 있었다. 이순신은 원균에게 그 책임을 돌렸다. 그날 일기에는 "원균의 음험하고 흉악한 꼴은 이를 길이 없다"라며 분통을 터뜨리고 있다.

28일에는 더욱 기막힌 일이 일어났다. 그날도 웅천의 적들은 싸움을 피하기만 했다. 김해 근처로 배를 몰고 가는데, 부하 장수가 변고를 알려왔다. 전선을 이끌고 달려가 섬을 에워쌌다. 원균의 부하와 가덕첨사의 배 2척이 섬을 들락거리는 게 보였다. 이순신은 그들의 태도를 수상히 여기고 붙잡아서 원균에게 보냈다. 원균은 버럭 성을 내며 나무랐다. 그가 부하를 보내 고기 잡는 사람들의 머리를 베어오려 했기 때문이었다. 적이 아니라 우리 백성의 목숨을 노리는 그들의 타락상에 이순신은 분노를 넘어 비애를 느끼지 않을 수 없었다.

3월 2일에는 하루 종일 궂은비가 내렸다. 이순신은 홀로 배 위에 앉아 있었다. 온갖 생각이 치밀어 올라 마음을 가눌 수 없었다. 적의 동태도 가늠하기 어려웠지만, 원균의 행실은 더욱 가슴을 쓰라리게 했다. 이영남의 말에 따르면, 강진에 사는 두 사람이 원균의 부대로 끌려가 문초를 받고 살아 돌아왔다고 한다.

전쟁이 소강국면에 접어들자 이순신은 틈틈이 배 만들 재목을 실어오기도 하고, 부하 장수들과 활쏘기 시합을 벌이기도 했다. 또한 부하 장수들이 바둑판을 벌이는 것도 지켜보고 이억기와 장기를 두기도 하면서 전쟁의 시름을 잠시 잊기도 했다. 하지만 이순신에게 1593년은 더욱 힘겨운 나날이 이어지고 있었다.

이순신이 적을 토벌하기 위해 바다로 나온 지 벌써 두 달이 지났지만, 명나라 군대의 소식은 감감했다. 적은 여전히 물러가지 않고 버티고 있었다. 멀지 않은 곳에서 수백 개의 눈을 번득이며 호시탐탐 기회를 엿보고 있는 적의 존재는 피를 말리게 했다. 농사철이 다가왔지만, 남자들이 모두 전장에 나간 터라 들판은 텅 비어 있었다. 뿐만 아니라 당시 전염병이 창궐해 사람들을 잡아먹고 있었다. 이순신은 수군들을 차례로 돌려보내 농사를 짓게 했다. 병든 군사를 간호하고, 군량도 준비해야 했다.

4월 무렵 이순신은 또다른 난관에 봉착해 있었다. 수군 장수들이 해안 방어를 책임지지 않고 육지로 차출당하는 일이 잦았다. 흥양 현감 배흥립은 전라도 순찰사의 명령으로 육전에 참가하고 있었다. 왕명을 받든 신하들이 전국을 돌며 유능한 장수들을 끌고 가는 형편이었다. 이순신은 4월 6일 장계를 올렸다. 명령체계가 혼선을 빚으면서 자신의 호령이 시행되지 못하고 있는 처지를 하소연했다. 또한 수군 장수들은 해전에만 전념할 수 있게 해달라고 호소했다. 무엇 하나 이순신의 뜻대로 되는 일이 없었다.

4월 8일에는 부하 장수인 광양현감 어영담이 졸지에 파직되는 사건이 일어났다. 1월 27일, 독운어사 임발영이 여러 고을을 순행하면서 각 고을의 재정 상태를 점검하고 있었다. 마침 어영담은 해전에 나가 자리를 비웠다. 그는 행정상의 실수를 저질렀다. 평소 광양의 식량을 군량에 보태 쓰거나 고을 백성을 구제하는 데 써오면서 장부에 기록하지 않았다. 임발영은 이 사실을 적발하고 조정에 장계를 올려 어영담의 죄를 따졌다.

이순신을 알고 있었다. 어영담이 사복을 채울 인물이 아니라는 사실을. 어영담은 선조가 몽진한 뒤 백미 60석과 다른 물건을 배에 실어 올려보내기도 했다. 하지만 임발영은 그런 사정을 알 리 없었다. 결국 어영담은 파직되고 말았다. 이순신은 용감한 장수가 억울한 사정으로 쫓겨나는 현실이 안타까웠다. 더구나 그가 파직됨으로써 광양 백성들이 곤경에 빠질 것이 뻔했다. 수령의 임명권은 이순신의 권한을 넘어서는 일이었다. 그럼에도 그는 발벗고 나섰다. 나중에 조정에 탄원서를 올려 어영담을 조방장으로 임명했다.

종일 신음하다

5월 10일 이순신은 조정의 명령서를 받았다. 명나라 경략 송응창의 분부를 기다려 부산에 있는 적을 치라는 내용이었다. 당시 조정에서는 사태를 오판하고 있었다. 일본군이 본국으로 귀환하기 위해 부산에 집결한 것으로 파악했다. 하지만 사실은 달랐다. 도요토미는 한산도 패전 이후 비밀 지령을 내려 일본 수군에게 조선군과는 접전을 피하라고 지시했다. 조정에서는 이런 사실을 모른 채 조선 수군의 작전권을 명나라에 넘겨버렸다.

원래 송응창은 강화협상이 진행되면서 일본군을 공격하지 말라는 군령을 내린 바 있었다. 하지만 4월 말에는 퇴각하는 일본군을 섬멸하라고 입장을 바꿨다. 당시 명군 지휘부에서는 경략 송응창과 제독 이여송이 티격태격하고 있었다. 일본군을 공격하라는 송응창의 명령을 이여송이 따르지 않았다. 그러자 송응창은 조선군이 이여송의 지휘를 받지 말고 오직 오유충, 유정, 낙상지 세 장수의 통제를 따르라고 지시했다.

조정은 상전이었던 송응창의 지령을 어길 수 없었다. 하지만 이순신은 쉽게 움직일 수 없었다. 부산을 공격한다면 웅천에 있는 적들에게 협공을 당할 위험이 컸다. 더구나 웅천의 적들은 싸움을 피하면서 사태를 관망만 하고 있었다. 따라서 수군 단독으로 작전을 수행하기보다는 육군과 합동작전을 펴야 효과적이었다. 하지만 이도 이순신의 뜻대로 되지 않았다. 육군과 수군 지휘부는 서로 상대편의 선제공격만을 바라고 있었다.

5월 4일은 어머니의 생신이었다. 전투가 임박한지라 이순신은 바다를 떠날 수 없었다. 그저 한스러울 따름이었다. 12일에는 선전관이 찾아와서 피란 중인 선조의 딱한 사정과 명나라 장수들의 행패를 들려주었다. 이순신은 원통하고 분한 심사를 다스리기 어려웠다. 다음날 밤 달빛이 배 위에 가득 찼다. 가슴속에 온갖 근심 걱정이 들끓어 올랐다. 전전반측하다 닭이 울어서야 어렴풋이 잠이 들었다.

14일 이순신은 견내량 배 위에 있었다. 선전관 박진종과 예윤이 임금의 분부를 가지고 왔다. 송응창의 명령에 따라 배들을 부산, 동래에 집결시키라는 것과 부산에 있는 적들을 불 지르고 소속 해군과 전함, 병기가 얼마인지 명나라 장수에게 보고하라는 전갈이었다. 그런데 선조는 명령서 끝에 "혹시 적을 불태워 없애지는 못하더라도 속여 보고하지는 말아야 한다"는 경고의 말을 덧붙였다.

조정에서는 이미 일선 장수들의 허위 보고를 경계하고 있었다. 비변사가 선조에게 올린 보고서를 보면, "두 진이 상대해서 한창 싸울 때는 자신이 직접 쏘아 죽인 것도 알 수 없습니다. 주장이 멀리 떨어져 있으면서 직접 본 것도 아닌데, 심지어 아무는 적 몇 명을 죽였고, 아무는 적 몇 명을 맞힌 것을 마치 세어본 것처럼 합니다"(『선조실록』 1593년 2월 28일)라고 지적한 것처럼 조정은 변방 장수들을 불신하고 있었다.

그날 이순신은 이억기의 배에 올랐다. 선전관과 술잔을 기울이며 이런저런 이야기를 나누고 있었다. 그때 원균이 찾아와서 술주정을 부렸다. 이순신은 난감했다. 임금의 명령을 받고 내려온 선전관이 있는 자리였다. 수군 장수들의 불화가 중앙 관리 앞에서 그대로 드러나버린 셈이었다. 다음날 15일 원균의 부하인 윤동구가 이순신에게 서찰 하나를 내밀었다. 원균이 조정에 올려 보내는 장계였다. 일기에는 "고약한 말이 많이 들어 있었다"라고 간략하게 썼지만, 아마 이순신에 대한 불만을 토로한 것으로 보인다.

이순신에게는 안팎으로 시련의 나날이 계속되고 있었다. 그래서인지 이순신은 자주 앓아눕곤 했다. 16일에도 몸이 몹시 불편했다. 그는 베개를 베고 누워 신음했다. 명나라 장수가 중도에서 발걸음을 늦추며 머뭇거린다는 소식이 들려왔다. 나랏일을 생각하니 한심스러워 눈물을 흘렸다. 18일에도 몸은 나을 줄 몰랐다. 이른 아침에 위장약 4알을 먹었다. 한바탕 설사를 하고 나니 몸이 조금 가뿐해진 듯했다. 그날 이순신은 어머니에게 미역 5동(50가닥)을 보냈다.

원균의 행실은 갈수록 눈에 거슬렸다. 송응창은 조선 수군에게 불화살 1,530대를 보냈다. 이순신은 이것을 원균이 독차지하려 한다는 의심까지 품었다. 게다가 남해현령 기효근이 배에서 여자를 끼고 있는 현장을 목격했다. 이순신은 분을 삭이지 못했다. 그는 기효근의 비루한 행실을 부하 단속을 하지 못하는 원균 탓으로 돌렸다.

『임진장초』 이순신이 조정에 올린 장계 61편을 필사해 묶은 책이다.

이순신과 원균의 불화는 심지어 해상작전에 지장을 초래할 지경에 이르고 있었다. 6월 5일과 10일 원균이 이순신에게 웅천의 적을 치러 가자고 제안했다. 이순신은 그것을 원균의 흉계로 치고 따르지 않았다. 그만큼 이순신은 원균을 신뢰하지 않았다. 11일에는 사태가 역전되었다. 이순신은 원균에게 적을 토벌하자며 공문을 만들어 보냈다. 원균은 술에 취해 정신이 없다며 회답하지 않았다. 피장파장인 셈이었다. 그 무렵 원균은 따로 조정에 장계를 올렸다. 이순신과 마찬가지로 수륙 합동작전의 필요성을 역설했다.

웅천·창원의 왜적은 여전히 웅거해 있습니다. 웅포의 왜적은 차츰 늘어나서 전보다 배나 성합니다. 하지만 험난한 곳을 점거한 채 나오지 않고 있습니다. 김해·양산 두 강에 정박한 적들은 부산 통로를 장악하고 있습니다. 그들은 서로 번갈아 출입하면서 입과 입술처럼 서로 의지하고 있습니다. 이 적의 소굴을 내버려둔 채 부산으로 들어가면 앞뒤의 적이 협공할 것입니다. 이는 실로 위험한 일입니다. 육군이 웅천의 적을 쳐서 바다로 몰아내면 수군이 서로 통할 수 있습니다. 먼저 웅포를 공격하고 차차 김해·양산을 공격해야 합니다. 그래서 부산 길을 통하게 하는 것이 가장 좋은 계책입니다.(『선조실록』 1593년 6월 3일)

6월 3일 이순신은 지휘선을 떠나 딴 배로 옮아 탔다. 배를 연기로 그을리기 위해서다. 당시 전선은 소나무로 만들어 정기적으로 수리하지 않으면 배가 썩거나 부서지게 마련이었다. 배의 파손과 마모를 막기 위해 물에 닿는 부분을 연기로 그을렸다. 그렇게 하지 않으면 갯지렁이가 구멍을 뚫고 나무를 갉아먹었다. 또한 배를 오래 정박시켜두면 굴조개 등이 달라붙어 배의 기동력을 떨어뜨렸다. 그래서 배 밑바닥의 굴조개 등을 깎아내야 했다.

한편 일본군이 남쪽으로 물러난 사이 백성들은 전쟁의 상처로 신음하고 있었다. 선전관 조안방은 6월 24일 각지의 실정을 조사한 후 조정에 보고서를 올렸다. 이에 따르면, 각처에 군량이 끊겨 병사들이 굶주리고 있었다. 5~6홉의 쌀로 죽을 끓여 두 사람이 나누어 먹었다. 심하면 6~7일 동안 굶는 경우도 있었다. 도망병이 매일 100명을 넘기도 했다. 서울에서 밀양에 이르기까지 들판에는 쑥만 수북이 덮었고 인적이 끊겼다. 적이 머물렀던 곳에는 백골만 쌓였고, 굶주린 백성들이 땅에 즐비하게 누워 있었다. 심지어 사람이 사람을 서로 잡아먹는 극단의 참상도 벌어지고 있었다.

2부
한산도

아마도 저급하고 평범한 재능을 지닌 이들은 모험하지 않고 높
은 곳을 노리지 않는 까닭에 대체로 실수로부터 안전할 수밖에
없는 반면, 위대한 인물들은 다름아닌 자신들의 위대성 때문에
위험에 처해 있는 것이오.

— 롱기누스

1. 삼도 수군통제사

백성들의 장수

1593월 7월 들어 이순신은 중요한 결단을 내렸다. 수영을 여수에서 한산도로 옮긴 것이었다. 한산도는 통영과 거제도 사이에 낀 섬으로 배를 감추기에 제격이었다. 게다가 거제도 동쪽의 적들이 전라도를 넘보려면 한산도 앞을 지나가지 않을 수 없었다. 여수는 경상도와 너무 멀리 떨어져 있었다. 전쟁의 승패를 가를 기동성 면에서 취약했다. 결국 한산도를 진을 옮긴 것은 적의 길목을 끊고 언제든 출격하겠다는 다목적 포석이었다. 이순신은 조정의 승낙을 받고 7월 14일 한산도로 들어갔다. 그날은 가랑비가 내렸고 이순신은 종일 신음했다.

한산도로 진을 옮긴 다음 날, 이순신은 아산에 있는 현덕승이란 사람에게 편지를 썼다. 현덕승은 이순신에게 마포와 면포, 종이, 촛대, 전복, 굴비, 민어 등을 선물로 보내왔다. 글의 문맥으로 볼 때,

두 사람은 무척 친밀한 사이였던 듯하다. 이순신은 이 편지에서 자신의 당시 심경을 내비쳤다.

> 호남은 나라의 울타리입니다. 만일 호남이 없으면 그대로 나라가 없어집니다. 어제 진을 한산도로 옮기고 적의 바닷길을 가로막을 계획입니다. 어느 날에나 전쟁을 끝마치고 평소에 같이 따라 놀고 싶어 하던 정회를 실컷 한번 풀어보리까. 편지를 쓰려 하니 부질없이 슬픈 생각만 간절할 뿐 남은 말씀은 마음이 산란해 이만 씁니다.

한산도로 옮겨와서도 이순신과 원균의 반목은 좀체 호전될 기미가 보이지 않았다. 되레 악화일로로 치닫고 있었다. 8월 『난중일기』에는 원균에 대한 기록이 유독 많다. 이순신은 원균이 '헛소리를 잘 한다' '해괴하다' '음흉하다' '고약하다' '허무맹랑하다' '흉악하다'며 원균을 마치 악당처럼 묘사하고 있다. 눈앞의 적을 쳐야 한다는 공적인 대의와 진저리가 날 것 같은 인간적 증오 사이에서 이순신은 번민하고 있었다.

원균만이 이순신을 괴롭힌 것은 아니었다. 전염병과 굶주림은 일본군 못지않은 난적이었다. 그해 2월부터 8월까지 병들어 죽은 군사가 무려 6백여 명이었다. 이들은 거의 대부분 건강하고 활 잘 쏘며 배도 잘 다루는 정예군들이었다. 남아 있는 군사들은 전쟁에 따른 긴장과 피곤이 겹쳐서 기력이 소진되어가고 있었다. 명나라 군사들이 구원하려 내려온다는 기별도 아직 없는 형편이었다.

군량 부족도 심각한 수준이었다. 전국이 전란에 휩쓸렸지만, 다행히 전라도 지역만은 온전했다. 그러다 보니 군량은 거의 전적으로 전라도 곳간에서 퍼 가는 형편이었다. 하지만 2년 가까이 전쟁이 이어지면서 전라도 곳간도 거의 비어갈 지경이었다. 더구나 모자라는 군량을 명나라 군사들에게도 바쳐야 했다. 조선 군사들은 피골이 상접할 만큼 초췌해져갔다. 명나라 군사들이 영남 지역으로 남하하면서 그들이 저지르는 온갖 행패도 견디기 어려웠다.

2만여 명에 이르는 명나라 대군에게 1년 동안 지급해야 하는 식량은 상상을 초월했다. 은으로 치면 1백만 냥에 육박했다. 그 가운데 36만 냥은 명나라에서 부담했지만, 조선에서는 64만 냥을 떠맡아야 했다. 전쟁으로 폐허가 되어버린 조선으로서는 감당하기 벅찬 액수였다. 명나라에서도 자국 병사들을 위해 군수물자와 군량 등을 보내왔지만, 의주까지만 전달되었다. 의주에서 각지의 명나라 진지까지는 조선인들이 남부여대하면서 날라야 했다.

군량을 수송하고 분배하는 과정에서 온갖 부정과 비리가 판을 쳤다. 명나라 선원들은 식량에 물을 부어 부피를 늘렸다. 양곡이 썩어버리거나 심지어 진흙이나 누룩으로 변해버리기도 했다. 식량 수송과정에서 썩거나 도난당한 부족분은 고스란히 조선인의 짐으로 떠넘겨졌다. 명나라에서는 자국민들의 비리를 눈감아주고 있었다. 조선은 항변조차 변변히 할 수 없는 처지였다.

명나라 군사들이 남쪽에 주둔하면서 군량 문제는 악몽처럼 조선 정부를 짓눌렀다. 명나라 장수들은 조선이 군량을 마련하지 못하면 군사를 거두어 돌아가겠다며 협박을 일삼았다. 조정에서는 군량을 모집하느라 온갖 묘책을 다 짜냈다. 곡식을 많이 거두어 바친 자들에게는 벼슬을 올려주거나 천인 신분에서 해방시켜주기도 했다. 각 지방에 관리를 파견해 곡물 수집에 나서기도 했다. 이들은 촌락에 들어가 민가의 항아리에 담긴 곡물까지 마구잡이로 훑어가 버렸다. 군량 공급의 우선순위는 명나라 군사들이었다. 그러다 보니 조선 군사들은 끼니를 굶을 수밖에 없었다. 이순신은 8월 10일에 쓴 장계에서 군량 문제를 언급했다.

영남의 허다한 명나라 군사에게 식량을 공급하는 일은 여기(전라도)에 의지하고 있습니다. 명나라 군사들은 한가로이 날만 보내고 끝내 적에게 진격한다는 기별은 없습니다. 적의 형세는 전보다 배나 왕성한 채 조금도 돌아갈 계획은 없습니다. 군량은 도저히 계속 공급할 길이 없습니다. 뿐만 아니라 이렇게 굶고 병든 군사로는 저 소굴 속 적들을 칠 계책을 세울 수 없습니다. 다만 원통하고 분할 따름입니다.

그렇다고 무턱대고 손 놓고 원망만 하고 있을 수는 없었다. 이순신은 조정에 대안을 제시했다. 9월 10일에 쓴 장계에서 비어 있는 땅을 경작해 군량을 마련하자고 건의했다. 전라도 순천이나 흥양(고흥)에는 땅이 넓고 비어 있는 목장과 농사지을 만한 섬들이 많이 있었다. 이 땅을 관청에서 경작하거나 민간에 나눠주고 소작을 시키면 군량 문제를 해결할 수 있다는 이야기였다. 조정에서는 이순신의 제안을 따랐다.

설상가상으로 가족들의 안부마저 이순신의 심신을 괴롭혔다. 7월부터 막내아들 염(나중에 면으로 이름을 바꿈)이 중병을 앓고 있었다. 8월 2일에는 염이 하마터면 목숨을 잃을 뻔했다는 소식이 들려왔다. 염의 상처가 곪아서 침으로 째 진물이 흘러나왔는데, 며칠만 늦었더라면 생명이 위독했다고 한다. 염의 병이 차도가 있자 8월

23일에는 둘째아들 울이 학질을 앓았다. 군사들은 굶주려 죽어가고 아들들은 병에 걸렸으니 이순신에게는 악몽의 나날이었다.

그렇다고 불행한 일만 있었던 것은 아니었다. 8월 15일 조정에서는 이순신을 전라좌수사 겸 전라·충청·경상 삼도 수군통제사로 임명했다. 당시 삼도 수사들은 위계서열이 같아서 일사불란한 작전에 한계가 있었다. 조정은 이순신을 통제사로 임명함으로써 상하 지휘계통을 바로 세우려 했다. 하지만 원균이 이순신의 지휘를 받게 됨으로써 두 사람 사이에 갈등의 골이 더욱 깊어질 수밖에 없었다. 이순신은 8월 말 삼도 통제사로 임명하는 교서를 받았다.

군사상 가장 걱정스러운 것은 이른바 통솔할 이가 없는 것이다. 서로 각각 제 형편만 지킨다면 어찌 팔이 손가락 놀리듯 할 수 있겠는가. 또 도맡아 다스릴 수 없으면 혹은 뒤늦게 오고 혹은 앞서 도망가는 폐를 면하지 못할 것이다. 그러다 위급하면 조처할 길이 없을 것이다. 하물며 적의 형세가 쇠하지 않고 갈수록 속이고 거짓말하니 어찌 하겠는가. 그대를 본직에다 전라·충청·경상 삼도 수군통제사를 겸하게 한다.

이순신은 무기 제작에도 힘을 기울였다. 9월에는 조총을 만들어내는 데 성공했다. 그는 일본군에게 빼앗은 조총을 눈앞에 두고 직접 만들어보려고 궁리를 거듭했다. 군관 정사준이 마침내 조총 제작 기술을 터득했다. 정사준은 대장장이들과 함께 철을 두드려 조총을 만든 다음 시험해보았다. 체제도 잘 갖추어졌고 총알의 속력도 일본 조총 못지않았다. 이순신은 조정에 조총 다섯 자루를 바쳤다.

한산도 제승당　한산도에 삼도 수군 통제영을 설치했을 때 장수들과 작전회의를 하던 운주당이 있던 자리이다.

그리고 조총을 만든 이들에게 특별히 상을 내려줄 것을 요청했다.

백골이 즐비하다

　선조는 10월 4일 서울로 돌아왔다. 4월에 일본군이 서울에서 철수했으니 무려 6개월이 지난 후였다. 선조는 평양이 수복되자 1월에 의주를 떠나 3월에 영유에 머무르고 있었다. 서울을 되찾았다는 소식이 전해졌지만, 선조는 서울로 돌아가기를 꺼려했다. 대신들은 잇달아 환도하기를 청했다. 선조는 차일피일 미루기만 했다. 대사헌 김응남은 선조가 환도하기 전 서울의 참상을 다음과 같이 증언하고 있다.

신이 처음 경성(서울)에 도착해 살펴보니, 종묘사직과 궁궐은 모두 불타 허물어졌습니다. 큰 집과 일반 민가들도 거의 무너져 연기만 자욱하고 백골이 흩어져 있습니다. (…) 죽은 시체가 길에 가득하고 썩은 살점이 냇물을 막고 있습니다. 살아남은 사람들도 모두 도깨비 같은 몰골입니다. 노인은 부축하고 어린애는 끌고서 줄지어 도성을 빠져나가고 있습니다. 도성 백성들은 마치 어린아이가 어머니를 기다리는 것처럼 주상께서 돌아오기를 기다리고 있습니다. 어떤 자는 길거리에서 "대가가 언제쯤이나 돌아와서 우리들을 죽음에서 구제해 주려는가?" 하며 슬피 하소연했습니다. 그 비참한 형상은 차마 볼 수가 없었습니다.(『선조실록』 1593년 9월 2일)

선조의 마음을 움직인 것은 서울과 백성들의 비극이 아니었다. 선조가 머물고 있던 곳에 퍼진 질병이 결단을 재촉했다. 당시 영유에는 전염병이 창궐해서 왕세자와 신하들도 병환에 시달리고 있었다. 그제야 선조는 환도를 결심했다. 선조가 서울로 돌아왔을 때, 도성의 참상은 차마 눈뜨고 보기 민망할 지경이었다. 선조는 당장 기민 구제에 발벗고 나섰다. 하지만 참화가 휩쓸고 간 뒤라 뾰족한 수가 없었다. 그저 발만 동동 구를 뿐이었다.

남해안을 지키고 있던 이순신에게도 상황은 별반 다르지 않았다. 그해 겨울 병들거나 굶주린 군사들이 태반이었다. 그들은 사람 형상만 한 채 겨우 목숨이 붙어 있었다. 날씨가 추워지자 사태는 더 악화되었다. 군사들은 귀신처럼 헐벗고 굶주린 채 겨우 연명해가고 있었다. 조정에서도 더이상 남쪽 사정을 외면할 수 없었다. 10월 들어 베 12동(6백 필)을 하사했다. 군사들에게 옷과 식량을 나누어 주라는 분부도 덧붙였다. 이순신은 추위와 굶주림에 지쳐 원망하던 군사들을 타일렀다.

"명나라 군사들은 만 리 밖으로 원정 와서 풍상에 시달리는데도 오히려 근심하지 않고 진심으로 죽기를 기약하고 적을 토벌하려 하고 있다. 너희들은 본국 사람으로서 아침저녁으로 적의 해독을 입고 있다. 그러면서도 분풀이할 생각은 하지 않고 그저 편안히 지낼 꾀만 낸다. 너무 어이가 없다. 더구나 수군들이 고생하는 것을 걱정하셔서 위에서 특별상으로 베를 내려보내셨다. 은혜 망극한 것은 만 번 죽어도 갚기 어려울 것이다."

이순신은 군사들에게 베를 잘라 골고루 나누어주었다. 군사들 가운데 병든 자들은 우선 교대시켜주었다. 뱃길이 먼 전라우도 전선들은 모두 우수영으로 돌려보냈다. 그들에게 휴가도 주고 전선을 수리해서 이듬해 초에 다시 모이도록 했다.

이순신은 조총뿐만 아니라 다른 무기 제작에도 공을 들였다. 총통을 더 만들려면 쇠가 많이 필요했다. 물자가 고갈된 터라 조달하기가 쉽지 않았다. 이순신은 묘안을 짜냈다. 중들을 모아 마을 곳곳을 돌아다니며 쇠붙이를 구해 오라고 일렀다. 하지만 무턱대고 징발만 할 수는 없었다. 이순신은 조정에 건의했다. 쇠를 바치거나 모아오는 자들에게 상을 주거나 벼슬길을 틔워주자고. 또한 유황 2백여 근을 보내달라고 청했다. 화약에 쓸 유황을 구할 길이 막막했기 때문이었다.

12월 29일에는 진중에서 과거를 치르게 해달라는 장계를 썼다.

광해군은 12월 19일 전주에 내려와 있었다. 그는 12월 27일 충청도, 경상도, 전라도 무사들을 대상으로 과거시험을 치를 예정이었다. 광해군이 전선을 시찰하고 과거를 치르게 된 데는 곡절이 있었다. 명나라 경략 송응창은 두세 번에 걸쳐 선조를 압박했다. 광해군을 전선으로 내려보내 정무를 전담하도록 압력을 넣은 것이었다. 이는 조선의 내정간섭에 해당하는 중대한 사안이었다. 대신들은 광해군의 병을 핑계하며 따르려 하지 않았다. 하지만 명나라의 뜻을 거스를 수도 없었다. 결국 광해군이 전선 시찰에 나설 수밖에 없었다.

이순신은 과거시험을 치른다는 소식을 누구보다 반겼다. 군사들의 사기를 북돋울 수 있는 절호의 기회였기 때문이다. 하지만 수군들을 과거시험장에 보내는 데는 여러 가지 어려움이 따랐다. 물길이 멀었고 기일에 대기도 어려웠다. 또한 적과 대진해 있는 터라 뜻밖에 일을 당하면 난처할 수밖에 없었다. 따라서 수군들이 진중에서 시험을 치르게 해달라고 청했다. 조정에서는 이순신의 청을 받아들여 이듬해 4월 6일과 7일에 한산도에서 무과 과거장을 열었다.

한편 1593년이 저물어갈 무렵 조정에서는 통제사 이순신의 죄를 물어야 한다는 논의가 일어나고 있었다. 사태의 발단은 도원수 권율의 장계였다. 권율은 "네댓 척이 출몰하는 적선은 쫓아가 무찌를 수 있는데, 좌도·우도의 수사는 서로 잊어버린 것처럼 버려두고 있습니다. 통제사 이순신 이하 수사를 모두 심문해 죄주도록 명하소서" 하고 아뢰었다. 비변사에서도 거들었다. "지난해 싸움에 이긴 것을 아뢴 뒤로는 한 번도 적을 무찌른 일이 없습니다. 원수가 죄주기를 청하는 것은 어쩔 수 없는 일입니다."(『선조실록』 1593년

이순신 자당 기거지

11월 6일) 이때 이순신이 어떤 견책을 받았는지는 기록이 없어 알
수 없다.

"나라의 치욕을 씻어라"

1594년(선조 27) 새해가 밝았다. 간지로는 갑오년이었다. 정월
초하룻날부터 폭우가 내렸다. 이순신은 어머니 곁에서 새해 첫날
을 맞이할 수 있어 다행이었다. 당시 이순신의 어머니는 고음내(여
수 송현마을)에 머물고 있었다. 이순신은 이날 늦게 여수 본영으로
돌아왔다. 군사훈련을 주관해야 했기 때문이었다.

11일 아침 이순신은 배를 타고 다시 어머니를 찾았다. 남의길,

윤사행, 조카 이분이 동행했다. 이순신의 어머니는 아직 기침하지 않았다. 잠시 후 웅얼대는 바람 소리에 놀라 깼다. 기운이 가물가물한 것처럼 보였다. 앞이 얼마 남지 않은 듯해 이순신은 애달픈 눈물을 흘렸다. 하지만 오래 머물 수는 없었다. 다음날 아침을 먹은 뒤 어머니를 하직했다. 어머니가 아들을 향해 무거운 입을 열었다.

"잘 가거라. 나라의 치욕을 크게 씻어라."

어머니는 두 번 세 번 아들에게 타일렀다. 하지만 이별을 탄식하지는 않았다. 그 아들에 그 어머니였다.

어머니와 헤어진 후 이순신은 1월 19일 다시 한산도로 돌아왔다. 하지만 그를 기다리는 것은 우울한 소식뿐이었다. 경상도 수군들이 거의 다 굶어죽게 되었다고 한다. 그런데도 원균이 부하 장수들의 여자와 사통했다는 믿을 수 없는 이야기도 들려왔다. 사실 여부를 따져볼 수는 없지만, 이순신이 원균을 경멸했을 것은 틀림없다. 그럼에도 1월 24일 원균이 경상좌도에 있는 적 300명을 죽였다는 소식을 전해오자 자기 일처럼 기뻐했다.

이순신을 가장 가슴 아프게 한 것은 군사들의 고통과 죽음이었다. 1월 20일은 살을 에듯 추운 날이었다. 이순신은 "각 배마다 옷 없는 사람들이 목을 움츠리고 추워 떠는 소리를 차마 듣기 어려웠다"고 그날 일기에 썼다. 인장(仁將)의 면모를 다시 한번 엿볼 수 있는 대목이다. 다음날 이순신은 노 젓는 군사 742명에게 술을 먹이고 노고를 달랬다. 그날 녹도만호 송여종에게 병들어 죽은 시체 217명을 거두어 장사지내게 했다.

그해 1월부터 3월까지 진중에 전염병이 창궐했다. 병으로 죽거나 앓는 수군이 수천 명에 달했다. 이순신이 4월 20일에 쓴 장계를 보면, 전라좌도 사망자 406명, 현재 앓는 이는 1,373명, 전라우도 사망자 603명, 현재 앓는 이는 1,878명, 경상우도 사망자 344명, 현재 앓는 이는 222명, 충청도 사망자 351명, 현재 앓는 이는 286명 등 삼도 사망자 합계 1,704명, 현재 앓는 이는 3,759명이었다. 전쟁보다 전염병이 사람의 목숨을 더 많이 앗아가고 있었다는 이야기다.

이순신은 2월 9일 입에 올리기도 처참한 이야기를 들었다. 백성들이 굶주려서 서로 잡아먹는다는 소문이었다. 당시 백성들은 기아선상에서 삶과 죽음의 경계를 넘나들고 있었다. 쌀과 보리는커녕 초근목피도 바닥이 났다. 심지어는 사람이 사람을 잡아먹는 극단의 경지에 이르기도 했다. 굶주림 앞에서 인륜이나 도덕은 공염불에 지나지 않았다. 사헌부는 당시 참상을 이렇게 전한다.

요즘 기근이 극도에 이르렀습니다. 심지어 사람의 고기를 먹으면서도 전혀 괴이하게 여기지 않습니다. 굶어 죽은 시체가 길가에 쓰러져 있는데, 완전히 붙어 있는 살점이 없습니다. 어떤 사람들은 산 사람을 도살해 내장과 골수까지 먹고 있다고 합니다. 옛날에 이른바 사람이 서로 잡아먹는다고 한 것도 이처럼 심하지는 않았을 것입니다. 보고 듣기에 너무도 참혹합니다. (…) 포도대장에게 단속해서 일체 통렬히 금단하게 하소서.(『선조실록』 1594년 1월 17일)

이순신으로서도 어찌해볼 도리가 없는 일이었다. 그저 전쟁의 비정함에 치를 떨 뿐이었다. 2월 12일 이순신은 거제도에 머물고 있었다. 그날 오후 2시 무렵 선전관 송경령이 도착했다. 그는 유서

(諭書) 2통과 밀지 1통을 가져왔다. 유서에는 명나라 군사 10만 명과 은 3백 냥이 나올 예정이라는 소식이 적혀 있었다. 아울러 적들이 호남으로 가려고 하니 힘을 다해 적을 무찌르라는 지시도 담겨 있었다. 선조의 밀지에는 군사들을 위로하는 사연이 적혀 있었다.

과인이 일찍이 두꺼운 옷을 입을 때면 생각했다. 너희들은 옷이 없을 것이라 어떻게 해야 따뜻이 해줄까. 수북이 담은 좋은 음식을 대할 때면 생각했다. 너희들은 밥이 없을 것이라 어떻게 해야 배불리 해주나. 밤이 깊으면 걱정했다. 너희들이 야경 목탁을 치며 밤샐 것을. 깊은 침방에 누우면 걱정했다. 너희들이 한데서 쉬지도 못할 것을. 생각이 오직 여기 있거늘 과인이 어찌 조금인들 해이해질 수 있으리오.

오늘날 국가의 재정이 마르고 백성의 힘마저 허덕거리게 되었다. 그래서 너희들에게 솜옷을 입히듯 따뜻하게 위로하지 못했다. 또한 밤참을 먹는 것처럼 배부르게 하지 못했다. 쓰리고 아픈 마음 때문에 내가 어찌 병이 들지 않을 것이라. 생각건대 처음부터 너희들에게 깊은 혜택을 베풀지 못했다. 너희들을 편한 자리에 눕게 하지 못하고 마침내 진흙 속과 숯불 속 같은 고난에 빠지게 했다. 또한 너희들을 적의 칼날에서 구해내지 못했다. 그러니 실로 과인이 너희들을 저버린 것이지 너희들이야 무슨 허물이 있으리오.

백성을 사랑하는 마음이 담긴 보기 드문 명문이다. 이 글을 액면 그대로 받아들인다면, 선조는 성군의 자질을 갖춘 임금으로 칭송받을 만하다. 이순신이 선조의 글을 읽고 감격했음은 물론이다. 그날 일기에 "위에서 밤낮으로 애쓰시니 그리움이 끝이 없다"라고 적었다. 성은에 보답이라도 하듯 이순신은 3월 4일에 창원 앞바다에서 적선 8척을 깨뜨렸다. 5일과 6일에는 원균과 어영담 등이 당항포에서 적의 빈 배 17척과 적선 21척을 불태워버렸다.

당항포 승전의 기쁨도 잠시, 3월 6일 이순신은 남해현감 기효근의 급보를 받았다. "명나라 군사 두 사람과 일본인 여덟 명이 패문을 가지고 들어왔습니다. 패문과 명나라 병사를 보냅니다." 명나라 도사 담종인이 쓴 금토패문에는 "적을 치지 말고 선단을 해체하라"라고 적혀 있었다. 조선 수군의 해산권은 조선 국왕의 권한이었다. 하지만 작전권은 이미 명나라 군부에 넘어가버린 터였다. 담종인은 1593년 11월에 강화사의 자격으로 웅천에 있는 가토 기요마사의 진에 와 있었다. 이순신은 그날 몸이 몹시 괴로워 앉고 눕기조차 힘들었다.

다음날 7일 이순신은 담종인에게 답장을 썼다. 원래는 몸이 쾌차하지 않아 아랫사람을 시켜 글을 짓게 했다. 하지만 글꼴이 말이 아니었다. 원균이 손의갑을 시켜 쓰게 했지만, 그것 역시 마음에 들지 않았다. 이순신은 병을 무릅쓰고 억지로 일어나 앉아 글을 썼다. 명나라 사절에게 보내는 글인 만큼 극진한 공대의 수사법을 동원했지만, 한 나라의 장수로서 참을 수 없는 울분을 표현했다.

패문의 말씀 가운데 '일본 장수들이 마음을 돌려 귀화하지 않는 자 없다. 모두 병기를 거두어 제 나라로 돌아가려고 한다. 너희들 모든 병선들은 속히 각각 제 고장으로 돌아가라. 일본 진영에 가까이 가 트집을 잡지 말도록 하라'라고 했습니다. 왜인들은 거제, 웅천, 김해,

동래 등지에 진을 치고 있습니다. 거기가 모두 다 우리 땅인데, 우리더러 일본 진영에 가까이 가지 말라 하신 것은 무슨 말씀입니까.

우리더러 속히 제 고장으로 돌아가라 하니, 제 고장이란 어디에 있는 것인지 알 길이 없습니다. 트집을 잡은 것은 우리가 아니라 왜적들입니다. 왜인들이란 간사스럽기 짝이 없습니다. 예로부터 신의를 지켰다는 말을 들은 적이 없습니다. (…) 이제 강화한다는 것은 실로 속이고 거짓말하는 것뿐입니다. (…) 삼가 죽음을 무릅쓰고 답서를 드립니다.

운명을 점치다

4월 3일 이순신은 삼도 군사들을 모아놓고 여제(유행병으로 죽은 귀신들을 위로하기 위해 지내는 제사)를 지냈다. 여제가 끝난 후 군사들에게 술 1,080동이를 나누어 먹게 했다. 9일에는 조방장 어영담이 세상을 떠났다. 그도 아마 역신의 부름을 받았던 모양이다. 이순신은 그날 일기에 "애통함을 어찌 다 말하랴"라고 적었다. 현감직에서 억울하게 파직된 어영담을 조정에 읍소해 조방장으로 거두어 썼던 이순신으로서는 슬픔을 가누기 어려웠을 것이다.

12일에는 순무어사 서성이 이순신의 배로 찾아왔다. 전라우수사 이억기, 충청수사 구사직, 경상우수사 원균이 합석했다. 술이 세 순배 돌았다. 원균이 술에 취한 척하며 주정을 부렸다. 아마도 이순신에게 쌓인 감정을 토로했을 것이다. 그 자리가 어색했을 것은 불 보듯 뻔하다. 조정의 관리가 지켜보는 가운데 또다시 수군 장수들의 반목이 드러나버린 꼴이었다. 전후곡절이야 어쨌든 원균은 직책상 이순신의 부하일 수밖에 없었다. 서성의 눈에는 수군 장수들의 행실이 기이하게 보였을 것이다.

그 무렵 조정에서도 변방 장수들의 불화가 의제에 올랐다. 4월 28일 비변사에서 선조에게 아뢰었다. 수군 장수들 사이에 반목하는 기미가 있으니 서성에게 간절히 타이르게 하자고 했다. 서성이 한산도 진중에 도착한 이후의 일이다. 어쨌든 서성은 훗날 두 장수의 반목을 조정에 보고할 수밖에 없었다.

4월 13일에는 의금부 도사가 내려와 충청수사 구사직을 체포해 갔다. 후임에는 이순신李純信이 임명되었다. 22일 이순신은 장계와 함께 조총 30자루를 조정에 올려보냈다. 날짜는 알 수 없지만, 그보다 앞서 원균도 조정에 조총 70여 자루를 바쳤던 모양이다. 이순신은 1593년 8월에 부하들이 만든 조총 5자루, 그해 11월에는 30자루를 보낸 바 있었다. 4월 23일 선조는 원균의 전공을 가상히 여겼다. 조총을 가지고 올라온 원균의 아들 원사웅에게 벼슬을 내려주라고 명했다.

4월 어느 날인가 이순신은 환도 두 자루를 선물받았다. 이 칼은 기술자 태귀련과 이무생이 만들어 바친 것이다. 길이가 197.5센티미터, 무게가 5.47킬로그램에 이르는 장검이다. 칼자루에는 "석 자 칼로 하늘에 맹세하니 / 산과 물이 떤다 / 한번 휘둘러 쓸어버리니 / 피가 강산을 물들인다"라는 섬뜩한 글이 새겨져 있다. 이 칼은 실전용이 아니라 장식용이다. 이순신은 늘 머리맡에 이 칼을 걸어두고 정신을 가다듬었다고 한다.

조선시대에는 중앙과 지방 관청에 일정 수의 공장(工匠)이 배속

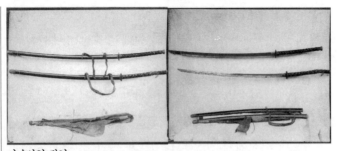
이순신의 장검

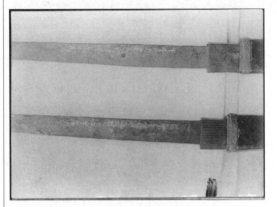
장검 목 부분의 명문 　三尺誓天, 山河動色。一揮掃蕩, 血染山河。

되어 있었다. 당시 전라좌수영에는 대장장이, 갖바치, 옻칠장, 갑주장 등이 각각 1명씩 소속되어 있었다. 그들은 관청에서 필요한 물자를 제조했다. 태귀련과 이무생은 정식 장인은 아니었다. 이듬해 7월 이순신이 충청수사와 두 조방장에게 환도를 보냈다는 기록이 있는 것으로 볼 때, 이들은 대장장이 일도 거들었던 것으로 보인다.

5월 한산도에는 비바람이 잦았다. 이순신이 거처하는 집 문지방이 비바람에 날아가기도 하고, 마루 서쪽 벽이 무너져 비바람이 새어들기도 했다. 이순신은 폭우가 쏟아지고 집에 마른 데가 없는 날,

배에서 떨고 있을 군사들을 생각하며 수심에 잠겼다. 때로는 비가 내리는 날 종정도 놀이도 했다. 종정도는 윷놀이와 비슷한 민속놀이다. 박달나무를 깎아 벼슬 이름을 새기고 나무를 던져 나오는 눈금에 따라 벼슬이 오르내린다. 종정도 놀이를 하며 이순신은 잠시나마 전쟁의 긴장을 풀 수 있었다.

6월 4일에도 비가 내렸다. 이날 저녁 겸사복(兼司僕, 국왕의 친위병)이 임금의 분부를 가지고 왔다. "수군 여러 장수들이 서로 화목하지 못한다고 한다. 앞으로는 그런 습관을 버려라"라는 꾸중이었다. 이순신은 일기에 "통탄스럽기 그지없었다. 원균이 취해서 망발을 부린 것 때문이었다"라고 썼다.

7월에 접어들자 심란한 소식이 잇따랐다. 아들 면의 병이 더쳤다고 한다. 유성룡이 세상을 떠났다는 낭설도 전해졌다. 불안이 영혼을 잠식할 때 사람들은 무엇인가 인간 이상의 힘에 의지하고 싶은 욕망이 싹트게 마련이다. 냉정한 합리주의자 이순신도 때로는 어떤 신비한 힘에 기대 자신의 운명을 풀이하고 싶은 유혹에 빠지기도 했다.

13일 비가 내렸다. 이순신은 혼자 앉아 글자를 짚어 점을 쳐보았다. "군왕을 만나보는 것 같다"라는 괘가 나왔다. 길조였다. 다시 짚어보았다. 이번에는 "밤에 등불을 얻은 것 같다"라고 한다. 두 괘가 다 좋은 조짐이었다. 이순신은 조금 마음이 놓였다. 내친 김에 유성룡의 운수도 점쳐보았다. "바다에서 배를 얻은 것과 같다"라는 글자가 나왔다. 다시 쳤다. "의심하다가 기쁨을 얻은 것과 같다"라고 한다. 아주 좋았다. 비가 더 내릴지 갤지도 궁금했다. "뱀이 독을 뱉는 것과 같다"라는 괘였다. 장차 큰 비가 내릴 모양이다. 농사를 위해 걱정스러웠다. 과연 그날 밤에 비가 억수같이 퍼부었다.

이수광은 『지봉유설』에서 "의약은 죽음에서 삶을 구하는 것이고, 점은 흉을 피하고 길함을 좇는 일이다. 그 시초는 모두 성인에게서 나왔으니 진실로 이를 소홀히 할 수 없다"라며 점복(占卜)의 유용성을 설파하기도 했다. 이순신이 불안한 내면을 다스리기 위해 쳐보았던 점은 괘효사주점(卦爻四柱占)이 아니었을까. 괘효사주점은 사주(생년월일시)의 간지(干支)를 계산해 얻은 수를 역경(易經)의 64괘와 6효를 384가지로 조합해 길흉을 판단하는 것을 말한다. 이 점은 인명(人命)의 사주와 그해의 운명, 그달의 길흉, 그날의 길흉, 그때그때 부딪치는 여러 가지 일의 길흉 등을 판단하는 데 두루 쓰인다. 초월적인 신비에 의탁할 만큼 당시 이순신의 상황은 절박했는지도 모른다.

8월 17일 이순신은 도원수 권율이 머물고 있던 사천으로 갔다. 군사작전을 짜는 자리였다. 권율은 원균을 나무랐다. 원균은 머리를 들지 못했다. 다음날 아침 이순신은 다시 권율에게 갔다. 술잔을 기울이며 적을 무찌를 일을 의논했다. 이날 원균은 술이 취해 자리에서 일어나지 못했다. 이순신 혼자 일어나 도원수를 하직했다. 20일에는 다시 한산도로 돌아왔다.

2. 장문포해전의 진실

승리인가, 패배인가

이순신이 한산도에 돌아온 다음날인 8월 21일 서울에서는 선조와 대신들의 국무회의가 열리고 있었다. 이 자리에서 통제사 이순신이 화제로 올랐다. 선조가 먼저 운을 떼었다.

선조 : 이순신이 혹시 일을 게으르게 하는 것은 아닌가?

영의정 유성룡 : 만약 이순신이 아니었다면 이만큼 되기도 어려웠을 것입니다. 수륙의 모든 장수 가운데 이순신이 가장 뛰어납니다.

우의정 김응남 : 적과 서로 대치한 지 이미 오래되었습니다. 그러니 형세가 절로 쇠진하게 됩니다. 아무리 중과부적이라 하나 왜적이 교체할 즈음 군사의 형세가 허술할 것입니다. 그때 공격할 만합니다. 용사를 많이 모아 그 부대를 치면 저들이 반드시 와해될 것입니다.

선조 : 우리나라 군사는 왜적의 한 부대도 공격할 수 없다.

김응남 : 신의 어리석은 생각으로는 늘 공격하려고 마음먹고 있다고
봅니다.

선조 : 그렇지 않다. 군사의 형세가 같지 않다. 저 적들은 여러 해에
걸쳐 훈련을 했는데, 우리나라 군사는 모두 가르치지 못한 군사이
다. 백성이라 이를 수는 있어도 군사라 할 수는 없다.

유성룡은 이순신을 적극 두둔하고 있지만, 선조는 이순신을 불
신하고 있었다. 통제사란 중책까지 맡겼건만, 한산도에 들어앉아
변변히 전공을 세우지 못한 데 대한 불만이었다. 나아가 선조는 자
국의 군대 전체를 신뢰하지 못하고 있었다. 의주까지 피난했다 돌
아온 처지라 이해하지 못할 바도 아니지만, 국왕의 뿌리 깊은 불신
은 도가 지나친 감이 없지 않다.

8월 30일 이순신은 영의정 유성룡과 병조판서 심충겸의 편지를
받았다. 이순신이 머뭇거리며 앞으로 나가지 않는다며 원균이 불
만을 터뜨렸다고 한다. 이순신은 기가 막혔다. 그날 일기에는 "천
고에 두고 한탄할 일이다"라고 썼다. 까마귀 날자 배 떨어지는 격
이랄까. 9월 3일 새벽 이순신은 선조의 밀지를 받았다. "수륙 여러
장수들이 팔짱만 끼고 서로 바라보면서 한 가지라도 계책을 세워
적을 치는 일이 없다"라고 한다.

이순신은 답답했다. 여러 장수들과 함께 죽기를 맹세하고 원수
를 갚기 위해 절치부심하고 있었다. 다만 적이 험준하고 견고한 곳
에 틀어박혀 있는지라 경솔히 나가 공격할 수는 없는 노릇이었다.
게다가 나를 알고 적을 알아야만 백 번 싸워도 위태하지 않다는 병

가의 원리도 있지 않던가. 전장에서 멀리 떨어진 조정과 적을 눈앞에 둔 장수의 입장은 이렇게 서로 엇갈리고 있었다. 이순신은 이날 밤 불을 밝히고 혼자 앉아 나랏일을 생각했다. 나라는 어지러운데, 구제할 길이 막막할 뿐이었다.

한편 9월 21일 선조는 종사관을 남해안으로 보내 수군을 위로하게 했다. 선조가 내린 글은 대신들에게 말한 것과는 딴판이었다.

너희들은 3년 동안 바다에 주둔하면서 적과 대치해 시종 혈전을 감행했다. 바다에 외롭게 떠서 한데서 온갖 고초를 겪어왔고, 기한이 벌써 지났는데도 오래도록 교체해주지 못했다. 배가 고파도 먹을 것이 없고 추워도 입을 옷이 없었다. 게다가 찌는 듯한 더위와 바다의 독한 기운 속에서 뱃멀미도 나고 구토와 설사를 했다. 그러다 보니 역질이 생겨 죽는 이가 잇달아 시체가 날로 쌓였구나. 과인은 이에 생각이 미칠 때마다 항상 마음이 애통했다.

그러나 돌아보건대 전쟁이 바야흐로 급박해 힘이 미칠 겨를이 없었다. 차례대로 교체시켜 수고를 고르게 하여 몸을 쉬게 해주지 못했다. 또 의복과 식량을 이어주어 배고픔과 추위를 구제하지도 못했다. 그래서 너희들에게 가정을 버리고 고향을 떠나 근심 속에 원한을 품게 하고 울부짖으며 죽음을 기다리게 했다. 모두들 구덩이와 골짜기에 쓰러지게 했으니, 그 아픈 고통을 생각하면 마치 심장이 찢어지는 것 같다.

그 무렵 삼도 도체찰사 윤두수가 남원에 머물고 있었다. 그는 도원수 권율과 함께 거제도에 머물고 있는 적을 칠 작전을 세우고 있었다. 9월 19일 비변사에서도 거제도의 적을 공격해 적의 수로를 차단하자고 청했다. 선조는 이 작전을 재가했다. 9월 22일 이순신은 도원수 권율의 밀서를 받았다. 27일에 출동하라는 명령서였다. 26일 새벽 의병장 곽재우와 김덕령이 견내량에 왔다. 수륙 합동 작전을 수행하기 위해서였다. 이제 『난중일기』가 전하는 당시 전투 상황을 따라가보자.

이순신은 28일 수군을 거느리고 바다로 나갔다. 이날 새벽 불을 밝히고 홀로 앉았다. 적을 치기 전에 길흉을 점쳐보았다. "활이 화살을 얻은 것과 같다"라는 괘가 나왔다. 다시 치자 "산이 움직이지 않는 것과 같다"라고 했다. 길조와 흉조가 반반이었다. 다음날 29일 이순신은 장문포 앞바다로 돌진했다. 적은 험준한 곳에 몸을 감추고 있을 뿐 도무지 싸우려 하지 않았다. 어쩔 수 없이 빈 배만 깨뜨리고 칠천량에서 밤을 지냈다.

10월 1일 이순신은 충청수사 이순신을 비롯해 여러 장수들과 함께 영등포로 들어갔다. 적은 바닷가에 배를 대놓고 멀찍이 구경만 하고 있었다. 날이 저물어서 장문포에 이르렀다. 사도첨사 김완의 배가 뭍에 다가가 대려 할 때였다. 적의 배가 불을 던지며 기습했다. 다행히 불은 금세 꺼졌다. 이순신은 사도 군관의 죄를 엄하게 다스렸다. 밤 10시쯤 조선 함대는 칠천량에 이르러 그곳에서 밤을 지냈다.

4일 이순신은 곽재우, 김덕령 등과 작전을 짰다. 군사 수백 명을 뽑아 산으로 올라가게 하고 수군 선봉대를 장문포로 보냈다. 적진을 들락거리며 싸움을 걸게 하는 한편 수륙군이 서로 호응해 공격하자 적은 갈팡질팡했다. 하지만 육군은 적병 한 사람이 칼을 휘두

르는 것을 보고 사기가 꺾여 후퇴하고 말았다. 날이 저물자 이순신
은 칠천량으로 돌아와 진을 쳤다.

6일 이순신은 다시 선봉대를 장문포 적의 소굴로 보냈다. 일본군
이 패문을 써서 땅에 꽂았다. "우리는 명나라와 화친을 의논하고
있다. 그러니 싸울 것이 없다"라고 쓰여 있었다. 곤양군수 이광악
이 투항해온 일본군 한 명을 배에 싣고 이순신에게 왔다.

이순신의 일기는 장문포해전을 간략하게 서술하고 있다. 원균의
장계(『선조실록』 1594년 10월 8일)에는 좀더 자세한 정황이 그려
져 있다. 원균은 10월 2일 동이 틀 무렵 다시 장문포로 진격했다.
적은 세 곳의 높은 봉우리에서 총을 쏘아댔다. 원균은 하루 종일 접
전하다가 어둠을 타서 물러났다. 3일에도 장문포 어귀에 이르렀다.
선봉을 시켜 성에 육박하게 했다. 적은 화살을 피해 성안에 숨기도
하고, 성 밖에 땅을 파고 몸을 감추기도 했다. 원균은 정예병을 선
발해 적진 근처에 쌓은 마초에 불을 질렀다. 불꽃이 밤새도록 하늘
에 닿았다. 하지만 원균은 육지에 있는 적을 끌어낼 뾰족한 수가 없
었다.

원균은 다시 통제사 이순신, 의병장 곽재우, 김덕령과 수륙으로
협공할 계획을 짰다. 지리에 밝은 거제 출신 사수 15명을 뽑아 길
잡이를 삼았다. 자원병 31명을 선발해 곽재우의 지휘를 받도록 했
다. 4일에도 원균은 군사를 나누어 적의 소굴을 공격하려 했다.
하지만 적은 성문을 굳게 닫아걸고 나오지 않았다. 육군 장수들은
후일을 기약하고 7일에 돌아갔다. 원균은 외질포에 진을 치고 있
었다. 6일 오전 8시 무렵 사후장 원사웅과 조준표 등이 와서 보고
했다.

"사후선 네 척이 편대를 지어 거제의 오비질포에 도착했습니다. 거기서 적선 두 척을 만났습니다. 돌진해 들어가자 왜적의 반은 이미 육지에 내렸습니다. 배를 지키던 적병도 우리 배가 돌진해 들어가자 물속으로 뛰어들었습니다. 수문장 김희진 등과 있는 힘을 다해 집중사격을 가했습니다. 다친 왜병이 꽤 많았습니다. 하지만 수급을 베어오지는 못했습니다. 배에서 내린 적병 삼십여 명이 총을 쏘면서 지원해왔기 때문입니다. 적선 두 척과 물건들을 모두 불지르고, 물통, 낫, 도끼, 노 등을 싣고 왔습니다."

원균은 이들에게 지시했다. 타다 남은 적선을 끌고 와 증거품으로 제시하라고. 7일 그들이 타다 남은 적선 2척과 포로 한 명을 끌고 돌아와 보고했다.

"오비질포에 도착하자 왜적 대여섯 명이 길을 잃고 바닷가에서 방황하고 있었습니다. 우리는 뭍에 내려 활을 쏘면서 추격했습니다. 적은 산골짜기로 흩어져 도망쳤습니다. 그 가운데 한 명이 다급하게 되자 칼을 풀고 항복했습니다. 그를 사로잡아 데리고 왔습니다."

원균의 중위장 곤양군수 이광악도 일본군 1명을 생포해 왔다. 선봉장 웅천현감 이운룡은 적진에 달려 들어가 일본인이 쓴 나무판을 빼앗아왔다. 원균은 나무판을 통제사 이순신에게 보내고 한산도로 돌아왔다.

이순신의 일기와 원균의 장계는 몇 가지 점에서 차이가 난다. 장문포 해전에서 이순신은 별다른 전공을 세우지 못한 것으로 보인다. 반면 원균은 적진에 들어가 적의 마초를 불살랐고, 그의 부하들은 적선 2척과 포로 2명을 잡아왔다. 이순신은 적이 패문을 땅에 꽂았다고 기록했지만, 원균은 이운룡이 탈취해온 것을 이순신에게 보냈다고 보고했다.

이순신은 싸움이 한창이던 5일에 장계 초안을 썼다. 몇 차례 수정을 거쳐 15일 박춘양에게 장계를 들려 보냈다. 12일 일기에는 "원균이 직접 적을 토벌한 장계를 써서 보내고자 했다. 그에게 공문을 만들어 보냈다"고 기록되어 있다. 이순신의 장문포해전 장계는 남아 있지 않지만, 원균의 장계는 실록에 전한다. 17일 일기에 이순신은 또 다시 원균의 소행을 기록했다.

"늦게 우수사 이억기가 오고 순무어사 서성도 찾아와 조용히 이야기했다. 원균이 속이고 무고하는 짓을 많이 했다고 한다. 참으로 해괴하다. 나중에 원균도 왔다. 그 흉악한 꼴은 이루 말할 수 없다."

이순신을 심문하소서

장문포해전은 여러모로 큰 후유증을 남겼다. 조정의 구상은 수군이 부산을 공격할 수 있는 거점을 확보하자는 것이었다. 그러자면 창원, 웅천, 안골포, 거제에 숨어 있는 일본군을 수륙합동 작전으로 소탕해야 했다. 나아가 쓰시마와 부산으로 이어지는 일본군의 해상로를 차단함으로써 적의 육상 병참로를 끊어버리려는 전략이기도 했다. 체찰사 윤두수와 도원수 권율이 육지에 있는 적을 바다로 밀어내면, 수군은 해상에서 일본군을 섬멸해야 했다. 이순신과 원균은 오래 전부터 수륙 합동작전의 필요성을 조정에 역설해왔다. 장문포해전은 최초의 수륙 합동작전이었다. 하지만 결과는 기대에 크게 미치지 못하고 말았다.

당시 작전을 지휘했던 도원수 권율의 장계(『선조실록』 1594년 10월 13일)는 이순신과 원균의 증언과 또 달랐다. 권율은 거제도 작전에 총력전을 펼쳤다. 그는 박종남과 김경로에게 별초군 1천수 백 명을 맡겼다. 김덕령을 선봉장으로 삼아 의령의 여러 진영에서 뽑아온 군사 8백여 명을 이끌게 했다. 그리고 곽재우를 도별장으로 임명해 전군을 지휘하게 했다. 그 뒤 윤두수 휘하의 1백40여 명과 경상도 순변사 이빈이 거느린 군사 2백10여 명은 후방을 지키게 했다.

그런데 처음부터 일이 묘하게 꼬여갔다. 때마침 김덕령은 각기증을 앓고 있었다. 그는 말을 타거나 걷는 모습이 곧 쓰러질 것만 같았다. 여러 장수들은 지팡이를 잃은 맹인처럼 모두 겁을 집어먹었다. 게다가 거제도의 적병이 산과 들에 깔려 있다는 소식이 퍼지면서 사기가 떨어졌다. 장수들이 이미 동요하고 있었으므로 억지로 명령을 내린다면 결과는 뻔했다. 권율은 부득이하게 계획을 수정했다. 곽재우를 수군과 합세하도록 지시했다. 이일은 견내량의 북쪽 해안에 주둔하며 만일의 사태에 대비하게 했다.

당시 군사 지휘체계는 난맥상을 드러내고 있었다. 육지 장수들은 마음대로 출전기일을 미루었다. 수군과 격이 맞지 않는다는 게 그 이유였다. 폭우가 쏟아지거나 날이 어두워지면 전의를 상실하고 며칠씩 공격할 기회를 놓치고 말았다. 적병은 성문을 굳게 닫아 걸고 꿈쩍도 하지 않았다. 결국 조선의 연합부대는 변변한 접전도 하지 못한 채 군사의 위엄만 손상하고 말았다.

그런데 조정에서는 수륙군 지휘관들의 보고와는 전혀 다른 소식을 듣고 있었다. 11월 6일 사헌부에서는 "(거제도에서) 거사할 때 전라도의 전선 한 척이 해초에 걸려서 적에게 파괴되었습니다. 배에 탔던 1백수십 명이 전부 살해당하고 군기와 총포 등 모든 장비도 남김없이 빼앗겼습니다"라고 선조에게 보고했다. 사도첨사 김완의 배에 불이 붙었다가 이내 꺼졌다는 이순신의 기록과는 천양지차다.

11월 19일에는 경상도 관찰사 홍이상의 장계가 올라왔다. 홍이상은 당시 순행차 진주에 와 있었다. 그는 종사관 최입, 군관 강효업, 홍윤필 등을 거제도로 파견했다. 후에 최입과 강효업 등이 당시 전투 상황을 홍이상에게 보고했다.

최입 등이 보기에 장문포와 영등포의 적은 수가 그리 많지 않았다. 양측이 교전할 때 똑똑히 셀 수 있을 정도였다. 마치 태산이 새 알을 누르는 것처럼 조선군의 수가 압도적으로 많았다. 최입 등은 바깥 바다를 배회하며 관망하고 있었다. 10월 1일 오후 2시쯤 적선 3척이 사도의 병선을 공격했다. 적들은 배 후미에 불을 지르고 군졸 한 명의 목을 베어갔다.

그날 저녁 적선이 어둠을 타고 몰래 습격해왔다. 우리 군사들은 당황해서 갈팡질팡했다. 이때 전라도의 사후선 3척이 실종되었다. 그 배에 탄 군사들은 거의 다 죽었다. 적이 다시 사도의 선박을 공격했다. 배는 남김없이 불타고 말았다. 수직하던 군졸 가운데 미처 피하지 못한 자는 모두 적의 칼날 아래 쓰러졌다.

3일에는 이순신의 전령에 따라 군사 1백여 명이 모집되었다. 군사들은 뭍에 내려 위세를 보였다. 이때 적의 기병과 보병 50여 명이 산을 넘어 돌진해왔다. 아군은 급히 후퇴해서 배에 올랐다. 비록 전군이 패하지는 않았지만 사상자가 많았다고 한다. 홍이상은 원균의 장계처럼 곤양군수 이광악이 적진에 돌진해 들어가 적군 한 명을 생포한 것이 아니라, 적이 제 발로 투항해온 것이라고 바로잡았다. 그것을 "만인이 본 바"라고 못을 박았다. 그는 장계 끝에서 당시 장수들의 행실을 매섭게 몰아세웠다.

(이번 전투에서 우리 군대의) 위엄을 떨어뜨리고 (적에게) 모욕을 당한 일이 한두 가지가 아니었습니다. 그런데도 밤중에 배가 불타버린 사건만은 전혀 보고하지 않았습니다. (도리어) 적세나 늘여놓고 전공이나 망령되이 보고했으니 매우 놀라운 일입니다. (…) 이 거사는 당초 약속이 분명치 않아서 허술한 일이 많았습니다. 여러 장수들의 알력은 날로 심해 오월동주격입니다. 싸움에 임해 장수들이 서로 시기합니다. 그들은 하는 일마다 모순투성이입니다. 몹시 통탄스럽고 민망합니다.

홍이상의 장계는 조정을 발칵 뒤집어놓았다. 권율과 이순신, 곽재우 등 당대의 쟁쟁한 명장들이 총출동했는데도 전투는 지리멸렬한 채 허사로 끝나고 말았다. 게다가 장수들의 보고가 허위로 드러남으로써 조정을 아연하게 했다. 선조는 홍이상의 장계를 읽고 장탄식했다.

그처럼 패배했는데도 통제사·도원수·체찰사는 서로 숨겨 알리지도 않고 도리어 장황한 말만 멋대로 늘어놓았다. 군상(君上)을 안중에 두는 것인지, 조정을 안중에 두는 것인지, 대간(사헌부와 사간원)을 안중에 두는 것인지 매우 가슴이 아프다. 그러니 무겁게 다스려서 신하로서 속이는 버릇을 바로잡지 않을 수 없다.(『선조실록』 1594년 11월 21일)

비변사와 사헌부, 사간원에서 벌떼처럼 들고일어났다. 권율과 이순신을 추고·나국하고 윤두수를 파직하자고 수차례 상소를 올렸다. 추고(推考)는 벼슬아치의 죄를 캐묻는 것이고, 나국(拿鞫)은 죄인에게 형장을 가하며 죄를 엄히 조사하는 것을 일컫는다. 권율과 이순신은 "조정을 안중에 두지 않고 속이는 일을 자행한 죄"였고, 윤두수는 "경솔히 거병해 나라를 욕되게 했으며, 사실대로 보고하지 않고 방자하게 속이고 숨긴" 죄목이 적용되었다.

그럼에도 선조는 함부로 인사문제를 결정할 수 없었다. 최고 수뇌부를 일거에 갈아버릴 수는 없는 일이었다. 11월 22일 선조는 권율과 이순신의 추고를 허락했지만, "어찌 나국까지 할 수 있겠는가. 할 수 없는 일이다. 대신을 파직하는 것은 더더욱 있을 수 없다"라는 최종결론을 내렸다. 윤두수는 사헌부·사간원·홍문관 등 삼사의 탄핵을 받고 결국 도체찰사(정1품)에서 파면되었지만, 곧 군기와 군정을 관장하는 판중추부사(종1품)로 임명되었다. 이순신이 언제 어떤 벌을 받았는지는 알 수 없다. 다만 "이순신이 벼슬을 갈아달라고 자청"했다는 김응남의 발언(『선조실록』 1594년 11월 12일)으로 볼 때, 어떤 형식으로든 견책을 받았을 것으로 보인다.

장문포해전은 몇 가지 점에서 눈여겨볼 만한 사건이었다. 먼저 동일한 사건이 목격자에 따라 얼마나 다르게 재구성될 수 있는지 보여준다. 이순신, 원균, 권율, 홍이상의 증언 가운데 일치하는 대목은 거의 없다. 오히려 차이만을 드러낼 뿐이다. 역사가 젠킨스가 말한 것처럼, "역사란 기본적으로 상충되는 담론, 즉 사람과 계급과 집단이 말 그대로 자신들을 위해 과거의 해석을 자서전적으로 구성해내는 전쟁터"이다. 그 전쟁터에서 누가 승자이고 패자인지는 후대의 역사가들 손에 달려 있다. 장문포해전을 둘러싼 이야기들은 사실과 허구의 경계선이란 그리 견고하지 않다는 점을 암시한다.

장문포해전은 이순신의 불패 신화에 이의를 제기한다. 이은상은 『성웅 이순신』에서 "이번 전쟁은 물론 치열한 공방전의 종류는 아니었으나, 부분적으로는 전과가 있었으며, 적으로 하여금 소굴 속에 엎드려 준동하지 못하도록 한 것만도 큰 효과를 보았던 것이다"라고 평가했다. 하지만 최입 등의 목격담에 따르면, 전라도 사후선 3척이 실종되고 많은 군사들을 잃을 만큼 고전을 면치 못한 전투였다. 물론 변명의 여지는 있다. 육군과 수군 사이에 유기적인 협력관계를 맺지 못한 것이 패인이었다. 또한 이순신은 작전의 주체가 아니었다. 그럼에도 이순신이 자신에게 불리한 대목을 기록하지 않은 것만은 분명하다.

돌아보니 임만 속였네

장문포해전과 거제도 탈환전의 실패는 그 파장이 만만치 않았다. 이순신과 원균의 반목이 조정의 주요 의제로 떠올랐다. 급기야는 원균의 전임과 이순신의 해직 문제로까지 비화되는 빌미가 되었다. 1594년 11월 12일 오전 8시, 선조는 경연석상에서 『주역』을 강의한 후 대신들과 국사를 의논했다. 이 자리에서 이순신과 원균 사이의 알력이 또 다시 입방아에 올랐다.

호조판서 김수 : 원균과 이순신이 서로 다투는 일은 매우 염려스럽습니다. 원균에게 잘못한 바가 없지는 않습니다만, 그리 대단치도 않은 일이 점차 악화되어 이 지경까지 이르렀습니다. 매우 불행한 일입니다.

선조 : 무슨 일 때문에 그렇게까지 되었는가?

김수 : 원균이 십여 세 된 첩의 아들을 군공에 참여시켜 상을 받게 했습니다. 이순신이 이것을 불쾌히 여긴다 합니다.

선조 : 이들은 무슨 일 때문에 서로 다투는가?

우의정 김응남 : 공 다툼으로 이렇게 되었다고 합니다. 당초 수군이 승전했을 때 원균은 스스로 공이 많다고 생각했습니다. 이순신은 공격하려고 하지 않았는데, 선거이가 힘써 거사하기를 주장했습니다. 이순신의 공이 별로 크지도 않은데, 조정에서는 이순신을 원균의 윗자리에 올려놓았습니다. 그 때문에 원균이 불만을 품고 서로 협조하지 않는다 합니다.

판돈녕부사 정곤수 : 정운이 "장수가 만일 가지 않는다면 전라도는 필시 수습할 수 없게 될 것이다"라고 협박했기 때문에 이순신이 부득이 가서 격파했다 합니다.

선조 : 이순신이 왜적을 포획한 공은 가장 많을 것이다.

정곤수 : 이순신의 부하 중에는 당상관에 오른 자가 많습니다. 원균의 부하 가운데 우치적이나 이운룡 같은 자는 전공이 매우 많은데

도, 그에 대한 상은 도리어 다른 사람만도 못합니다. 그 때문에 서로 분해하고 있습니다.

선조 : 원균이 하는 일을 보니, 가장 가상히 여길 만하다. 내가 저번에 남쪽에서 올라온 사람에게 원균에 대해 물어보았다. "습증에 걸린 몸으로 장기간 해상에 있으나 일을 싫어하는 생각이 없고 죽기를 각오했다"라고 한다. 그의 뜻이 가상하다. 부하 중에 만일 공이 많은데도 상을 받지 못한 자가 있다면, 보통 사람의 정리로 보아도 박대한 것 같다. 그는 반드시 불만스런 뜻이 있을 것이다. 당초에 어째서 그렇게 했는가? 과연 공이 많다면 지금 모두 상을 주어서 그의 마음을 위로하라.

김응남 : 그에게 위로하는 뜻을 보이는 것이 옳습니다. 이순신이 벼슬을 갈아달라고 자청하는 것도 역시 부당합니다.

선조 : 바깥 여론에서는 원균의 벼슬을 갈라고 하는가?

김수 : 벼슬을 갈아달라는 여론은 별로 없습니다.

좌찬성 정락 : 소신이 남쪽에 가서 들으니, 왜적이 수군을 무서워한다고 합니다. 원균은 사졸이 따르니 가장 쓸 만한 장수요 이순신도 비상한 장수입니다. 단 이들이 다투는 것은 무척 못마땅합니다. 이때 어찌 감히 사적인 분노로 이렇게 서로 다툴 수 있겠습니까. 글을 내려서 국가의 급무에 우선하도록 질책하는 것이 옳습니다. 만일 내린 글을 본다면 그들 또한 어찌 감격하고 뉘우치는 마음이 없겠습니까. 이 때문에 원균의 벼슬을 간다면 필시 수군이 흩어질 염려가 있을 것입니다.

당시 조정 대신들은 이순신과 원균의 불화가 전공 다툼 때문이라고 인식하고 있었다. 그 근원은 옥포해전까지 거슬러 올라간다. 선거이가 거사하기를 주장했다는 김응남의 말이나 정운이 이순신을 협박했다는 정곤수의 말 등은 사실과 어긋난다. 원균의 부하들이 전공에서 누락된 데 대해 선조는 원균의 편을 들고 있다. 원균의 아들 원사웅 문제는 이순신이 원균의 장계를 보고 안 듯하다. 11월 28일 비변사에서는 두 장수의 문제를 다시 거론했다.

이순신과 원균은 본래 사이가 좋지 않아 서로 헐뜯고 있습니다. 만일 군율로 다스린다면 마땅히 둘 다 죄주어 내쳐야 할 것입니다. 그런데 이순신은 왜변 초에 공로가 많았습니다. 그는 병선을 모아 적의 진로를 차단하고 적의 목을 베어 바쳤습니다. 원균의 경우는 당초 이순신과 협력해 역시 적의 선봉을 꺾는 성과를 올렸습니다. 두 사람의 충성과 공로는 모두 가상합니다.

비변사는 선전관을 보내 두 장수를 다시 한번 달래보는 방인과 원균의 벼슬을 교체하는 방안을 놓고 선조에게 어떻게 처리해야 할지 물었다. 선조는 "이순신은 대장으로서 잘못하는 것 같다"라고 답했다. 선조가 보기에 두 사람 가운데 한 사람의 벼슬을 갈지 않을 수 없었다. 이순신을 갈면 원균을 통제사로 임명할 수 있었다. 원균을 갈면 다른 사람을 차출해야 했다. 선조는 자신의 의견을 참작해서 시행하라고 비변사에 지시했다.

12월 들어서도 조정의 의견은 분분했다. 12월 1일 김응남은 경상우수사 원균과 충청병사 선거이의 자리를 서로 바꾸자고 제안했다. 당시 비변사에서는 의병장 곽재우, 곤양군수 이광악, 진주부사 배설을 경상우수사로 추천했다. 이날 비변사에서는 원균을 병사로 바꾸는 것이 온당치 않다며 항의했다. 원균이 군율을 범했다는 게 그 이유였다. 선조는 비변사를 반박했다.

"유독 이순신만 군율을 범하지 않은 사람인가. 내 생각에는 이순신의 죄가 원균보다 더 크다. 왜 원균을 병사로 삼아서는 안 되는지 나는 알 수 없다."

그날 비변사는 다시 선조에게 아뢰었다. 이순신은 임금을 속인 죄를 범했다. 중벌로 다스려야 마땅하다. 하지만 요즘 시국이 급박하다. 이런 때 주장을 바꿀 수는 없다. 그래서 추고만 하고 후일을 도모하게 한 것이다. 원균도 벼슬을 갈고 싶지 않다. 하지만 원균은 이순신이 통제사가 되었을 때, 그의 지휘를 따르지 않았다. 만일 원균을 병사로 올려준다면, 군대의 체통이 무너질 것이다. 그렇다고 이순신과 원균 다 군율을 어겼는데, 원균만 벼슬을 가는 것도 공정하지 못하다. 그러니 선거이와 바꾸는 것이 무방하다.

사간원의 입장은 비변사와 달랐다. 원균을 유임시키자는 쪽이었다. 선조는 사간원의 뜻을 받아들이지 않았다. 이미 선거이와 바꾸도록 결정된 일이라고 못을 박았다. 우여곡절 끝에 원균은 충청병사로 전임되고, 경상우수사 원균의 후임으로는 이듬해 2월에 배설이 임명되었다. 이로써 말도 많고 탈도 많았던 앙숙 이순신과 원균은 조정의 개입으로 서로 헤어지게 되었다. 하지만 그들의 질긴 악연은 아직 끝나지 않았다.

갑오년 한해가 저물어갈 무렵, 이순신의 신상에는 무슨 일이 있었을까. 비변사에서 말한 것처럼 12월 어느 날인가 이순신은 조정에서 파견된 관리들에게 심문을 받았을 것이다. 그해 12월 이순신

의 일기는 공백으로 남아 있다. 그러나 당시 이순신의 심경을 짐작
해볼 수 있는 시 한 편이 전한다.

비바람 부슬부슬 흩뿌리는 밤
생각만 아물아물 잠 못 이루고,
쓸개가 찢기는 듯 아픈 이 마음
살을 에는 양 쓰린 이 마음.
강산은 참혹한 꼴 그냥 그대로
물고기 날새들도 슬피 우는구나.
나라는 허둥지둥 어지럽건만
바로잡아 세울 이 아무도 없네.
제갈량 중원 회복 어찌했던고
재우치던 곽자의 그립구나.
몇 해를 원수 막아 해놓은 일들
이제 와 돌아보니 임만 속였네.

제갈량(181~234)은 유비를 보필하며 나라를 반석 위에 올려놓
은 촉의 명재상이었다. 당나라의 명장 곽자의(697~781)는 안녹산
과 토번(티베트)의 난을 평정한 일등공신이었다. 이순신은 현명한
정치가와 불굴의 전사가 나라를 바로잡아줄 것을 꿈꾸었다. 자신
도 그들의 반열에 들고 싶은 욕망이 있지 않았을까. 하지만 지금 그
의 현실은 초라하기만 했다. "이제 와 돌아보니 임만 속였네"라는
탄식은 이순신의 비극적인 자기인식을 암시하고 있다.

3. 한산섬 달 밝은 밤

칼에 맺힌 영웅의 마음

시간은 이순신의 슬픔을 아랑곳하지 않고 어김없이 흘러갔다. 해가 바뀌어 을미년(1595) 2월 26일 충청병사로 전보 발령된 원균이 이순신에게 찾아왔다. 새로 경상우수사가 된 배설과 교대하러 오는 길이었다. 이순신은 원균에게 임금의 교서에 숙배하게 했다. 숙배는 몸을 굽혀 네 번 절하는 것을 말한다. 하지만 원균은 피하려 했다. 내키지 않는 기색이 역력했다. 조정의 전보조치에 대한 불만 때문이리라. 이순신은 두 번 세 번 타일렀다. 원균은 오만상을 찌푸리며 숙배를 마쳤다. 두 사람은 헤어지는 순간까지도 얼굴을 붉혔다. 참으로 얄궂은 관계였다.

5월 29일이었다. 이날 이순신은 심란했다. 전쟁은 교착상태에 빠졌고 별다른 공도 세우지 못한 터였다. 답답하기만 했다. 감당할 수 없는 바윗덩이가 그의 가슴을 짓누르는 것 같았다. 그날 일기는 평정을 잃고 있었다. 자괴감 때문이었다. "장수의 직책을 띤 몸으로 티끌만한 공로도 바치지 못했다. 입으로는 교서를 외지만 군인으로서 부끄러울 뿐이다." 지난해 장문포 패전의 기억이 가시처럼 가슴을 아프게 찔렀는지도 모를 일이다.

이순신이 이지러진 달처럼 자기 자신을 들여다보고 있을 무렵, 조정에서는 그에 대한 비열한 모함이 퍼져가고 있었다. 5월 19일이었다. 비변사 낭청 조형도가 장계를 올렸다. 그는 영남에 다녀오는 길이었다. 그의 한산도 목격담이 가관이었다. 한산도에서는 수군 한 명당 하루에 쌀 5홉, 물 7홉을 주었다. 수군은 한번 배를 타면 교체되어 돌아갈 길이 없었다. 병들면 물에 밀어 넣어버리고 굶주리면 산기슭에 죽게 내버려두었다. 그래서 한산도는 "마치 귀신 동네 같았다"라고 한다. 끔찍한 증언이었다.

비변사는 마치 계주하듯 조형도의 말을 이어받았다. 조형도의 말에 따르면, 한산도에는 샘이 많지 않았다. 또 진과 멀리 떨어져 있어 물을 길어오기에 불편하다고 한다. 늘 물이 떨어질까 걱정스러워 마음대로 쓰지 못한다. 얼굴을 씻거나 옷을 빨지도 못한다. 군사들은 더러운 냄새에 찌들고 서캐가 들끓는다. 그 때문에 역질이 생겨 군사들이 죽어나간다. 이는 모두 주장이 군사를 돌보지 않는 소치다. 옛날 장수들은 부하들의 종기를 빨아주고 술을 나누어 먹였다. 사정이 이러니 어찌 군사들이 죽음을 무릅쓰고 싸우려 하겠는가. 비변사는 선조에게 건의했다. 도원수 권율과 통제사 이순신에게 힘써 군사를 구휼하고 기갈을 구제하게 하도록 글을 내려보내라고.

이순신은 6월 9일 저녁에야 이 사실을 처음 알았다. 권율의 군관

이희삼이 가져온 유서에 이런 기막힌 이야기가 적혀 있었다. "세상 일이란 참으로 놀랍다. 천하에 어찌 이같이 무도한 일이 있을 것인 가." 이순신은 땅이 꺼져라 탄식하지 않을 수 없었다. 중앙과 변방 은 서로에게 적을 닮아가고 있었다. 몽고메리가 말했듯이, 정치적 이유들은 수많은 군인들의 명성을 매장시킨 무덤이었다.

한산도는 결코 조형도의 말처럼 귀신 동네가 아니었다. 이순신 은 모든 군사들에게 술과 음식을 골고루 먹였다. 겨울을 난 삼도 군 사들에게 조정에서 하사한 무명베를 나누어주었다. 차례로 휴가도 보내주었다. 죽은 군사들을 위해 제사도 지내주었다. 그는 틈날 때 마다 군사들을 걱정하고 위로하고 있었다. 7월 14일 이순신은 죽은 군사들을 제사 지내기 위해 몸소 제문을 지었다. 이 글을 보면, 조 형도의 증언이 얼마나 허구적이고 악의에 가득 찬 것인지 짐작할 수 있다.

윗사람을 따르고 상관을 섬겨
너희들은 직책을 다했건만,
부하를 위로하고 사랑하는 일
나는 그런 덕이 모자랐노라.
그대 혼들을 한 자리에 부르니
여기에 차린 제물 받으시라.

7월 1일 이순신은 하루종일 앉았다 누웠다 하며 마음을 가누지 못했다. 이순신에게 조정은 불가해한 혼돈이나 마찬가지였다. 한 가지만은 분명했다. "나라 정세가 아침이슬같이 위태로운데, 안으

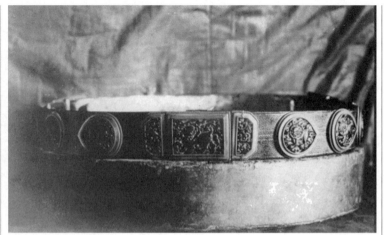

이순신이 사용하던 금대

로는 정책을 결정할 만한 기둥 같은 인재가 없고, 밖으로는 나라를 바로잡을 만한 주춧돌 같은 인물이 없다." 사직이 장차 어떻게 될지 암담할 뿐이었다.

한편 그해에는 관리들의 부침도 심했다. 충청수사 이순신이 조정의 탄핵을 받아 파직되고 이계훈이 새로 임명되었다. 하지만 이계훈은 3월에 그가 탄 배에 불이 나 세상을 떠나고 말았다. 선거이가 그 자리를 이어받았다. 6월에는 경상우수사 배설이 의금부도사에게 체포되었다. 권준이 그 후임을 맡았다. 7월 26일에는 좌의정 김응남 대신 우의정 이원익이 도체찰사에 임명되었다.

칼에 벤 상처처럼 삶이 쓰라리고 아플 때, 인간은 시와 노래로 상처를 견디기도 한다. 이순신에게 육체가 바스러지는 낮의 전쟁이 산문적이었다면, 마음이 흩어지는 밤의 평화는 시적이었다. 이순신은 전사였을 뿐만 아니라 문사적 기질을 갖춘 시인이기도 했다. 유교적 교양주의라는 가문과 시대의 전통 속에서 성장한 그였기에 문과 무가 갈등 없이 공존할 수 있었다.

8월 15일 밤이었다. 이순신은 한산도 수루에 홀로 앉아 있었다. 희미한 달빛이 금가루를 뿌린 것처럼 멀리 파도와 함께 부서지고 있었다. 수루를 에워싼 대나무 숲에서 서걱서걱하는 소리가 들려왔다. 그것은 마치 내면의 공명판에서 울려나오는 비애의 음향 같았다. 어떤 상념이 운율을 갖추어갔다. 이순신은 밤이 깊도록 노래를 읊었다. 그날이었을까. 저 유명한 시조 「한산도가」를 지은 날은.

한산섬 달 밝은 밤에
수루에 홀로 앉아
큰 칼 옆에 차고
깊은 시름 하는 차에
어디서 일성호가는
남의 애를 끊나니.

이것은 오늘날 국민시조라 일컬을 만큼 널리 암송되는 걸작이다. 양주동은 이 시조를 "그 깊디깊은 인간적 비애와 상념, 그 위대한 인간성의 표현으로 (…) 우리나라 역대 시조 근 천 수 가운데 최고작"이라고 극찬을 아끼지 않았다. 이병기도 이 시조를 비롯해 "충무공의 시문은 비록 무인의 그것이라 하지만 (…) 문학뿐만 아니라 성경으로도 볼 수 있다"라고 평했다.

조경남의 『난중잡록』에 따르면, 이순신은 한산도에서 시가 20수를 지었다고 한다. 하지만 현재 남아 있는 것은 네 편뿐이다. 지은

한산도 수륙

날짜는 알 수 없지만, 그해 쓴 것으로 알려진 시로 「한산도야음(閑
山島夜吟)」이 있다.

한 바다에 가을빛 저물었는데
찬바람에 놀란 기러기 높이 떴구나
가슴에 근심 가득 잠 못 드는 밤
새벽 달 창에 들어 칼을 비추네.

훗날 숙종 때 예조참판을 지낸 이유는 이 시를 읽고 "칼에 맺힌
영웅의 마음"이라고 평했다. 9월 14일에는 충청수사 선거이와 이
별하며 쓴 시가 일기에 실려 있다. 선거이는 이순신이 함경도에서
근무할 무렵부터 사귀어온 사이인데, 그와 헤어지는 안타까운 마
음을 시에 담았다.

북쪽에 갔을 때도 같이 일하고
남쪽에 와 삶과 죽음 같이했소.
오늘밤 이 달 아래 잔을 들고는
내일이면 우리 서로 나뉘겠구려.

이순신은 8월 23일 진주에 내려온 도체찰사 이원익과 만나 군사
문제를 의논했다. 9월에는 하인의 실수로 이순신이 머물던 대청과
다락방이 불에 다 타버렸다. 이순신은 다시 집 짓는 일을 감독하느
라 동분서주했다. 군량을 조달하는 일에도 남달리 신경을 썼다. 홍
양에서 추수한 벼와 콩 820석을 거두어 창고에 쌓고, 청어 13,240두
름(1두름은 20마리)을 곡식과 바꾸기도 했다. 소금을 굽기 위해 솥
을 만들기도 했다.

　한편 충청병사로 옮겨간 원균은 어떻게 살고 있었을까. 그의 앞
날은 순탄하지 못했다. 원균은 그해 8월 사헌부의 탄핵을 받고 있었
다. 8월 15일 사헌부는 충청병사 원균을 파직시키라고 주청했다.
그가 불미스런 일에 연루되고 게다가 탐욕스럽고 포학하기까지 하
다는 게 그 이유였다. 사헌부의 주장에 따르면, 원균은 그해 5~6월
에 군대에 동원된 군사들의 역을 기한 전에 방면했다. 그 대가로 씨
뿌릴 콩을 거두어다 곡식창고에 쌓았다. 또한 무리한 형벌로 죽은
자가 잇따르고 앓다가 죽는 자도 많았다. 그래서 원망하고 울부짖
는 소리가 충청도에 가득했다고 한다.

　이에 대해 선조는 "이런 시기에 명장을 바꾸어서는 안 된다. 윤
허하지 않는다"라며 거절했다. 사헌부의 상소가 끊이지 않자 선조

는 8월 18일 다시 한번 쐐기를 박았다. "오늘날 장수로는 원균이 으뜸이다. 그가 정도에 지나친 일을 했는지도 모른다. 그래도 어찌 가벼이 논박해서 그의 마음을 풀어지게 해서야 되겠는가. 윤허하지 않는다." 원균에 대한 선조의 신뢰는 확고부동했다.

칼과 달

이순신의 생애를 특징짓는 것 가운데 하나는 이원성의 공존이다. 이순신에게는 '칼'로 표상되는 남성적 무(武)의 세계와 '달'로 상징되는 여성적 문(文)의 세계가 갈등 없이 조화를 이룰 수 있었다. 칼의 세계에서 이순신은 전사이고 영웅이었다. 반면 달의 세계에서 이순신은 문사이고 인간이었다. 칼이 공문과 장계의 산문이었다면, 달은 일기와 시문의 운문이었다. 우리가 칼을 휘두르는 이순신만 기억한다면, 그것은 반쪽짜리 이순신일 뿐이다.

칼과 달은 전혀 다른 원리에 속한다. 칼은 전쟁과 정치의 영역이다. 클라우제비츠가 말한 것처럼 '전쟁은 정치적 행위'이다. 전쟁은 언제나 정치적 조건에서 출발하며 동시에 정치적 동기에서 야기된다. 도요토미 히데요시가 침략전쟁을 일으킨 것도, 조선과 명나라가 방어전쟁에 나선 것도, 이순신이 바다를 지킨 것도 결국은 상대방에게 자신의 의지를 강요하려는 정치적 행위였다. 따라서 칼은 공적 세계를 다스리는 원리였다.

칼은 폭력에 뿌리를 두고 있다. 칼이 칼집 안에 잠자고 있을 때, 칼은 무용하다. 칼의 미덕은 호전성, 파괴성, 잔혹성, 남성성이다.

전쟁이 상대방을 절멸하려는 의지이듯이, 칼은 인간 안에 잠재된 공격성을 깨워 상대방의 목숨을 노리거나 굴복시키려 한다. 칼을 휘두를 때 인간은 증오와 복수심에 무릎을 꿇는다. 칼이 아무리 정의와 선을 표방한다 할지라도 칼의 본성 자체가 부정되는 것은 아니다.

전쟁에서 칼은 곧 법이다. 폭력과 살생이 정당성을 부여받고 규범으로 강제되는 곳이 전장이다. 임금이 신하에게 하사하는 칼은 생사여탈권이라는 무한대의 폭력을 승인하는 것이다. 장수가 병사에게 부과하는 군율은 칼의 힘으로 절대복종을 요구하는 것이다. 또한 칼은 날카로운 직선과 전진만을 추구할 뿐 물러섬과 망설임을 용서하지 않는다. 칼이 춤추는 세계에서 인간은 그저 하나의 수단과 도구에 지나지 않는다.

달은 이런 모든 칼의 원리를 부정하거나 거부한다. 낮의 비정한 전쟁과 정치가 멈추는 시간에 밤의 평화로운 서정과 예술이 떠오른다. 폭력의 본능이 눈을 감는 대신 부활과 재생의 충만한 기운이 깨어난다. 달은 부드러운 곡선으로 만물을 감싸고 낮의 상처를 치유해준다. 달은 또한 농경민의 풍요로운 힘이자 여성 생산력의 근원이다. 차서 기울고 기울었다가 다시 차는 달의 이법은 바다의 조수, 계절의 순환, 여성의 월경에 대응한다.

달이 우주만물의 운행을 주관한다면, 달빛은 어둠의 세계를 정화한다. 초승달, 보름달, 그믐달은 각각 빛의 양과 질을 달리하며 인간의 마을을 비춘다. 달빛은 마법의 금가루라도 뿌린 것처럼 사람들의 마음에 스며들어 감정을 증폭시킨다. 슬픈 자는 눈물을 흘리고, 외로운 자는 뼈가 저려오고, 헤어진 자는 통곡한다. 시인이라면 언어를 가다듬고, 음악가라면 곡조를 고르고, 화가라면 먹을 갈 것이다.

이순신은 칼을 찬 무장이었다. 칼은 그의 숙명이었다. 화살과 돌과 포탄이 난무하고 인간의 뼈와 살이 부딪치는 낮의 전장에서 칼은 그의 목숨이었고 자신의 존재를 증명하는 유일한 무기였다. 이순신의 칼은 "한번 휘둘러 쓸어버리니 / 피가 강산을 물들인다"라는 글귀처럼 무수한 적의 목숨을 베고 갈랐다. 그렇다고 이순신이 피에 굶주린 야수나 적개심에 불타는 투사는 물론 아니었다. 그것은 그와 그의 시대의 존재조건일 뿐이었다.

이순신은 달에 매혹된 인간이었다. 그의 일기나 시문에는 도처에 달과 달빛이 어른거린다. 마치 달과 달빛이 화자이고 이순신은 화자의 말을 받아 적는 필경사 같다. "초승달 빛은 다락에 가득 차고 정회를 이길 길이 없었다(1595년 7월 10일)" "초저녁에 달빛이 비단결 같아 홀로 배 안에 앉아 있으니 회포가 만 갈래였다(1597년 10월 11일)"라는 일기나 "가슴에 근심 가득 잠 못 드는 밤 / 새벽 달 창에 들어 칼을 비추네"(〈한산도 야음〉) 같은 시가 그 예들이다.

이순신의 눈에 비친 달은 천 개의 얼굴을 가지고 있었다. 풍전등화 같은 조국의 운명을 온몸으로 지켜내야 하는 자의 고뇌, 언제 어디서 칼날을 번득이며 달려들지 모르는 적과 맞서야 하는 자의 노심초사, 전쟁의 피로와 결핍에 메말라가는 백성과 군사를 돌보아야 하는 자의 괴로움, 아무에게도 이해받지 못하는 자의 외로움, 멀리 있는 어머니와 가족에 대한 근심 걱정, 갑옷과 투구가 몸을 옥죄는 고통, 감수성이 풍부한 자의 까닭 모를 슬픔…… 이 모든 것들이 이순신을 비추는 달의 정체였다.

달이 지상에 거주하는 곳은 바다이다. 달은 바닷물을 밀어내고 당긴다. 전란 한복판에서 이순신의 거처는 바다였다. 예측 불가능한 승패와 오고가는 세월의 무상함을 말없이 지켜보고 있는 달에 이순신이 마음을 빼앗겼던 것은 어쩌면 당연한 일인지도 모른다. 그는 칼의 비정한 세계에 몸서리치며 달에서 구원을 받고 싶었는지도 모른다. 칼과 달의 이율배반적인 세계를 넘나드는 일, 그것이 전장에 선 이순신의 생애였다.

청어를 널다

1596년(선조 29) 병신년 새해 첫날 새벽 2시 무렵 이순신은 어머니를 찾아뵈었다. 4일에는 이순신의 군관 송한련이 청어 천여 두름을 잡아서 널었다. 이순신이 어머니를 만나러 간 동안 잡은 것이 모두 1천8백여 두름이나 되었다. 6일에는 오수가 청어 1,310두름을, 박춘양이 787두름을 바쳤는데, 하천수가 말리기로 했다. 9일 오수가 잡은 청어 360두름을 하천수가 실어갔다.

청어는 지금과 달리 조선시대에 풍부한 어족 가운데 하나였다. 1603년(선조 36년) 7월 20일 호조에서 아뢴 바에 따르면, "양남(兩南, 경상도·전라도)과 함경도에서는 청어가 많이 나므로 장삿배가 구름처럼 모여들어 수없이 잡는다"라고 했다. 정약전은 『자산어보』에서 "정월이 되면 알을 낳기 위해 해안을 따라 떼를 지어 회유해오는데, 이때의 청어떼는 수억 마리가 대열을 이루어 오므로 바다를 덮을 지경"이라고 기록했다. 청어는 '비유어(肥儒漁)' 또는

이순신이 사용하던 도배(挑盃, 복숭아형 잔)

'비웃'으로 불렸는데, 값싸고 맛이 있어 가난한 선비들이 즐기는 물고기라는 뜻이었다. 이순신에게 청어는 궁핍한 군사들을 위한 귀한 식량이었다.

이순신의 일상은 평소와 다름없이 흘러갔다. 투항한 일본인들에게 술과 음식을 먹이고, 군복을 말리고, 메주를 쑤고, 옷 없는 군사들에게 옷을 나누어주었다. 2월 5일 삼도 장수들을 불러모아 음식을 먹이고 활도 쏘고 풍악도 잡혀 모두 취해서 흩어졌다. 6일 새벽에는 목수 10명을 거제로 보내 배 만드는 기술을 가르치게 했다. 송한련이 숭어를 잡아왔기에 고을 수령들을 불러서 같이 먹었다. 13일에는 제주목사에게 청어, 대구, 화살대, 곶감, 삼색 부채 등을 보냈다. 14일은 경상수사가 쑥떡과 초 한 쌍을 보내왔다. 낙안과 녹도 수령을 불러 떡을 먹였다. 새 곳간에 지붕을 이었다. 저녁에 물을 부엌가로 끌어들였다. 하인들에게 물 긷는 수고를 덜어주기 위해서다. 15일 저녁때는 사슴 한 마리와 노루 두 마리를 사냥해 왔다.

3월 12일 저녁 때 소국진이 체찰사에게서 돌아왔다. 원균은 곤장

40대를 맞고 장흥 수령은 20대를 맞았다고 한다. 원균이 왜 벌을 받았는지 그 까닭은 알 수 없지만, 그는 가는 곳마다 물의를 일으켰던 것으로 보인다. 16일 오전 7시쯤 동남풍이 불었다. 지붕이 바람에 날아갔다. 창문 종이가 떨어져 비가 방안으로 흩뿌려들었다. 17일 밤에는 땀이 흘러 등을 적시고 옷과 이부자리도 젖었다. 19일은 아침에 새로 만든 가야금 줄을 매었다.

20일 이순신은 바람막이를 2개 만들어 달았다. 이날도 땀이 흘러 옷과 이불을 적셨다. 21일 초저녁에는 토사곽란을 일으켰다. 자정에야 조금 가라앉았다. 일어났다 앉았다 몸을 뒤척거렸다. 이날 바람막이 3개를 만들어 달았다. 22일 아침에는 종 금이를 시켜 머리를 빗게 했다. 23일 오전 4시쯤 몸이 편치 않아 금이를 불러 머리를 긁게 했다. 땀에 옷이 흠뻑 젖어서 갈아입고 잤다.

4월 19일 이순신은 도요토미 히데요시가 죽었다는 뜬소문을 들었다. 그날 일기에는 "기쁘기 한량없으나 믿을 말이 못 된다. 이 소문이 진작부터 퍼졌는데, 아직 확실한 기별은 오지 않았다"라고 적혀 있다. 이런 소문은 전쟁이 하루 빨리 끝나기를 바라는 민중들의 염원에서 나왔을 것이다.

22일 이순신의 정탐꾼인 부산의 허내은만이 편지를 보내왔다. 명나라 정사 이종성이 달아나고 부사 양방형만 일본군 진중에 머무르고 있다는 소식이었다. 당시 명나라 조정에서는 도요토미를 일본 국왕으로 책봉하기 위해 사신을 파견하기로 결정했다. 도요토미는 강화를 추진하던 심유경의 말을 믿고 일본군을 대부분 철병하도록 지시했다. 하지만 일본군은 책봉사를 기다린다는 이유로 전면 철병을 유보하고 있었다. 명나라 책봉사 이종성은 일본에 건너가기 위해 부산의 일본군 진영에 도착했다. 하지만 일본과 명나라의 강화조건이 너무 큰 격차가 있다는 사실을 알고 신변에 위협을 느꼈다. 그는 야음을 틈타 탈주하고 말았다.

이순신은 적정을 살피기 위해 정탐꾼을 활용하고 있었다. 이종성의 도주사실을 알려준 허내은만도 그 가운데 한 사람이었다. 이순신은 허내은만에게 쌀과 소금 등을 보내며 힘껏 정보를 수집해 보고하라고 격려하기도 했다. 제갈량의 말처럼, 장수는 반드시 자신의 심복, 귀와 눈 그리고 손톱과 이빨이 있어야 한다. 심복이 없으면 마치 사람이 밤에 길을 가면서 손발을 쓰지 못하는 것과 같다. 귀와 눈이 없으면 마치 암흑 속에 살면서 행동할 바를 모르는 것과 같다. 손톱과 이빨이 없으면 마치 굶주린 자가 독물을 먹은 것처럼 죽게 된다. 이순신은 사방에 촉수를 뻗어두고 적의 움직임을 주시하고 있었다.

6월 들어 조선 조정에서는 우여곡절 끝에 명나라 책봉사의 뒤를 따라 통신사를 파견하기로 했다. 정사는 돈녕도정 황신, 부사는 대구부사 박홍장을 임명했다. 수행인원은 총 309명에 이르렀다. 7월 10일 체찰사 이원익은 이순신에게 통신사들이 탈 배 세 척을 부산으로 보내라고 지시했다. 이순신은 배 세 척과 군량을 마련해 보내주었다. 황신은 『일본왕환일기』에서 "이번 사행 때 경상좌수영에서 배 한 척, 우수영에서 배 3척과 아울러 여러 물건을 갖추어 보내왔다"라고 기록했다. 황신은 이어 조선 배와 일본 배의 차이를 비교하고 있다.

우리나라 배는 배 밑이 너무 넓어서 파도를 타고 출입하기가 편리하지 못했다. 왜선은 배 밑이 닭 가슴과 같으며 가벼운 노를 많이 설치해 운행이 매우 빠르다. 그러나 너무 좁아 흔들리기 쉽다. 안에는 판자로 방을 만들었는데, 배 냄새가 몹시 고약했다. 그 방에 들어간 사람은 누구나 토하고 메스꺼워하다가 한참 뒤에야 안정되었다.(8월 4일)

7월 17일 이순신은 해진 뒤에 항복한 일본인들에게 광대놀이를 하게 했다. 물론 장수로서 허락해서는 안 될 일이었다. 하지만 항복한 일본인들이 간청해서 매정하게 거절할 수도 없었다. 이날 이순신은 충청도 홍산에서 큰 도둑이 일어났다는 소식을 들었다. 이것은 7월 6일부터 11일까지 충청도를 휩쓴 이몽학의 난을 말한다. 난중에 민중의 반란이 겹친 불행한 사태였다. 전쟁이 일어나면서 민중의 곤궁과 역경은 도를 넘어서고 있었다. 중앙권력이 허술한 틈을 타서 관리들이 백성들을 탐학하고 있었다. 백성들은 하루가 멀다 하고 일본군 방비를 위한 산성 수축에 동원되었다.

이몽학은 이런 사회 혼란을 틈타 충청도 홍산에서 군사를 일으켰다. 그는 난을 일으키기 전부터 반란을 모의했다. 군량을 모집하던 관리 한현 등을 동조세력으로 끌어들였다. 그들은 동갑회라는 비밀결사까지 조직했다. 그들의 근거지는 홍산 무량사였다. 백성들은 반란이 일어났다는 소문을 듣고 귀가 솔깃했다. 자발적으로 그들을 따르는 무리가 점점 불어났다. 이몽학은 7월 6일 홍산현을 습격하고 현감 윤영현을 붙잡았다. 곧 이어 임천군을 공격해 군수 박진국을 사로잡았다. 반란군은 고을 창고에서 군기를 탈취해 무장까지 갖췄다. 7일에는 정산, 8일에는 청양, 9일에는 대흥을 함락시켰다.

반란군은 수가 점점 불어나 수만을 헤아리게 되었다. 이몽학은 기세를 몰아 홍주로 치고 들어가려 했다. 하지만 홍주목사 홍가신은 만만한 상대가 아니었다. 그는 간첩을 파견해 난민을 속이고 수성준비를 서둘렀다. 변란 소식을 듣고 어사 이시발, 충청병사 이시언, 충청수사 최호 등이 군대를 집결시켰다. 이몽학과 그 무리들은 11일 덕산으로 퇴각했다. 난에 합세했던 무리들 가운데 어둠을 틈타 도주하는 자가 속출했다. 관군의 수가 늘어나고 대장의 목을 베어오면 화를 면하게 해줄 것이라는 선무공작이 벌어졌다. 난에 참여했던 사람들은 이몽학의 머리를 베어 바쳤다. 이 때문에 반란민들은 일시에 흩어지고 말았다.

이몽학의 난은 조선 조정에 타격을 입혔을 뿐만 아니라, 무고한 인명을 희생시켰다. 이몽학은 홍주에서 덕산으로 도주하면서 허위 사실을 유포했다. "장군 김덕령과 영천군수 홍계남 등이 다 우리와 공모했다. 그들은 군사를 거느리고 와서 함께 서울로 향할 것이다." 생포된 한현도 한몫 거들었다. 심문을 당하면서 김덕령, 최담령, 홍계남이 그들과 동조하고 곽재우, 고언백도 자신들의 심복이라고 무고했다.

조정은 의병장 김덕령, 최담령, 곽재우 등을 긴급 체포했다. 김덕령은 여섯 차례에 걸쳐 가혹한 심문을 받았지만 끝내 승복하지 않았다. 하지만 끝내 장살당하고 말았다. 일본군에게 사자처럼 용맹했던 전쟁의 명장이 난민의 혀끝으로 비극적인 최후를 맞이한 것이었다. 최담령도 수차례 고문 끝에 옥사했다. 곽재우는 서울로 잡혀왔지만 다행히 얼마 지나지 않아 석방되었다. 이몽학의 난이 일어났다는 소식을 듣고 이순신은 개탄을 금치 못했다.

"바깥 도둑을 없애지 못한 지금 안 도둑이 이러하니 참으로 가슴 아픈 일이다."

죽기 전에 보고 싶다

8월 5일 이순신은 체찰사 이원익에게 편지를 썼다. 어머니를 뵙도록 휴가를 달라는 청이었다. 여수에 머물고 있던 어머니는 얼마 전 하인 편에 편지를 보내왔다. "늙은 몸에 나날이 병이 더해간다. 앞날인들 얼마나 되랴. 죽기 전에 네 얼굴을 다시 한번 보고 싶다"라는 사연이었다. 그 글을 읽고 이순신은 좀체 다른 일이 손에 잡히지 않았다. 몸은 진중에 있지만 마음은 어머니 곁을 맴돌고 있었다.

이순신은 1583년에 선친이 돌아가실 때, 멀리 함경도 지방에서 근무하고 있었다. 천 리를 마다하고 달려와 상을 치렀지만, 부친이 살아 계실 때 약 한 첩 못 달여드리고 영결조차 하지 못한 것이 평생 한으로 남았다. 어머니마저 그렇게 떠나보낼 수는 없는 노릇이었다. 이순신은 해를 넘기기 전에 며칠 동안 말미를 달라고 눈물로 호소했다.

"자친께서 연세가 이미 여든을 넘으셨습니다. 해가 서산에 닿은 듯합니다. 이러다가 만일 하루아침에 다시는 모실 길 없는 슬픔을 만나는 날이 오면, 이는 제가 또 한 번 불효한 자식이 될 것입니다. 그뿐만 아니라 자친께서도 지하에서 눈을 감지 못하실 것입니다."

이순신도 어머니도 그들 앞에 돌이킬 수 없는 화가 닥쳐오리란 것을 예감했는지도 모른다. 이순신의 편지를 받고 이원익은 8월 8일

답장을 보냈다.

"지극한 정곡이야 피차에 같습니다. 이 글월이야말로 사람의 마음을 감동케 합니다. 그러나 공사에 관련된 일이라 나로서도 얼른 가라 마라 하기가 어렵습니다."

8월 16일 이순신은 체찰사 이원익이 진주에 내려왔다는 기별을 받았다. 27일 진주로 가 이원익을 만나고 윤8월 1일 여수 진중에 이르렀다. 10일 새벽에 과거 초시를 치른 아들 면과 조카 봉, 해, 회, 완이 모두 합격했다. 반가운 소식이었다. 11일 이순신은 이원익을 만나러 당포에 이르고 다음날 12일 어머니를 찾아뵈었다. 이날 일기는 기쁨과 슬픔이 교차하고 있다.

"종일 노를 빨리 저어 밤 10시쯤 어머님 앞에 이르렀다. 백발이 부수수한 채 나를 보고 놀라 일어서시는데, 기운이 흐려져 아침저녁을 보전하시기 어렵다. 눈물을 머금고 서로 붙들고 앉았다. 밤이 새도록 어머니 마음을 풀어드렸다."

그 다음날 아침 이순신은 어머니에게 아침 진짓상을 차려드렸다. 이순신은 그날 어머니를 하직하고 오후 6시쯤 배를 재촉해 떠났다. 그 다음날 새벽에 이순신은 광양에 도착했다. 지나온 지역이 온통 쑥대밭이었다. 참혹한 꼴이 차마 눈뜨고 볼 수 없었다. 이순신은 '우선 전선 정비하는 것을 면제해 군사와 백성들의 마음을 풀어주어야겠다'라고 속으로 다짐했다.

이순신은 순천, 승주, 고흥을 거쳐 19일 이원익을 만났다. 22일에는 강진에 이르러 전라병사 원균을 만났다. 오랜만에 만난 두 사람이 무슨 이야기를 나누었는지는 알 수 없다. 이순신은 그날 일기에 "밤늦게까지 이야기했다"라고 짧게 기록하고 있다. 하지만 24일

"원균의 흉한 행동은 기록하지 않는다"라고 적은 것으로 볼 때, 원균에 대한 앙금을 끝내 떨쳐버리지 못한 것으로 보인다.

한편 원균은 1595년 충청병사로 전보 발령된 이후 여러 가지 분란을 일으키고 있었다. 1월 12일 사헌부에서는 또다시 원균을 탄핵했다. 원래 병사는 종사관을 둘 수 없는 법인데, 원균이 전례 없이 최덕순을 종사관으로 거느렸다는 게 그 이유였다. 하지만 선조는 원균을 죄줄 수 없다고 가로막았다.

사관에 따르면, 최덕순은 임진란 때 가평군수로 있으면서 "우리나라 피난민을 죽여서 머리를 깎고 이마에 문신을 새겨 왜인의 형색을 만들었다. 그리고는 임금이 임시로 머물던 행재소에 거짓으로 보고했다. 공을 노리다가 여러 사람이 목격해 정상이 드러났다"라고 했다. 5월 7일에도 또다시 원균이 대신들의 입에 오르내렸다. 윤형이 선조에게 원균의 소행을 보고했다.

윤형이 충청도 남포 땅에 있을 때였다. 당시 충청도에는 부역이 가혹해서 백성들이 고통스러워하고 있었다. 충청병사 원균은 상당산성(충북 청주)을 쌓을 때, 백성들의 원망을 샀다. 그는 피폐한 고을이건 부유한 고을이건 가리지 않고 각각 2~3백 명씩 인원을 징발했다. 게다가 바쁜 농사철에 백성들을 동원하느라 들판이 빌 지경이었다. 윤형은 "원균의 하는 짓이 지나쳐서 신이 논박하려 했습니다. 하지만 고을 일을 맡은 사람을 가벼이 논해서는 안 된다 하므로 감히 하지 못했습니다"라고 아뢰었다.

그러자 김응남이 원균을 비호하고 나섰다. 윤형은 부역의 폐단만을 보고 아뢰었다. 하지만 원균 같은 자는 쉽게 얻을 수 없다. 원균은 수군 장수의 재주를 지녔지만, 이순신과 서로 의견이 맞지 않아 어쩔 수 없었다. 혹시 경기 수사를 제수하면 그 재주를 펼 수 있을지도 모른다. 자신도 농한기에 산성을 쌓도록 원균에게 말한 바 있었다…… 이런 내용이었다.

이런 가운데 선조는 8월 4일 원균을 전라병사로 임명했다. 원균은 8월 11일 서울에 올라왔다. 『경국대전』에 따르면, 새로 관직에 임명된 자는 10일 이내에 모두 의정부, 이조, 소속 관청(원균의 경우는 병조)을 찾아가 인사해야 한다. 원균은 선조를 배알하려 했지만 만나보지 못했다. 이날 선조는 원균에게 자상한 글과 선물을 내렸다.

"경은 나라를 위해 힘을 다했다. 지성스러운 충성과 용맹이 옛사람도 비할 자가 드물다. 그래서 내가 일찍이 그대를 아름답게 여겨왔다. 하지만 돌아보건대 아무것도 보답한 것이 없었다. 이번에 또 멀리 떠나게 되어서 친히 접견하고 전송하려 했다. 그런데 하필 기운이 편치 못해 그렇게 하지 못하겠다. 좋은 말 한 필을 내려 나의 뜻을 표하니 경은 받으라."

한편 이순신은 남도 순행을 계속하고 있었다. 윤8월 24일 강진을 떠나 해남 우수영을 시찰했다. 9월에는 영암, 나주, 무안, 함평, 영광, 무장, 장성, 광주, 화순을 거쳐 24일 보성에 이르렀다. 보성에서는 선거이를 방문했는데, 그의 병이 위중해서 걱정스러워했다.

다시 길을 떠나 낙안을 거쳐 25일 순천에 이르렀다. 26일 이순신은 다시 어머니를 뵈러 갔다. 10월 7일 어머니 수연 잔치를 베풀었다. 9일에는 종일 어머니를 모셨다. 다음날 진중으로 돌아간다고 아뢰자 어머니는 퍽 서운해 하는 기색이었다. 10일 12시 이순신은 어머니를 하직했다. 발길이 떨어지지 않았다. 그것이 이순신과 어머니의 마지막 만남이었다. 이순신은 오후 2시쯤 배에 올랐다. 돛을 달고 바람 따라 밤새도록 노를 재촉했다.

"이순신은 성실하지 않았다"

이순신이 한산도에서 적과 대치하고 있을 무렵, 조정에서는 이순신이 도마 위에 오르고 있었다. 명나라와 일본의 강화회담이 진행되면서 전쟁은 교착상태에 빠지고 세 나라 모두 지쳐가고 있었다. 조정에서는 어떻게든 전쟁의 돌파구를 모색하려 했다. 하지만 군량조달, 명나라와의 관계, 허약한 군사력 등의 문제가 겹치면서 조선은 점점 더 깊은 수렁 속으로 빠져들고 있었다. 통제사 이순신에게 큰 기대를 걸고 있었지만, 그는 조정의 염원을 외면한 채 요지부동하고 있는 것처럼 보였다. 병신년 한 해 동안 왕과 대신들은 이순신을 둘러싸고 설왕설래를 거듭하고 있었다. 1596년 6월 26일 선조가 경연을 마치고 이순신 문제를 꺼냈다.

> **선조** : 바깥에서는 이순신을 어떤 사람이라고 하는가?
> **좌의정 김응남** : 이순신은 쓸 만한 장수입니다. 원균으로 말하면 병폐가 있기는 하나 몸가짐이 청백하고 용기 있게 선전하는 점도 있습니다.
> **선조** : 이순신은 처음에는 힘껏 싸웠으나 그 뒤에는 작은 적일지라도 잡는 데 성실하지 않았다. 또 군사를 일으켜 적을 토벌하는 일이 없으므로 내가 늘 의심했다. 동궁(세자 광해군)이 남으로 내려갔을

때, 여러 번 사람을 보내 불러도 오지 않았다.

김응남 : 원균은 당초 사람을 시켜 이순신을 불렀습니다. 하지만 이순신이 오지 않자 통곡했다고 합니다. 원균이 이순신에게 군사를 청해 성공했는데, 도리어 공은 이순신보다 아래에 있게 되었습니다. 그러자 두 장수 사이가 서로 벌어졌다고 합니다.

선조 : 이순신의 사람됨으로 볼 때 결국 성공할 수 있는 자인가? 어떨지 모르겠다.

김응남 : 알 수 없습니다만, 장수와 군사들은 이순신이 조용하고 중도에 맞는다고 합니다. 그러나 지금 거제의 진에는 원균을 보내야 합니다. 거제를 지키는 일이라면 원균이 아니고 누가 하겠습니까.

이날 회의에서 선조는 이순신의 죄목 하나를 슬쩍 흘렸다. 세자 광해군이 이순신을 여러 번 불렀는데도 이순신이 응하지 않았다는 것이다. 선조의 말이 사실이라면, 이순신은 중죄를 범한 셈이 된다. 조선의 형법은 명나라의 『대명률』을 따르고 있었는데, "임금의 명령을 받들어 시행하는 과정에서 이를 위반한 자는 장형 1백 대에 처한다. 왕세자의 명령을 위반한 자도 같다. 왕자 · 군(君)의 명령을 위반한 자는 장형 90대에 처한다"라고 규정되어 있다.

선조가 말한 사건은 2년 전의 일이었다. 광해군은 1593년 11월 22일부터 1594년 2월 중순까지 전주에 내려와 있었다. 이곳에서 과거시험을 주관하고 명나라 장수 유정과 군사 문제를 협의하기 위해서였다. 그런데 안타깝게도 이순신의 일기는 1593년 9월 16일부터 12월 말까지 빠져 있다. 다행히 이듬해 일기는 남아 있어 당시 상황을 짐작해볼 수 있다.

1594년 1월 15일 이순신에게 광해군의 분부를 전달하는 서한이 왔다. 군사를 거느리고 가서 적을 토벌하라는 명령이었다. 이튿날 17일 이순신은 광해군에게 장계를 띄워 보냈다. 2월 2일 광해군에게 올린 장계의 회답이 왔고, 4일 광해군의 명령이 내려왔다. 9일 이순신은 광해군이 문책한 데 대해 답을 보냈다.

위 기록을 살펴보면, 그해 1월부터 2월 사이에 광해군과 이순신은 최소한 세 번 이상 편지를 주고받았다. 상세한 내용은 알 수 없지만, "군사를 거느리고 가서 적을 토벌하라"라는 명령에 대해 이순신이 자신의 입장을 밝히고 응하지 않았던 것으로 보인다. 따라서 광해군이 이순신을 여러 차례 불렀는데 응하지도 않았다는 선조의 말은 신빙성이 떨어진다.

10월과 11월에도 선조는 이순신에 대해 불신의 언사를 계속 뱉어냈다. 10월 5일 선조는 남쪽에서 돌아온 도체찰사 이원익을 만나 변방 사정을 물었다.

선조 : 통제사 이순신은 힘써 종사하고 있던가?

이원익 : 그 사람은 미욱하지 않아 힘써 종사하고 있습니다. 뿐만 아니라 한산도에는 군량이 많이 쌓였다고 합니다.

선조 : 당초에는 왜적을 부지런히 사로잡았는데, 그 후에 들으니 태만한 마음이 없지 않다고 했다. 사람 됨됨이가 어떠하던가?

이원익 : 소신의 소견으로는 많은 장수들 가운데 가장 쟁쟁한 자입니다. 그리고 전쟁을 치르는 동안 처음과는 달리 태만했다는 일에 대해서는 신이 알지 못하는 바입니다.

선조 : (군사를) 절제할 만한 재질이 있던가?

이원익 : 소신의 생각으로는 경상도에 있는 많은 장수들 가운데 이순
신이 제일 훌륭합니다.

이원익은 남쪽에 내려와 여러 차례 이순신을 만났다. 이날 선조
에게 말한 것에서도 드러나듯이, 이원익은 이순신의 인품과 역량
을 몸소 겪어보고 그를 높이 평가하고 있었다. 10월 21일 선조는
또다시 대신들을 불러 이순신과 원균 문제를 화제에 올렸다.

선조 : 전에 장수 삼을 만한 인재를 물었는데, (대신들은) 본 적이 없
는가? (⋯)

이원익 : 전투에 임할 때와 평상시와는 같지 않습니다. 원균은 성질
이 매우 거셉니다. 상사와 문서를 주고받고 절제하는 사이에 반드
시 다투기만 합니다. 하지만 전투에 임해서는 제법 기용할 만하다
고 합니다.

선조 : 원균에 대해서는 계미년(1583)부터 익히 들어왔다. 국사를 위
하는 일에 매우 정성스럽다. 또한 죽음을 두려워하지 않는다고 한
다.

이원익 : 원균은 전공이 있기 때문에 인정하는 것입니다. 그렇지 않
다면 결단코 기용해서는 안 되는 인물입니다.

정언 김순명 : 충청도 인심이 (원균을) 매우 불편하게 여긴다고 합니
다.

선조 : 마음은 순박한데 고집이 세기 때문이다.

이원익 : 원균에게는 군사를 미리 주어서는 안 됩니다. 전투에 임해
서 군사를 주어 돌격전을 하게 해야 합니다. 평상시에 군사를 거느

리게 하면, 반드시 원망하고 배반하는 자들이 많을 것입니다.

선조 : 전일에 대간들이 원균을 탐욕스럽다고 논박한 바 있었다. 원
균은 지극히 청렴한데 탐욕스럽다고 하는 까닭은 무엇인가?

지사 김수 : 전에 조산만호로 있을 때는 어사 성낙이 장계해 포상했
습니다.

이원익 : 원균이 어찌 지극히 청렴하기까지야 하겠습니까?

도승지 조인득 : 소신이 일찍이 종성에서 그를 보았습니다. 비록 만군
이 앞에 있다 하더라도 돌격하려는 의지가 있었고, 행군도 매우 소
박하고 성실했습니다. 탐욕스러운지는 모르겠습니다.

선조 : 이런 장수는 많이 얻을 수 없다.

이런 대화로 미뤄볼 때, 선조의 인물평가 기준은 단순 소박했다.
기백과 용기가 무장의 최고 미덕이었고, 인품은 그 다음 문제였다.
선조는 원균의 저돌성과 용기에 후한 점수를 매기고 있었다. 반면
사려 깊고 신중하며 멀리 내다보는 이순신의 재능은 선조에게 큰 미
덕이 되지 못했다. 이와 달리 이원익은 원균을 용장으로 인정하기는
하지만, 인격적으로는 결격사유가 많은 장수로 불신하고 있다.

4. 파국

기만의 종말

1596년 9월 명나라와 일본의 강화회담은 파국으로 치닫고 있었다. 4월 3일 명나라 책봉사 이종성이 부산의 일본군 진에서 도주하자, 명나라는 부랴부랴 후속대책을 마련했다. 양방형을 임시 정사로 삼고 심유경을 임시 부사로 삼아 일본에 파견했다. 그들은 6월 15일 바다를 건너갔다. 심유경의 독촉에 따라 조선에서도 통신사 황신과 박홍장을 일본에 파견했다. 황신 등은 윤8월 8일 부산을 출발해 윤8월 18일 책봉사가 머물고 있던 사카이^堺에 도착했다.

9월 2일 명나라 책봉사는 일본 오사카성에 들어가 도요토미 히데요시를 만났다. 조선의 통신사는 아예 들여보내지도 않았다. 왕명을 받든 사신이 문전박대를 당한 셈이었다. 도요토미는 조선의 왕자가 사례하러 오지 않고 단지 두 사신만 보낸 데 대해 분개했다. 심유경이 도요토미를 보고 먼저 엎드려 절했다. 양방형은 내키지 않은 표정으로 심유경을 따랐다. 도요토미는 고니시 유키나가에게 "이 사람은 천조(명나라 조정)에서 사신으로 보낸 사람이니 잘 대접하라"라고 일렀다. 다음날 도요토미는 책봉사에게 연회를 베풀었다. 심유경이 막 군사를 철수시키고 우호를 맺자고 말할 때였다. 도요토미는 버럭 화를 냈다.

천조에서는 이미 사신을 보내 책봉했으니 내가 우선은 그대로 참는다. 그러나 조선은 무례하니 지금 화친을 허락할 수 없다. 내가 조선에 쳐들어가 다 죽이려고 하는데, 철병하는 일을 의논할 수 있겠는가. 천사(명나라 사신) 역시 오래 머무를 필요가 없다. 내일 곧 배에 오르고, 조선 사신 또한 나가도록 하는 것이 옳다. 내가 마땅히 군사를 일으켜 올 겨울 안에 조선에 가도록 하겠다.(황신, 『일본왕환일기』 1596년 9월 6일)

도요토미는 곧 가토 기요마사를 급히 불러 거병할 날짜를 상의했다. 당시 일본군 장수들 가운데 가토 기요마사와 고니시 유키나가는 서로 으르렁거리는 사이였다. 고니시는 가토가 조선의 왕자들을 사로잡은 것을 질투하고 있었다. 또한 지루한 전투에 넌더리를 내고 있었다. 그는 심유경과 계책을 꾸며 강화회담을 성립시키려 했다. 가토는 주전론자였는데, 고니시가 화친론을 주장하면서 자신을 얕보자 불만스러워하고 있었다.

책봉사는 4일에 별 소득 없이 사카이로 돌아왔다. 도요토미는 조선의 사신을 죽이려고까지 했지만, 장수들의 만류로 간신히 분을 삭였다. 8일 책봉사 양방형은 조선 사신을 데리고 조선으로 돌아가게 해주겠다는 약속만 겨우 받아낼 수 있었다. 이날 강화파 장수인 야나가와 시게노부柳川調信가 황신에게 말했다.

"관백은 이미 가토 기요마사 등 다섯 장수에게 (조선으로) 먼저 건너가게 하고, 많은 군사들이 뒤따라가도록 했다."

황신은 사절의 체면만 구긴 채 목숨만 겨우 건져 고국으로 돌아갈 판이었다. 그는 다급했다. 군관 조덕수, 박정호 등에게 장계를 써서 급거 귀국시켰다. 전쟁이 임박했음을 조정에 알리게 한 것이다. 황신 일행은 9월 10일 책봉사와 함께 새벽에 사카이를 떠나 11월 23일 부산에 닻을 내렸다.

선조는 11월 6일 오전 10시 조덕수 · 박정호를 만나 전후 사정을 들었다. 그들은 강화회담의 실패와 함께 가토와 고니시가 번번이 서로 어그러진다는 소식을 전했다. 선조는 다음날 7일 급히 대신들을 불러 대책을 의논했다. 영의정 유성룡은 청야책(淸野策)을 주장했다. 성을 굳건히 쌓고 들판을 비워 적과 대항하자는 전략이었다. 병조판서 이덕형은 입장이 달랐다. 수전이 상책이고 그 다음이 산성을 지키는 일이었다. 따라서 수군에게 적이 오는 길을 막게 하자고 제안했다. 부교리 남이공과 도승지 조인득, 첨지 유영경은 이덕형의 견해를 지지했다. 그들은 천민들을 수군에 충당해 수군력을 강화하자고 아뢰었다.

선조는 명나라에 구원병을 청하는 것이 급선무라고 말했다. 일본과 싸우려면 반드시 명나라의 힘을 빌지 않으면 안 된다는 입장이었다. 또한 사세가 급하면 서울을 떠날 것이라는 말도 꺼냈다. 사관(史官)은 "임금은 죽기를 각오하고 사직을 지킨다는 의리를 생각하지 않고 새가 나무를 고르듯이 편히 지낼 생각만 했다. 그래서 위

아래가 서로 속이고 흐릿하게 자신의 잘못을 몰랐다"라며 선조의 보신책을 질타했다.

선조는 11월 10일 명나라 조정에 또다시 구원병을 요청했다. 이번에는 수군도 출동시켜달라고 간청했다.

"신이 살펴건대 적이 두려워하는 것은 오직 수군뿐입니다. 절강, 복건 등의 수군도 아울러 징발해 보내주십시오. 명나라 군사들이 한산도 등의 조선 수군과 합동으로 바다 어귀를 막아 적의 퇴각로를 끊고 수륙으로 병진해 기필코 일거에 소탕하게 한다면 더없이 다행이겠습니다."

일본이 다시 쳐들어오고 임금이 서울을 떠날 계획이라는 소식이 서울 장안에 삽시간에 퍼졌다. 11월 13일 김응남은 선조에게 도성 민심을 전했다. 적이 아직 바다를 건너오지도 않았는데 민심이 먼저 동요하고 있고, 시정 사람들이 동대문에 모여 임금이 서울을 지키기를 호소하고 있다는 것이었다. 윤두수도 거들었다. 내전은 서울을 떠나더라도 임금은 반드시 성을 지켜야 한다고 간했다. 선조는 11월 15일 내전을 먼저 피하게 하고 자신은 도성에 머물러 지키겠다는 뜻을 승정원에 알렸다.

11월 19일 승정원에서는 선조에게 힘써 싸울 것을 진언했다. 이미 민간에서는 중전이 날을 잡아 떠날 것이고 임금의 수레도 움직일 것이라는 유언비어가 퍼지고 있었다. 임금의 마음이 움직였기 때문에 이런 소문이 나돌고 있었다. 승정원은 선조가 서울을 떠나면 결국 요동으로 갈 수밖에 더 있겠느냐고 따졌다. 그러면서 덧붙였다.

"바라건대, 전하께서는 먼저 가벼이 움직이려는 생각을 진정하십시오. 만백성을 근본으로 삼고 구차히 피하려는 사심을 먼저 이기셔야 합니다. 어지러움을 다스리고 적을 치는 것을 기본으로 삼아야 합니다."

선조는 신하들의 비난이 귀에 거슬렸지만 결국 적을 막을 대책을 세울 수밖에 없었다. 12월 5일 선조는 신하들에게 지시했다.

"가토가 내년 일이월 사이에 온다고 한다. 미리 통제사에게 정탐꾼을 파견해 살피게 하라. 김응서에게 고니시와 친밀한 관계를 맺게 하라."

원균은 어떤 사람인가

당시 신하들은 오직 수군만이 적을 막아낼 수 있다고 이구동성으로 말했다. 황신의 보고가 조정에 들어온 이후 선조와 대신들은 또다시 이순신과 원균의 문제를 거론하지 않을 수 없었다. 11월 7일 일본군의 재침 대책을 의논하는 자리에서 영돈녕부사 이산해는 장수 임용의 실책 문제를 제기했다. 수군 장수인 원균을 육군 장수로 발령했기 때문에 수군이 전공을 거두지 못했다는 이야기였다. 말이 나온 김에 선조는 원균에 대한 대신들의 평가를 듣고 싶었다.

선조 : 원균은 어떤 사람인가?

영의정 유성룡 : 예로부터 육장은 수전을 잘 못하고 수전하는 자는 육전을 잘 못했습니다. 원균이 제 몸을 잊고 용감히 싸우는 것은 그의 장점입니다. 하지만 지친 군졸을 어루만지는 것이라면 감당할

수 없을 것입니다. 이 일을 맡을 수 있는 다른 사람이 있다면 그를 써야 하겠습니다.

지중추부사 정탁 : 수전이 원균의 장기입니다. 이제 그의 단점을 버리고 장점을 쓰는 것이 나을 것입니다.

유성룡 : 원균이 힘껏 싸운 것은 사람들이 모두 아는 바입니다. 그러나 한번 바다에서 싸운 뒤부터 착오를 일으켜 영남의 수군 중에는 원망하고 배반하는 자가 많이 있습니다. 원균에게 (수군을) 맡길 수 없는 것은 분명합니다. 더구나 이순신과 원균이 사이가 나쁜 것도 진실로 조정에서 아는 바입니다. 소신은 수륙의 차이가 있더라도 함께 협동해야 할 것이라고 생각했습니다. 그래서 두 사람이 모여 의논하게 했습니다. 그러나 원균은 발끈했습니다.

선조 : 이순신도 그러하던가?

우의정 이원익 : 이순신은 스스로 변명하는 말이 별로 없었으나, 원균은 늘 발끈하는 기색이었습니다. 예전의 장수 중에도 공을 다툰 자는 있었으나, 원균의 일은 심했습니다. 소신이 올라온 뒤에 들으니, 원균이 이순신에 대해 분한 말을 매우 많이 했다 합니다. 이순신은 결코 한산도에서 옮길 수 없습니다. 옮기면 일마다 다 그르칠 것입니다. 위에서 하교하셔서 원균을 그대로 병사로 있게 하는 것이 나을 듯합니다. 조정에서 여러 가지로 타일러도 원균의 뜻을 움직일 수 없었습니다. 소신도 이런 위급한 때 마음을 합해 함께 구제해야 한다고 말했습니다. 하지만 원균은 노기를 풀지 않았습니다. 이것(두 장수가 협력하는 일)은 어렵지 않겠습니까.

선조 : 난처한 일이다.

유성룡과 이원익은 단호했다. 원균에게 수군을 책임지게 할 수는 없었다. 두 장수의 불화를 조정하려 백방으로 애썼지만, 원균은 끝내 수긍하려 하지 않았다. 원균이 당시 조정의 최고 책임자였던 유성룡과 이원익의 중재를 거절했다는 것은 놀라운 이야기다. 성격이 아무리 괄괄할지언정 상하질서가 지엄한 사회에서 상관의 명령을 복종하지 않은 원균의 태도는 납득하기 어렵다. 인과 예를 삶의 덕목으로 숭상해온 두 대신들에게 원균은 통제불능의 인물로 비쳤을 것이다. 회의의 주제는 두 장수의 불화 원인으로 옮아갔다.

판중추부사 윤두수 : 원균은 소신의 친족입니다. 하지만 신은 오랫동안 그 사람을 보지 못했습니다. 이순신은 후진인데 원균보다 지위가 높았습니다. 그래서 발끈해 노여움을 품었을 것입니다. 조정에서 헤아려 알아서 처리해야 할 것입니다.

선조 : 내가 전일에 들으니, 당초 군사를 청한 것은 실로 원균이 한 것이었다. 조정에서는 원균이 이순신만 못하다고 생각하므로 원균이 이렇게 노하게 되었다 한다. 또 들으니 원균은 적을 사로잡을 때 선봉이었다고 한다.

유성룡 : 원균은 가선대부가 되었을 뿐인데, 이순신은 정헌대부가 되었습니다. 바로 이 때문에 원균이 분노한 것입니다.

선조 : 내가 들으니, 군사를 청해 바다에서 싸운 것은 원균에게 공이 많고 이순신은 따라간 것이라 한다. 또 들으니 이순신이 왜군을 많이 잡은 것은 원균보다 나으나 공을 이룬 것은 실로 원균에게서 비롯했다 한다.

이원익 : 소신은 원균의 공이 이순신보다 나을 수 없다고 조용히 말

했습니다. 그러자 원균은 "이순신은 물러가 있고 구원하지 않다가 천 번 만 번 불러서야 비로소 진군했다"라고 말했습니다. 원균은 침범당한 지방에 있으면서 오직 대적하기를 바랐으나, 이순신이 원균과 한꺼번에 나가 싸우지 못한 것은 그 형세가 부득이했기 때문입니다.

좌승지 이덕열 : 이순신은 (원균이) 열다섯 번 부르기를 기다린 뒤에야 비로소 (경상도로) 가서 적의 배 육십 척을 잡고 맨 먼저 쳐들어간 것으로 자기 공을 보고했다 합니다.

이원익 : 영남에 있던 적의 배가 자기가 있는 곳에 돌진해 오면 적이 충만해질 우려가 있었기 때문에 (이순신은) 어쩔 수 없이 뒤에 간 것입니다. 원균이 당초에 많이 패했으니 이순신이 따라가서 옆에 서 있거나 손수 잡지 않았더라도 부하 장수가 잡은 것 또한 많았을 것입니다. 수급이 많은 것으로 논한다면 원균보다 많습니다.

정탁 : 그들이 공을 다투는 마음을 보면 두 장수가 다 잘못한 것이 있습니다. 하지만 이순신은 또한 가볍지 않은 장수입니다. 위에서 하교해 화해시켜서 뒷날의 공과 효력을 당부하는 것이 어떻겠습니까?

이원익 : 원균은 당초에 많이 패했으나 이순신만은 패하지 않고 공이 있었습니다. 두 사람이 다투는 시초가 여기에서 일어났습니다.

적의 재침이 임박했는데, 바다를 지키는 두 장수가 견원지간으로 틈이 벌어져 있었으니 조정으로서는 가슴을 칠 노릇이었다. 대신회의는 겉돌기만 할 뿐 뾰족한 수를 찾기 어려웠다. 11월 9일 해평부원군 윤근수가 상소를 올려 대안을 제시했다. 그의 대책을 요약하면 다음과 같다.

임진년에 해전에 참가한 장수들 가운데 공이 있는 자는 손으로 꼽을 수 있다. 그 가운데 원균이 가장 우직했다. 그는 제 몸을 잊고 용맹을 떨쳐 공적이 뚜렷했다. 또한 해전에 익숙해서 적을 보는 대로 나아가 이기기만 하고 지는 일이 없었다. 군졸이 그를 믿어서 두려워하지 않았다. 그런데 원균에게 수군을 버리고 기병과 보병을 거느리게 했다. 병사가 수사보다 높기는 하지만 원균의 장점을 버리고 재주를 쓰지 못하게 한 것이다.

오늘날 적을 막는 첫번째 방책은 바다 가운데에서 적을 막아 감히 육지에 오르지 못하게 하는 것이다. 수군 장수는 본디 과거에 싸워서 여러 번 이긴 자를 선택해야 할 것이다. 원균이 수군을 거느리면 반드시 이길 것이다. 그러나 마땅하지 않은 사람에게 담당하게 하면 적에게 대항하지 못할 것이다. 적이 호남을 침범하면 원균이 한 도의 기병과 보병 군졸을 거느려 대장이 되더라도 결코 해전처럼 뜻대로 싸우지 못할 것이다. 다시 수사를 삼아서 전날 싸웠던 장기를 쓰게 해야 한다.

어떤 이는 "원균은 이순신과 서로 사이가 좋지 않다. 이순신이 통제사이므로 원균을 절제할 것이다. 원균이 이순신 아래에 있는 것을 감수하지 않을 것이다. 두 장수가 화합하지 않을 것이니 일이 성공할 리가 없을 듯하다"라고 말한다. 그러나 통제사란 직은 한때의 필요에 따라 생긴 것이다. 그대로 둘 수도 있고 없앨 수도 있다. 통제사라는 이순신의 직위도 낮출 수 있다. 혹 원균을 경상도 통제사라 칭해 이순신과 직위가 대등하게 할 수도 있다. 이것은 국가의 존망에 관계되는 일이다. 감히 다시 아뢰어 번거롭게 할 겨를이 없다.

　윤근수의 제안은 통제사직을 신축적으로 운용해 원균의 분을 풀어주자는 기발한 발상이었다. 선조는 윤근수의 건의를 받고 "매우 아름답고 기쁘다"라며 반색했다. 선조의 속내가 윤근수의 의견과 맞아떨어졌기 때문이었다. 11월 13일 윤두수가 또다시 원균을 수사로 임용하자고 청했다. 이날 정탁은 이순신에게 가토의 선봉을 치게 하자고 건의했다. 11월 17일 선조는 남쪽으로 내려가는 도체찰사 이원익을 만났다.

선조 : 수군이 왕래하는 적의 배를 막아야 하겠다.

이원익 : 원균은 수군 장수로 용감히 싸웠습니다. 윤두수가 신에게 반드시 그를 써야 한다고 했습니다. 소신도 반드시 그렇게 할 생각입니다.

선조 : 두 장수가 서로 사이가 좋지 않으니, 일이 어떻게 될 수 있겠는가. 원균은 끝내 이순신의 부하가 되려 하지 않고 매우 미워한다.

부산 왜영이 불타다

　1596년 말 일본군의 재침 소식이 전해지면서 조정에서는 이순신과 원균의 반목이 최대 사안으로 떠오르고 있었다. 12월 29일 조정에서는 뜻밖에 반가운 소식을 들었다. 도서 호응원이 "왜영에 불이 나서 가옥 1천여 채가 불에 탔고, 미곡 창고, 군기, 화약, 전선이 모두 타버렸습니다"라고 보고했다. 오랜만의 낭보였다. 뒤이어 이순신이 12월 27일 쓴 장계가 이듬해인 1597년(선조 30) 1월 1일 조정에 올라왔다. 부산 왜영 소각 사건에 관한 보고였다.

"거제현령 안위, 군관 김난서, 군관 신명학이 여러 차례 (부산 왜영을 불사르기 위해) 밀모했습니다. 그들은 은밀히 박의검을 불러 함께 계획을 짰습니다. 지난 12일 김난서 등은 약속대로 밤이 되기를 기다렸습니다. 때마침 서북풍이 크게 불어왔습니다. 바람결에 불을 붙이자 불길이 세차게 번졌습니다. 적의 가옥 1천여 호와 화약이 쌓인 창고 두 곳, 군기와 군량 2만 6천여 섬이 든 곳이 한꺼번에 다 불탔습니다. 왜선 20여 척도 잇따라 소각되고 왜인 24명이 불에 타 죽었습니다. (…) 안위, 김난서, 신명학 등이 성심으로 힘을 다해 일을 성공시켰으니 (…) 각별히 상주고 격려하소서."

하지만 기쁨도 잠시, 이순신의 보고는 다음날 허위로 드러나고 말았다. 1월 2일 이조좌랑 김신국의 장계가 올라왔다. 김신국은 선조의 명령으로 경주에 있던 도체찰사 이원익에게 파견되었던 사람이다. 김신국의 보고는 다음과 같다.

지난날 부산의 적 소굴을 불태운 사유를 통제사 이순신이 이미 장계했다고 합니다. 그런데 도체찰사 이원익이 거느린 군관 정희현은 일찍이 조방장으로 오랫동안 밀양 등지에 있었으므로 적진에 드나드는 사람들이 정희현의 심복이 된 자가 많습니다. 적의 진영을 몰래 불태운 일은 이원익이 전적으로 정희현에게 명하여 도모한 것입니다.

정희현의 심복인 부산 수군 허수석^{許守石}은 적진을 마음대로 출입하는 자입니다. 그의 동생이 지금 부산영 성 밑에 살고 있는데 그가 주선해 성사시킬 수 있었습니다. 정희현은 밀양으로 가서 허수석과 몰래 모의해 기일을 약속해 보내고 돌아와 이원익에게 보고했습니다. 날짜를 기다릴 즈음 허수석이 급히 부산영에서 와 불태운 곡절을 고했는데 당보(塘報, 정찰병이 기를 세워 적정을 알림)도 잇따라 이르렀습니다. 그래서 이원익은 허수석이 한 것을 확실하게 알게 된 것입니다.

이순신의 군관이 부사(副使)의 복물선(卜物船, 짐배)을 운반하는 일로 부산에 도착했는데, 마침 적의 영이 불타는 날이었습니다. 그가 돌아가 이순신에게 보고해 자기의 공으로 삼은 것일 뿐 이순신은 당초 이번 일의 사정을 모르고서 치계(馳啓, 급히 보고함)한 것입니다.

허수석이 작상(爵賞)을 바라고 있고 이원익도 또 허수석을 의지해 다시 일을 도모하려 하고 있습니다. 그렇다고 지금 갑자기 작상을 내리면 누설될 염려가 있으니 이런 뜻으로 유시(諭示)하고 은량(銀兩)을 후히 주어 보내소서. 조정에서 만일 그런 곡절을 모르고 먼저 통제사가 장계한 사람에게 작상을 베풀면 반드시 허수석의 시기하는 마음을 일으키게 될 것이고, 적들이 그런 말을 들으면 방비를 더욱 엄하게 할 것입니다. 그렇게 되면 도모한 일을 시행할 수 없을 것입니다. 그래서 이원익이 신에게 계달(啓達, 임금에게 의견을 아룀)하도록 한 것입니다. 또 이번 비밀리에 의논한 일은 이미 이원익의 장계에 있기 때문에 서계(書啓, 일의 전말을 보고함)하지 않습니다.

그런데 이 사건은 미심쩍은 구석이 없지 않다. 김신국은 1596년 11월 16일 시강원 사서, 11월 22일에는 병조정랑, 11월 30일에는 홍문관 교리로 임명되었다. 그리고 12월 어느 날인가 이조정랑으로 임명된 것으로 보인다. 12월 25일 선조와 대신들의 회의에서 적들이 재침해오기 전에 부산을 공격해야 한다는 이야기가 나왔다. 호조판서 김수가 김신국을 도체찰사에게 급히 보내 적을 치자고 아뢰었다. 그러자 선조는 비변사 낭청을 함께 보내라고 지시했다. 김신국이 병이 있어 중도에서 지체될까 염려되었기 때문이었다.

부산 왜영 소각 사건은 12월 12일에 일어났다. 그런데 김신국은 12월 25일에도 아직 서울에 있었다. 김신국은 경주에 있던 도체찰사 이원익에게 선전관으로 파견되었다. 그러니 아무리 빨라도 28일에서 30일 사이에야 경주에 내려갔을 것이다. 결국 김신국은 부산 사건을 직접 목격하지 않고 말로만 전해들었던 셈이다. 이순신의 장계는 12월 27일에 씌었고, 이듬해 1월 1일 조정에 도착했다. 김신국이 말한 이원익의 장계는 『선조실록』에 나오지 않고, 『선조수정실록』 1597년 1월조에 나온다.

김신국이 가지고 온 전하의 분부를 도원수 권율과 상의했습니다. 도원수는 "근일 부산에 있는 적의 소굴 중 상당수가 불에 타 어느 정도는 당초 계획대로 되었다. 그러나 곧바로 부산의 군영을 치는 일은 실로 경솔하게 거사하기 어렵다. 반드시 수군이 와 집결하기를 기다려서 때를 보아 움직여야 한다"라고 했습니다. 신도 '적의 소굴이 불에 타고 가토의 군대가 건너오기 전에 부산 군영을 공격하는 것이 참으로 좋은 기회이다. 그러나 갑자기 경솔하게 진격했다가 만에 하나라도 차질이 있게 되면 다시는 기세를 떨치기가 어려울 것이다. 급히 수군에게 먼저 거제를 점거해 해로를 차단하게 하고, 육로로 행군하면서 상황을 보아 진격해야 한다'라고 생각해 도원수와 같은 의견입니다. 오직 조정의 지휘를 기다립니다. 그밖의 다른 사정은 모두 김신국이 장계한 내용에 있습니다.

이 기록을 보면 이원익과 권율이 부산 왜영 사건을 계획한 것으로 보인다. 하지만 구체적인 내용은 밝히지 않은 채 김신국의 장계를 참고하라고만 하고 있다. 김신국의 보고와는 다르다. 도체찰사가 적들에게 큰 타격을 입힌 사건을 부하 장수의 보고로 대체한 일은 납득하기 어렵다. 뒤이어 같은 달 기록에 김신국의 장계도 실려 있는데, 『선조실록』의 내용과 유사하다. 만일 이순신이 부하장수의 말만 믿고 조정에 허위보고를 했다면, 이순신뿐만 아니라 안위 등도 엄히 문초해야 할 것이다. 그런데 그들에 대한 기록은 어디에도 보이지 않는다. 1월 27일 어전회의에서는 이 사건이 도마에 올랐다.

> **호조판서 김수** : 이순신이 처음에 안위와 더불어 (부산 왜영을) 불 질러 태울 일을 밀약했습니다. 그러나 다른 사람이 먼저 한 일인데도 이순신이 도리어 자기의 공이라 했습니다. 그 일에 대해서는 상세히 알 수 없습니다.
>
> **이조참판 이정형** : 멀리 변방의 일이라 가히 헤아리지 못하니, 천천히 처리하소서.
>
> **김수** : 그것이 사실이라면 가히 용서하지 못할 것입니다.
>
> **영의정 유성룡** : 그의 죄가 그러하나, 이제부터라도 잘 하도록 책려하는 것이 좋을 것입니다.

이날 회의에서도 알 수 있듯이 부산 왜영 소각 사건은 조정 대신들조차 진상을 정확히 파악하지 못하고 있었다. 진실이야 어떻든 이순신은 또 한 번 조정의 불신을 당할 처지에 놓였다. 호재가 악재로 뒤바뀌어버린 셈이었다.

적의 덫에 걸려들다

부산 왜영 소각 사건에 뒤이어 요시라 반간계(反間計. 적의 간첩을 역이용하는 계책) 사건이 터졌다. 이순신을 파직으로 몰아갔던 이 사건의 추이를 따라가보자. 1596년 11월 6일 황신의 장계가 조정에 올라오자, 조정에서는 경상우병사 김응서에게 간첩 작전을 써보도록 하자는 의견이 제기되었다. 다음은 11월 26일 조정회의 장면이다.

선조 : 예전에는 두 진(陣)이 상대해도 사신이 그 사이를 다녔다. 김
　　　응서를 시켜 고니시에게 격문을 보내자. "신의로 서로 교통했는데,
　　　이제 (너희가) 그것을 저버렸다. 너희가 다시 야욕을 부리더라도
　　　우리나라는 바로 명나라 조정의 지방이다"라고 꾸짖어 고니시의 뜻
　　　을 시험하는 것이 좋겠다.
호조판서 김수 : 김응서에게 은을 많이 주어 이간질하게 하는 것이
　　　좋겠습니다.
선조 : 그래서 그 말을 살펴보는 것이 옳겠다.
우참찬 신잡 : (고니시가) 거느린 여인이 다 우리나라 사람이라고 합

니다. 그는 책봉하는 일을 극진히 바랐으므로 다시 군사를 일으키는 것을 민망히 여긴다 합니다. 은으로 이간질시키는 것은 여인을 통해서 하는 것이 좋겠습니다.

선조 : 우리나라 사람은 졸렬해서 행하기 어렵다. 혹 글을 보내 약조를 저버린 것을 꾸짖어 그 뜻을 살펴보는 것이 옳겠다. (…) 비변사가 상의해서 하라. 내 생각에는 가토와 고니시가 자연히 원수지간이 될 것 같다.

영의정 유성룡 : 그렇습니다. 고니시는 사사로이 예물을 장만하면서까지 책봉하는 일을 이루려 했으니, 둘 사이가 분명히 좋지 않을 것입니다.

김수가 뇌물로 적을 분열시키자고 한 반면, 신잡은 더 나아가 미인계를 활용하자고 조언하고 있다. 이런 반간계 전략이 고려 대상이 된 것은 가토와 고니시의 공공연한 갈등 때문이었다. 조선에서 이순신과 원균의 반목이 논쟁거리였다면, 일본군 장수들 가운데 가토와 고니시의 불화는 조선 조정에서 논의될 만큼 유명했다.

가토와 고니시는 둘째가라면 서러워할 당대의 쟁쟁한 명장들이었지만, 그들의 성향이나 입장은 딴판이었다. 고니시가 포르투갈 선교사에 의해 세례를 받은 천주교인이었다면, 가토는 불교의 일파인 법화종 교도였다. 고니시가 평양성 전투 이후 명나라와 일본의 강화로 전쟁을 종결시키려 했던 데 비해, 가토는 주전파 장수였다. 고니시가 일본군 1번대 주장으로서 가장 먼저 조선에 들어와 부산진을 함락시키고 서울에 입성했다면, 가토는 그보다 뒤이어 부산에 들어와 충주에서 고니시와 합세한 후 함경도에서 임해군과

고니시의 종군신부 루이스 프로이스(1532~1597) 서거 400주년 기념 주화 프로이스
는 고니시의 초청으로 1593년 12월부터 1595년 4월경까지 조선에 머무르며 임진왜란에 관한 귀중한 기록들
을 남겼다.

순화군 두 왕자를 포로로 잡는 전과를 올렸다. 두 장수는 사사건건
의견이 맞서는 앙숙이었다.

　이런 두 장수의 틈을 이용하여 일본군에게 타격을 입혀보자는 게
조정의 속셈이었다. 당시 고니시와 김응서 사이에는 간첩 요시라가
들락거리며 조선측에 군침이 도는 정보를 흘리고 있었다. 11월 27일
비변사는 구체적인 실행방안을 내놓았다. 요시라에게 높은 벼슬을
내려 그의 마음을 붙들어두고, 김응서에게는 은 200냥을 보내 필요
할 때 쓰게 하자는 것이었다. 선조는 이를 허락하면서 이번 기회를
놓치지 말라고 지시했다.

　다음날 28일에도 비변사의 건의가 이어졌다. 요시라에게 벼슬로
의중을 떠본 다음 그가 응하면 이름뿐인 절충장군(무반 정3품 당상
관) 임명장을 급조해 내려보내자는 방안이었다. 선조는 실직(實職)
인 첨지중추부사(문반 정3품 당상관)를 제수하라고 일렀다. 일본

첨자에게 당상관 벼슬을 내렸다는 사실은 놀라운 일이다. 당상관은 오늘날 행정부의 관리관에 해당하고 당시 이순신의 벼슬이었던 수군절도사와 동급이다. 당시 적을 꺾어놓을 수 있는 일이라면 조정은 물불을 가릴 처지가 아니었다.

12월 5일 선조는 신하들에게 행동지침을 내렸다. "가토가 내년 1~2월 사이에 나온다고 한다. 미리 통제사에게 정탐꾼을 파견해 살피게 하라. 왜인에게 후한 뇌물을 주어 가토가 나오는 기일을 알아내라. 가토가 바다를 건너오는 날 해상에서 요격하는 것이 상책이다." 선조는 김응서가 고니시와 두터운 관계를 맺게 하라고 덧붙였다. 그달 8일 비변사가 아뢰었다.

왜적 가토가 나올 때 해상에서 요격하라는 성상의 교지는 지극히 타당합니다. 왜선의 왕래가 끊이지 않는 부산과 쓰시마 사이가 곧 적이 침입하는 길입니다. 만약 수군이 적을 막아 길을 끊어서 이길 수만 있다면, 적장 가토가 오고 안 오는 것은 논할 필요도 없을 것입니다. 비록 다른 적선일지라도 (우리 수군이) 한 번만 이기면 성세가 백배나 커져서, 이미 육지에 오른 적은 돌아갈 길이 끊길까 두려워할 것입니다. 잇달아 오는 적도 멀리서 바라보고는 겁먹고 전진하지 못할 것입니다. 오늘날 이보다 더 나은 계책이 없습니다. 그러므로 전일 이원익이 내려갈 때, 여러 수군 장수들과 서로 의논해 처리하게 했습니다.

도체찰사 이원익은 통제사 이순신에게 조정의 비밀 계획을 알리고 적의 길목을 끊으라고 지시했을 것이다. 그때 이순신은 어떻게 행동했을까. 조경남의 『난중잡록』 12월 28일자에는 이순신의 보고가 실려 있다. "신이 힘을 다해 가토가 오는 길을 막으려 합니다. 각 도의 수령에게 힘써 수군들을 들여보내도록 하소서." 또한 조정에서는 부체찰사 한효순에게 수군의 일을 전담하게 하고 삼도 수군을 징발해 이순신을 돕게 했다고 한다. 당시 이순신은 육군과 합세해 가토를 공격할 태세를 갖추고 있었다는 이야기다.

『난중잡록』에 따르면, 이듬해 1월 6일 한효순이 전라좌수영에 도착하자 이순신이 한산도에서 나와 적을 막을 일을 상의했다. 이튿날 부체찰사는 순천으로 돌아갔다고 한다. 『선조수정실록』 1월조에는 이순신의 장계가 실려 있다. 이순신은 "신이 수군을 거느리고 부산 근처로 진주해 적이 오는 길을 차단할 생각입니다. 이번에 죽기를 각오하고 결전해 하늘에 사무친 치욕을 씻고자 합니다. 만일 지휘할 일이 있거든 급히 유서를 내려주소서"라고 조정에 보고했다.

이듬해인 정유년(1597년, 선조 30년) 1월 11일 요시라가 김응서에게 찾아와서 고니시의 음모를 귀띔해주었다. 가토는 군사 7천 명을 거느리고 4일에 이미 쓰시마에 도착했다. 때를 기다려 순풍이 불면 곧 바다를 건널 것이다. 그가 건너오기 전에 간사한 꾀를 부리지 못하게 막아야 한다. 조선 수군이 속히 거제도나 기장으로 나가 정박했다가 가토가 바다를 건너는 날을 엿보아야 한다. 요시라의 첩보를 전한 김응서의 장계는 19일 조정에 도착했다.

조정의 지시를 받은 도원수 권율은 이순신에게 가토를 공격하라고 명령했을 것이다. 그런데 권율의 공격명령은 언제쯤 이순신에게 전달되었을까. 『선조실록』에는 기록이 남아 있지 않지만, 일본 참모본부에서 간행한 『조선역 수군사(朝鮮役水軍史)』에는 다음과

고니시 유키나가(왼쪽)와 가토 기요마사(오른쪽) 초상화

같이 쓰여 있다.

1월 21일(일본력 20일) 도원수 권율은 한산도 진영에 가서, 통제사 이순신에게 일본에서 건너오는 왜군을 바다에서 맞아 무찌르라고 명령했다. 그러나 이순신은 일본군의 속임수를 두려워해 출격하지 않았다. 권율은 이순신이 명령에 따르지 않아서 일본군이 뜻대로 상륙하게 했다는 죄를 주어 조정에 보고했다.

가토군이 조선에 들어온 날짜에 대해서는 여러 기록에서 조금씩 다르게 적혀 있다. 이분의 「행록」에 따르면, 이순신은 웅천 군사들의 정탐 보고를 받았다. 그들은 가토가 1월 15일 장문포에 와서 정박했다고 알려왔다. 도체찰사 이원익은 기장현감 이정견의 보고를 조정에 전하고 있다. 이정견에 따르면, 가토는 2백여 척을 이끌고

13일에 다대포에 도착했다고 한다.(『선조실록』 1597년 1월 21일)
1월 23일 경상도 제진위무사 황신의 장계가 조정에 도착했는데, 그의 정황보고는 좀더 자세하다.

경상우병영의 송충인이 부산에서 돌아와 황신에게 말했다. 1월 12일 가토의 부대가 1백50여 척을 이끌고 울산 서생포에 이르렀다. 13일에는 가토가 1백30여 척을 이끌고 바다를 건너오다 바람이 사나워 부산 가덕도에서 정박했다. 14일에는 다대포로 옮기고 곧 서생포로 향할 예정이었다. 고니시가 송충인을 불러 혀를 차며 말했다.

"조선이 하는 일은 매번 이렇다. 기회를 잃었으니 매우 애석하다."

적장이 아군의 어리석음을 질타하는 기묘한 상황이었다. 황신은 수군이 기회를 놓친 것을 통탄했다. 지금이라도 늦지 않았으니 적이 전열을 정비하기 전에 습격해야 한다고 건의했다. 여러 기록을 살펴볼 때 가토는 1월 12일에서 15일 사이에 바다를 건너온 것으로 보인다. 이처럼 적이 이미 바다를 건너버린 후인데, 권율은 이순신에게 바다로 나가 가토를 요격하라는 명령을 내리고 있었다. 적이 쳐놓은 덫에 조선군이 걸려든 셈이었다.

하지만 선조와 대신들은 이런 정황을 무시했다. 오직 이순신이 도원수의 명령을 무시하고 천재일우의 기회를 놓쳐버린 것만 한탄하고 있었다. 선조는 진상을 알아보기 위해 성균관 사성 남이신을 한산도에 파견했다. 그는 "가토가 섬에서 7일 동안이나 머물러 있었습니다. 그때 우리 군사가 나가 싸웠더라면 그를 잡을 수 있었을 것입니다. 이순신이 겁내서 머뭇거리는 바람에 아까운 기회를 잃고 말았습니다"(『징비록』)라고 보고했다.

남이신의 말처럼 당시 이순신은 조정의 명령을 따르지 않았을
까. 그렇지 않았다는 정황이 여러 군데 보인다. 『난중잡록』1597년
2월 기록에는 이순신이 구속되기 직전에 보낸 것으로 보이는 장계
가 실려 있다.

신이 힘을 다해 바다를 건너오는 적을 막고자 했으나, 마침내 공격
기회를 놓쳐서 적이 상륙케 했습니다. 신은 죽어도 남음이 있습니다.
다만 각 고을 수령들이 수군의 일에 전혀 마음을 쓰지 않았습니다.
그 가운데 남원·광주가 더욱 게을리 했습니다. 바라건대 명령을 내
려 그들의 목을 벤 다음 군중에 매달아 백 벌 징계하소서.

훗날 통제사로 임명된 원균은 당시 상황을 조사했다. 그는 2월
28일 김안세를 심문한 내용을 조정에 보고하고 있다.

전 통제사(이순신)는 부산포 앞바다로 가서 진퇴하며 군사의 위세
를 과시했습니다. 통제사가 탄 배가 적진 가까이 갔을 때, 조수가 물러
가 물이 얕아졌습니다. 결국 배 밑창이 땅에 닿아 적에게 배를 빼앗
기게 되었습니다. 그때 배 위의 군사들이 큰 소리로 구원을 요청했습
니다. 안골포만호 우수가 노를 저어 달려갔습니다. 그는 이순신을 등
에 업고 어렵게 자신이 탄 배로 옮겼습니다. 이순신이 탔던 배는 선
미에 연결해 간신히 안골포로 끌어왔습니다.(『선조실록』1597년 3월
20일)

이로 미뤄보면 이순신은 조정의 명령을 거역하지 않고 부산 앞바다에 출격했다가 곤경에 빠졌다. 천하의 이순신이 해전에서 고전을 면치 못했다는 사실은 우리에게 낯선 풍경이다. 게다가 적에게 배를 빼앗기고 부하 장수의 등에 업혀 간신히 구출되었다는 이야기는 충격적이다. 원균이 이순신을 깎아 내리려는 뜻에서 과장한 면이 있을지도 모른다. 하지만 이순신 자신이 적을 공격할 기회를 놓쳤다는 사실을 자인하고 있다는 점에서 원균의 보고가 허위는 아닌 것으로 보인다.

그런데 원균이 아직 전라병사로 있었을 때인 1월 22일, 그가 보낸 장계 한 통이 조정에 올라왔다. 부산 앞바다에 수군을 출동시켜 가토 군대를 공격하도록 하라고 훈수를 둔 것이었다. "이는 신이 쉽게 말하는 것이 아닙니다. 전에 바다를 지키고 있어서 이런 일을 잘 알고 있습니다. 이제 감히 잠자코 있을 수가 없어 우러러 아룁니다"라며 자신의 충정을 밝혔다.

5. 투옥

이순신을 용서할 수 없다

가토군이 무사히 상륙한 일은 이순신에 대한 선조의 불신을 최악으로 몰아갔다. 황신의 장계가 올라온 1월 23일 선조는 대신들을 불렀다. 이 자리에서 선조는 이순신에 대한 적개심을 노골적으로 표현했다.

> **영중추부사 이산해** : 이후에는 힘껏 수군을 조치해야만 믿을 수가 있습니다. 신이 지난번 호서에 있을 적에 마침 원균을 만났습니다. 원균은 "왜적을 무서워할 게 무엇인가?" 하고 말했습니다. 신은 처음 듣고는 망령되게 여겼습니다. 지금 와서 생각해 보니 수군을 믿고 그런 말을 한 것임을 알게 되었습니다. 이번에 김신국이 이원익에게 갔다가 돌아왔습니다. 신이 그에게 물었더니, 김신국도 "도체찰사 역시 수군을 믿고 있다"라고 말했습니다.

선조 : 왜적 우두머리(고니시)가 손바닥
을 보이듯이 가르쳐주었는데, 우리는
해내지 못했다. 우리나라야말로 정말
천하에 용렬한 나라이다. 지금 장계를
보니, 고니시 역시 조선의 일은 매양 그
렇다며 조롱까지 했다. 우리나라는 고
니시보다 훨씬 못하다. 한산도의 장수
(이순신)는 편안히 누워서 어떻게 해야
할지 몰랐다.

『선조실록』표지   1616년(광해
군 8) 편찬.

판중추부사 윤두수 : 이순신은 왜구를 두
려워해서 그런 것이 아닙니다. 실로 나가 싸우기에 싫증을 낸 것입
니다. 임진년에도 이순신이 절영도에서 배를 운행하다 정운이 적
의 대포에 맞아 죽었습니다.

이산해 : 이순신은 정운과 원균이 없어서 그렇게 체류한 것입니다.

좌의정 김응남 : 정운은 이순신이 나가 싸우지 않는다고 해서 목을
베려 했습니다. 그러자 이순신이 두려워서 마지못해 억지로 싸웠
습니다. 해전에서 이긴 것은 대개 정운이 격려해서 된 것입니다. 정
언신은 항상 정운의 사람됨을 칭찬했습니다.

선조 : 이번에 이순신에게 어찌 가토의 목을 베라고 바란 것이겠는
가. 단지 배로 시위하며 해상을 순회하라는 것뿐이었는데, 끝내 하
지 못했다. 참으로 한탄스럽다. 이제 도체찰사의 장계를 보니, 시위
할 약속이 갖추어졌다고 한다.

선조는 한참동안 한탄하고는 길게 한숨지으며 말했다. "우리나

라는 이제 끝났다. 어떻게 해야 하는가, 어떻게 해야 하는가." 선조의 절망감은 이 한마디에 압축되어 있었다. 선조와 대신들 사이에서 이순신은 이제 비겁하고 게으른 장수로 낙인이 찍혔다. 이순신이 아끼던 부하 정운이 대신들 사이에서는 이순신을 공격하는 카드로 쓰이고 있으니 아이러니다. 어찌 보면 당시 조정에서는 희생양 한 마리를 찾고 있었는지도 모른다. 내외의 신망을 두루 받으며 부동의 업적을 쌓아올린 인물일수록 희생양의 가치는 더 높아진다.

1월 27일에도 이순신 문제를 논하는 어전회의가 열렸다. 상황은 갈수록 이순신에게 불리해지고 있었다. 이날 드디어 이순신의 파직과 교체 문제가 본격적으로 거론되었다. 이날 회의에서는 이순신과 원균에 대한 가장 방대하면서도 종합적인 대화가 오갔다. 대신들은 정치적 입장에 따라 조금씩 차이를 보이지만, 이순신의 죄를 인정하지 않을 수 없다는 게 대세였다. 이순신은 조정 고관들의 손에서 버려질 처지였다. 이순신과 조선의 운명을 좌지우지했던 당시 조정의 회의실로 들어가보자.

판중추부사 윤두수 : 이순신은 조정의 명령을 듣지 않고 전쟁에 나가는 것을 싫어했습니다. 그는 한산도에 물러나 지키고 있으면서 이번 큰 계책을 시행하지 못했습니다. 대소 신하들이 누군들 통분해 하지 않겠습니까.

지중추부사 정탁 : 이순신은 참으로 죄가 있습니다.

선조 : 이순신은 어떤 사람인지 모르겠다. 계미년(1583) 이래 사람들이 모두 거짓되다고 했다. (…) 이순신이 부산 왜영을 불태웠다고

조정에 속여 보고했다. 영상(유성룡)이 이 자리에 있지만 반드시 그랬을 이치가 없다. 지금 비록 그의 손으로 가토의 목을 베어 오더라도 결코 그 죄는 용서해줄 수 없다.

영의정 유성룡 : 이순신은 한 동네 사람이어서 신이 어려서부터 압니다. 그가 직무를 잘 수행할 자라 여겼습니다. 그는 평일에 대장이 되기를 희망했습니다.

선조 : 글을 잘 아는가?

유성룡 : 성품이 굳세서 남에게 굽힐 줄을 모릅니다. 신이 그를 수사로 천거했습니다. 임진년에 공을 세워 정헌대부까지 이르렀으니 분수에 너무 지나칩니다. 무릇 장수는 뜻이 차고 기가 펴지면 반드시 교만하고 게을러집니다.

선조 : 이순신은 용서할 수가 없다. 무장으로서 어찌 조정을 경멸하는 마음을 먹는가. 우상(이원익)이 내려갈 때 "원균을 평일에는 장수로 삼아서는 안 되지만 전시에는 써야 한다"라고 말했다.

이순신에 대한 선조의 태도는 타협의 여지 없이 강경했다. 이런 분위기에서 이순신을 비호하던 유성룡도 이제는 그와 거리를 둘 수밖에 없는 궁지로 몰리고 있었다. 바늘에 실 가듯 이순신 문제는 원균과 떼어놓을 수 없었다. 이순신의 죄가 무거울수록 원균의 가치는 높아지게 되는 게 두 사람의 운명이었다. 선조가 원균 이야기를 꺼내자 대신들은 그에 화답이라도 하듯 원균을 치켜세웠다.

좌의정 김응남 : 수군 장수로 원균만 한 사람이 없습니다. 이제 (그를) 버릴 수 없습니다.

영의정 유성룡 : (원균은) 나라를 위하는 마음이 깊습니다. 상당산성을 쌓을 때, 원균은 흙집을 만들어놓고 몸소 성 쌓는 것을 감독했다 합니다.

선조 : (원균을) 수군의 선봉으로 삼고자 한다.

김응남 : 지당하십니다.

영중추부사 이산해 : 임진년에 해전할 때 원균과 이순신이 서서히 장계하기로 약속했다 합니다. 그런데 이순신이 밤에 몰래 혼자서 장계를 올려 자기의 공으로 삼았습니다. 그래서 원균이 원망을 품었습니다.

판중추부사 윤두수 : 이순신을 전라 충청 통제사로 삼고, 원균을 경상 통제사로 삼으면 어떻겠습니까?

선조 : 원균이 만약 적의 소굴로 직접 침입하면 누가 당하겠는가.

김응남 모름지기 어사를 보내 그를 규찰하게 하는 것이 어떻겠습니까?

선조 : 특별히 문신을 어사로 임명해 그간의 사정을 살피게 해야 한다.

윤두수·김응남 : 이순신은 조용한 사람인 듯합니다. 다만 속임수가 많고 전진하지 않고 있습니다.

이순신과 거리를 두고 있던 윤두수와 김응남이 이순신의 파직이란 극단적인 선택보다는 원균을 이순신과 동렬로 세우고 원균을 규찰해야 한다고 제안한 것은 주목할 만하다. 그들은 원균이 용장이기는 하지만, 인간적인 결점이 있다는 사실을 잘 알고 있었다.

선조 : (병조판서 이덕형에게) 원균의 일을 급히 조처하라.

이덕형 : 원균을 처음 해전에 내보낼 때 의론이 일치하지 않아 이에 이르렀습니다. (…) 원균을 (경상) 좌도로 보내는 것이 무방합니다.

선조 : 좌도로는 보낼 수 없다.

호조판서 김수 : 서성이 술을 차려놓고 잔치를 베풀면서 두 사람(이순신과 원균)을 화해하도록 했습니다. 원균이 이순신에게 '너에게는 다섯 아들(권준, 배흥립, 김득광 등 이순신의 부하 장수를 말함)이 있다'라고 말했습니다. 그가 분해하고 불평한 것을 알 수 있습니다.(…)

윤두수 : (…) 지난번에 비변사에서 이순신의 죄상을 이미 건의했습니다. 이순신의 죄상은 주상께서도 이미 헤아려 살피시지만, 이번 일은 온 나라 인심이 모두 분노하고 있습니다. 고니시(같은 용맹한 장수)가 지휘하더라도 역시 어찌할 수 없을 것입니다. 위급할 때 장수를 바꾸는 것은 비록 어려운 일이지만, 이순신의 벼슬을 갈아야 할 듯합니다.

정탁 : (이순신이) 참으로 죄가 있습니다만, 위급할 때 장수를 바꿀 수는 없습니다.

선조 : 나는 이순신의 사람됨을 자세히 모르지만 지혜가 모자라는 듯하다. 임진년 이후에 한 번도 거사를 하지 않았고, 이번 일도 하늘이 준 기회를 놓쳤다. 법을 범한 사람을 어찌 매번 용서할 것인가. 원균으로 대신해야 하겠다. 명나라 이여송 제독 이하 장수가 모두 조정을 속이더니, 우리나라 사람들도 그걸 본받는 자가 많다. 왜영을 불태운 일도 김난서와 안위가 몰래 약속해 했다고 하는데, 이순

신은 자기가 계책을 세워 한 것처럼 보고했다. 나는 무척 사리에 맞지 않다고 생각한다. 그런 사람은 비록 가토의 목을 베어 오더라도 용서할 수가 없다.

이 대목에 이르면 선조는 이미 이순신을 파직시키고 대신 원균을 통제사로 임명하겠다는 의지가 확고한 것으로 보인다. 이순신의 하자와 결점을 찾아내 자신의 논리를 정당화하려는 뜻이 역력하다. 국왕의 절대권위 앞에서 신하들의 방어논리는 제한적일 수밖에 없었다.

이날 회의에서 입장 변화가 뚜렷한 인물이 유성룡이었다. 그는 훗날 『징비록』에서 "이때 조정의 의론은 두 갈래로 나뉘어져 저마다 주장하는 것이 달랐다. 처음에 이순신을 추천한 사람은 나였기 때문에 나를 좋아하지 않는 사람은 원균과 어울려서 이순신을 매우 강력히 공격했다"라고 변명했지만, 유성룡도 이순신을 공격하는 데 한몫 거들었다는 것은 부인할 수 없는 사실이었다.

유성룡 : (이순신이) 거제도에 들어가 지켰다면, 영등포·김해의 적이 반드시 두려워했을 것입니다. 그런데 오랫동안 한산도에 머물면서 별로 하는 일이 없었고 이번 바닷길도 역시 요격하지 않았습니다. 어찌 죄가 없다고 하겠습니까.(…)

선조 : 이순신은 조금도 용서할 수 없다. 무신이 조정을 가볍게 여기는 습성은 다스리지 않을 수 없다.(…)

이조참판 이정형 : 이순신은 "거제도에 들어가 지키면 좋다는 것은 안다. 하지만 한산도는 배를 감출 수 있는데다 적들이 수심을 알 수

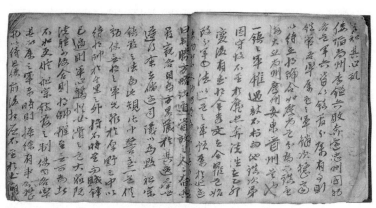

『초본징비록』(필사원본) 국보 132호로 지정되어 있다.

없다. 거제도는 만이 비록 넓기는 하지만 배를 감출 곳이 없다. 그
뿐 아니라 건너편 안골포의 적과 상대하고 있어 들어가 지키기 어
렵다"라고 했습니다. 그 말이 이치에 맞는 듯합니다.

선조 : (거제도가) 들어가 지키는 것이 어렵다고 했는데, 경의 생각은
어떤가?

이정형 : 신 또한 자세히 알 수가 없습니다. 그 사람 말이 그렇습니
다. 원균은 처음 사변이 일어났을 때 비분강개해 공을 세웠지만 군
졸을 돌보지 않아 민심을 잃었습니다.

선조 : 성품이 그처럼 포악한가?

이정형 : 경상도가 탕진된 것은 모두 원균에게서 말미암은 것입니다.

이날 회의에서 돋보이는 인물이 이조참판 이정형이었다. 그는
어느 한쪽을 일방적으로 편들기보다는 이순신과 원균의 장단점을
비교적 객관적이고 균형 잡힌 관점에서 바라보고 있다. 거제도와

한산도를 비교한 이순신의 전략가적 시각을 제시한 것도 참신했다. 또한 원균이 전장에서는 용감한 장수지만 인격적으로는 결점이 많은 인물이란 점도 놓치지 않고 있다. 이제 논의 주제는 원균으로 넘어가고 있었다.

선조 : 우상(이원익)이 내려갈 때 원균은 적과 싸울 때나 쓸 만한 사람이라고 했다. 그 말을 짐작할 수 있다.

김응남 : 인심을 잃었다는 말은 우선 내버려두고 수군 장수로 써야 합니다.

선조 : 이억기는 내가 일찍이 본 적이 있는데, 쓸 만한 사람이다.

이정형 : 원균만 못합니다.

선조 : 원균은 자기 소견대로만 하고 고칠 줄 모른다. 체찰사가 비록 논리적으로 깨우치려고 해도 고치지 않는다고 한다.

유성룡 : 대개 나라를 위하는 데는 성심이 있습니다. 상당산성을 쌓을 때 움막을 만들고 자면서 공사를 감독했습니다.

이산해 : 상당산성을 쌓을 때 원망하는 사람이 많았습니다. 힘으로 억누르면서 공사를 감독했기 때문입니다.

이정형 : 비록 상당산성을 쌓았지만 비가 내리자 무너지고 말았습니다.

선조도 원균의 인간적 약점에 대해서는 수긍하고 있었다. 하지만 전시라는 특수한 상황에서는 인품보다는 무장의 용맹과 기개가 더 큰 덕목으로 평가될 수밖에 없다. 선조는 원균의 인격보다는 그의 저돌적인 전투성과 용감무쌍한 무인정신에 더 큰 점수를 매기고 있다. 그에 비하면 이순신은 소심하고 나약하며 남의 공이나 가로채는 자격미달의 장수로 비쳐질 수밖에 없었다.

그럼에도 선조는 망설이고 있었다. 이순신의 전공 자체를 부정할 수는 없는 노릇이었다. 사세가 급박한 상황에서 현지 장수를 함부로 교체했다가는 더 큰 화를 자초할 수도 있었다. 위험한 도박을 하기보다는 두 장수가 각자 역량을 발휘할 수 있게 하면서도 그들의 반목과 불화를 조정할 수 있는 대안을 마련하는 일이 시급했다.

선조 : 체찰사가 이순신과 원균에게 분부하는 일이 있으면, 비록 온당하지 못하더라도 이순신은 그런 대로 복종하지만 원균은 노기를 띠고 따르지 않는다고 한다. 이는 그의 공을 빼앗겨서인가? 원균을 (경상) 좌도 수사에 임명하고, 다른 사람에게 두 사람을 가라앉히게 하는 것이 어떻겠는가?

이정형 : 이순신과 원균은 서로 용납하지 못할 형세입니다.

김수 : 원균은 신에게 매번 이순신이 공을 빼앗았다고 말했습니다.

좌승지 이덕열 : 이순신이 원균의 공을 빼앗아 권준의 공으로 삼으면서 원균과 상의하지도 않고 먼저 장계한 적이 있습니다. 그때 왜선안에서 여인을 얻어 사실을 탐지하고는 곧장 장계했다고 합니다.

선조 : 그때 왜장은 3층 다락배에 앉아서 관을 쓰고 바둑을 두고 있었는데 (그가 탄) 배가 매우 허술했기 때문에 우리 배와 부딪치자마자 부서졌다고 한다. 왜선이 지금도 그곳에(남해안에) 출몰하고 있긴 하나 (수군이) 모든 적선을 사로잡았다는 말이 반드시 빈말은 아닌 듯하다. 전라도는 명나라 사신을 접대하느라 수군과 노 젓는 사람이 아직 정돈되지 않았다고 한다. 이런 일을 모두 이순신만의

탓으로 돌려 나무랄 수는 없다. (…)

유성룡은 『징비록』에서 "원균은 성품이 험악하고 간사하다. 또 중앙과 지방의 인사들과 많이 연락하면서 이순신을 모함하는 데 여력을 남기지 않았다"라며 원균을 비난하고 있다. 유성룡의 주장을 액면 그대로 받아들이기는 어렵지만, 김수나 이덕열의 말을 들어보면, 그것이 사실무근은 아닌 것으로 보인다.

윤두수 : 이순신과 원균을 모두 통제사로 삼아 서로 협조토록 해야 합니다.

선조 : 비록 두 사람을 나누어 통제사로 삼더라도 반드시 조절하고 절제하는 사람이 있어야 한다. 원균이 앞장서서 싸움터에 나가는데, 이순신이 물러나 구하지 않는다면 사세가 어려울 것이다.

김응남 : 그렇게 한다면 이순신을 중죄에 처해야 합니다.

선조 : (…) 반드시 문관에게 두 사람을 조절하게 해서 서로 꺼리는 바가 있게 해야 한다.(…)

윤두수 : 신이 남원에 있을 때 일입니다. 이순신이 남원에 군관을 보내 군사를 모집하다가 그곳 아전을 목 베기까지 했습니다. 백성들이 잇따라 소란하고 곡성이 하늘까지 사무쳤습니다. 군관을 불러서 까닭을 물어보았습니다. 멀고 가까운 친척까지 붙잡아 갔기 때문이라고 했습니다. 이로 보면 군사를 모을 때 상서롭지 못한 일이 많았습니다.(…)

윤두수의 발언은 1592년 12월 10일에 이순신이 보낸 장계에서 잘 나타나듯이 족징과 인징을 금하라는 조정의 명령과 군사를 모집하기 어려운 변방 장수의 고충이 충돌하면서 일어난 사건을 지목한 것이었다. 당시 이순신은 조정에 수차례 장계를 보내 조정의 명령을 거두어달라고 요청한 바 있었다. 윤두수는 그때 일을 들먹이며 이순신을 간접적으로 비난하고 있는 셈이다.

선조 : 판서는 원균에게 수군을 나누어 통제하게 하는 일을 어떻게 생각하는가?

이덕형 : 그 사람이 하고자 하면 신의 생각에는 마땅하다고 여깁니다. 그러나 서로 제지하고 방해하지나 않을까 걱정스럽습니다. 명나라처럼 참장이 전쟁을 하면 독전하는 사람이 있게 해야 합니다.

윤두수 : 종사관이 독전하게 하면 됩니다.

선조 : 반드시 어떤 사람에게 전적으로 조절하게 해 보내야 한다.

유성룡 : 한효순에게 독전하게 하면 됩니다.(…)

이덕형 : 박진의 말로는, 이순신의 군관이 원균에게 쫓겨났다고 합니다. 사악한 말로 군중을 움직여 주장을 배척했기 때문이랍니다. 두 사람의 사이가 점점 이렇게 되고 있습니다.

선조 : 우리나라 사람은 도량이 좁다. (…) 할 수 있는 일은 빨리 해야 한다. 원균을 어떻게 해야 하는가?

이정형 : 원균을 통제사로 하면 일이 이루어지지 않을까 싶습니다. 경솔히 하지 말고 자세히 살펴서 해야 합니다.

이순신을 체포하라

이날 장시간의 회의가 끝난 후 선조는 원균 대신 이복남을 전라 병사 겸 수사로 임명하고, 원균은 경상우수사 겸 경상도 통제사로 제수했다. 다음날 28일 선조는 원균에게 글을 내렸다.

　　우리나라가 믿는 바는 오직 수군뿐이다. 통제사 이순신은 나라의 중한 임무를 맡고서 마음대로 속이고 적을 토벌하지 않아 가토에게 편안히 바다를 건너게 했다. 그를 잡아다 국문하고 용서하지 말아야 하겠지만, 바야흐로 적과 진을 맞대고 있기 때문에 우선 공을 세워 효과를 거두게 해야 한다. 나는 평소 경의 충성과 용맹을 알고 있었다. 이제 경을 경상우도 수군절도사 겸 경상도 통제사로 삼노라. 경은 나라를 위해 힘을 다하라. 우선 이순신과 합심해 전날의 유감을 깨끗이 씻고 해적을 다 섬멸하라. 그래서 나라를 구해 역사에 이름을 남기고, 훈공이 쇠와 그릇에 새겨지게 하라.

이때까지만 해도 이순신의 파직은 결정되지 않은 채 원균을 경상도 통제사로 올려주는 선에서 마무리되었다. 하지만 사헌부에서 이순신을 탄핵하는 글이 올라오자 선조는 이순신을 파직시키고 하옥시키라고 입장을 바꾸었다. 2월 4일 사헌부의 건의는 다음과 같다.

　　통제사 이순신은 국가의 막대한 은혜를 입었습니다. (조정에서) 차례를 뛰어넘어 벼슬을 올려주었으므로 관직이 이미 최고에 이르렀습니다. 그런데 힘을 다해 공을 세워 보답할 생각은 하지 않고 바다가운데서 군사를 거느린 지가 이미 5년이 지났습니다. 군사는 지치고 일은 늦어지는데 방비하는 모든 책임을 조치한 적도 없이 한갓 남의 공로를 빼앗으려고 속여 장계를 올렸습니다. 갑자기 적선이 바다에 가득히 쳐들어왔는데도 한 지역을 지키거나 적의 선봉대 한 명을 쳤다는 말은 듣지 못했습니다. 뒤늦게 전선을 동원해 나오다가 거리낌 없는 적의 활동에 압도되어 도모할 계책을 마련하지 못했습니다. 적을 토벌하지 않고 놓아두었으며 은혜를 저버리고 나라를 배반한 죄가 큽니다. 잡아오라고 명해 율에 따라 죄를 정하소서.

이 보고를 받고 선조는 일단 천천히 결정하겠다고 답했다. 이날 오전 10시에 선조는 대신들을 불렀다. 선조는 나주목사 적임자를 물색하는 과정에서 원균의 아우 원전 이야기를 꺼냈다. "원균의 아우 원전은 어디에 있는가? 공로가 있는 사람이고 장사(壯士)이다." 그러자 이덕형이 말했다.

"이순신이 당초 '원균은 조정을 속였다. 열두 살짜리 아이를 멋대로 군공에 올렸다'라고 원균을 모함했습니다. 원균은 '내 자식은 나이가 이미 열여덟 살로 활 쏘고 말 타는 재주가 있다'라고 반박했습니다. 두 사람이 서로 대질했는데, 원균은 바르고 이순신의 이야기는 군색했습니다."

그런데 당시 병조판서였던 이덕형은 원균과 이순신을 만난 일이 없었다. 그는 노량해전이 끝난 후 자신이 이순신을 한 번도 만난 적이 없고 원균의 말만 들었다고 고백했다. 이덕형이 언급한 원균의 아들은 앞서 장문포해전 때 원균의 장계에 나온 원사웅을 말한다. 어쨌든 2월 5일을 전후해 이순신의 하옥 결정이 내려졌다. 선조는

2월 6일 우부승지 김홍미에게 이순신을 잡아오도록 명령했다.

"선전관에게 표신(標信)과 밀부(密符)를 주어 보내 원균과 교대한 뒤에 이순신을 잡아오도록 하라. 만약 이순신이 군사를 거느리고 적과 대치해 있으면 잡아오기에 온당하지 못할 것이다. 전투가 끝난 틈을 타서 잡아올 것도 말해 보내라."

다음달 3월 13일 선조는 이순신의 죄목을 조목조목 밝힌 글을 김홍미에게 내렸다.

"이순신이 조정을 속인 것은 임금을 무시한 죄이고, 적을 놓아주어 치지 않은 것은 나라를 저버린 죄이다. 심지어 남의 공을 가로채 남을 무함(誣陷)하며, 방자해 거리끼는 것이 없는 죄까지 있다. 이렇게 허다한 죄상이 있으니 법에 따라 용서할 수 없다. 그러니 법률을 상세히 검토해 죽여야 마땅하다. 신하로서 임금을 속인 자는 반드시 죽이고 용서하지 않는다. 형벌을 끝까지 시행해 실정을 캐어내려 한다. 어떻게 처리할 것인지 대신들에게 물어라."

선조가 열거한 이순신의 죄목은 어마어마하다. 이순신의 죄를 당시 형법에 적용시켜보자.

첫째, 조정을 속인 것은 부산 왜영 소각사건을 말한다. 『대명률』에 따르면, "임금에게 올리는 문서를 실상 그대로 작성하지 않고 허위내용을 알린 관원은 장형 1백 대, 도형(徒刑, 징역형) 3년에 처한다."

둘째, 적을 놓아주어 치지 않은 것은 가토의 함대를 요격하지 못한 일을 말한다. 『대명률』에 따르면, "전시에 적과 대치중에 부당한 사유를 들어 고의로 기한을 넘기고 지정된 전선에 도착하지 않았을 경우 지체 1일에 장형 1백 대를 가하고, 그로부터 3일 이상 초과

하면 참형에 처한다."

셋째, 남의 공을 가로채 남을 무함한 것은 장문포해전 때 원균이 아들 원사웅을 군공에 올린 것을 이순신이 조정에 허위라 보고한 것을 말한다. 『경국대전』에 따르면, "남에게 무고한 자에게는 그 무고의 내용 죄에 해당하는 형벌로 처벌"하며, 『대명률』에는 "태형에는 2등형을 가중처벌, 유형 내지 도형에는 3등형을 가중하되, 각각 최고 장형 1백 대, 유형 3천 리로 제한한다"라고 규정되어 있다.

넷째, 방자하고 거리낌이 없는 죄는 광해군이 불렀는데도 응하지 않은 것을 지목한 것이다. 『대명률』에 따르면, "국왕의 명령을 받들어 시행하는 과정에서 이를 위반한 자는 장형 1백 대에 처하며, 왕세자의 명령을 위반한 자도 같은 죄로 처벌한다."

선조가 거론한 이 모든 죄를 법률에 적용하면, 당시 이순신은 살아남을 가능성이 전혀 없었다.

한산도를 떠나다

이순신은 언제 구속되었을까. 왕조실록에는 기록이 남아 있지 않다. 이분의 「행록」에 따르면, 이순신은 2월 26일 한산도에서 체포되고, 3월 4일 감옥에 갇혔다. 그리고 12일에는 고문을 당했다. 당시 가덕도에 있던 이순신은 체포 명령이 내렸다는 소식을 듣고 곧 한산도로 돌아왔다. 그리고 신임 통제사 원균에게 물품을 인계했다. 이때 군량미 9,914석(밖에 있는 곡식은 제외), 화약 4천 근, 총통 3백 자루(각 배에 실린 것 제외) 등이 원균에게 넘겨졌다고 한다. 이순신이 노심초사하며 마련한 군량과 무기는 이처럼 방대했다.

이순신은 한산도에서 왕명을 받든 의금부도사에게 체포되었다. 그는 목에 칼을 쓰고 수갑과 족쇄를 찬 채 한산도 바다를 떠났을 것이다. 그리고 통영에서 고성, 함안, 현풍, 성주, 상주, 함창을 지나 문경, 충주, 용인, 판교, 송파를 거쳐 서울에 있는 의금부에 도착했을 것이다.

『경국대전』에 따르면, 형사재판에서 사형의 경우 30일 안에 판결을 내려야 한다. 장형 이상의 죄인은 사헌부에서 심문을 받은 후 전옥서에 가둔다. 문무관원은 왕에게 보고하고 옥에 감금시킨다. 사형에 해당하는 죄인에게는 목에 칼을 씌우고 수갑과 족쇄를 채운다. 당상관을 체포·연행할 때는 목에 쇠사슬을 채운다. 죄인을 심문할 때 매질을 하면서 자백을 받아내는 것은 왕의 명령을 받들어 시행한다.

이순신이 갇힌 의금부는 오늘날 종각 대각선 방향에 있었다. 의금부에는 동서남쪽에 옥이 있었는데, 동간·서간·남간이라 했다. 서간에는 죄가 가벼운 조정 관리를, 동간과 남간에는 역모자 등 중범죄자를 가두었다. 따라서 이순신은 의금부 동간이나 남간에 갇혀 있었을 것이다.

당시 죄인을 심문할 때 쓰는 형장은 버드나무로 만들었다. 길이가 약 1미터 정도로 배의 노와 모양이 비슷했다. 몽둥이 아래 편편한 끝으로 무릎 아래를 치는데, 정강이 아래까지 내려가서는 안 되었다. 1회 심문할 때 30대를 넘게 때리지 못하게 규정되어 있었다. 당시는 자백을 얻어내기 위한 방편으로 고문이 합법적으로 인정되었다.

이순신은 사형에 해당하는 중죄인이었기 때문에 틀림없이 고문을 받았을 것이다. 이덕형의 『한음문고』에는 "이순신이 하옥되어 고문을 받아 거의 죽게 되었다"라고 적혀 있다. 정탁의 상소에서도 이순신이 고문을 받은 것으로 기록되어 있다.

이순신은 옥중에서 어떻게 지냈을까. 기록이 없어 알 길은 없지만, 짐작해볼 수 있는 자료는 있다. 정약용은 『목민심서』에서 당시 옥중생활의 다섯 가지 고통을 열거했다. 거의 200년 가까이 시간차가 나지만, 조선시대 감옥제도가 큰 변동이 없었기 때문에 선조 무렵의 옥중생활에도 적용할 수 있을 것이다.

첫째는 특별한 사유가 없는 한 밤낮으로 목에 칼을 차고 수갑과 족쇄가 채워진 것이다. 둘째는 형리에게 돈이나 뇌물을 강요받고 그에 응하지 못할 경우에는 말할 수 없는 정신적, 신체적 고통을 받는 것이다. 셋째는 옥내가 말할 수 없이 불결해 이, 벼룩, 빈대를 비롯한 갖가지 흡혈해충 때문에 피부병이나 전염병에 걸리기 쉬운데, 제대로 치료를 받지 못하는 것이다. 넷째는 엄동설한의 추위와 굶주림의 고통이다. 외풍이 심한 옥중에서 솜옷과 솜이불 정도로 견뎌야 하기 때문에 동사자가 속출했다. 주먹만 한 밥 덩어리로 한 끼를 이어나가는 굶주림이란 참을 수 없었다. 다섯째는 사건의 심리가 지체되기 일쑤여서 오랫동안 수금되어 있어야 하는 것이다. 심리를 받을 때마다 자백이 강요되고 불복하면 고문용 매를 맞아야 한다. 이 모든 것이 수감자에게는 견딜 수 없는 고통이었다.

정선의 「의금부 전도」

이순신을 살리소서

이순신이 감옥에 있을 때, 현풍 사람 박성은 이순신을 목 베어야 한다고 조정에 상소하기도 했다. 하지만 한편에서는 이순신의 구명운동도 벌어지고 있었다. 도체찰사 이원익, 병조판서 이덕형, 판중추부사 정탁이 이순신을 위해 소매를 걷어붙이고 나선 대표적인 인물들이었다. 정탁이 선조에게 올린 「신구차(伸救箚)」는 곡진한 글로 선조의 마음을 움직였다.

먼저 정탁은 이순신이 비록 큰 죄를 지었지만, 임금이 진상을 살핀 다음 벌하도록 했다며 운을 떼었다. 그 조치는 임금이 인자한 덕을 베풀고 있는 증좌라며 감격해했다. 정탁은 죄수를 문초해본 경험이 많았다. 억울한 죄인이라도 모진 심문 과정을 견디지 못하고

목숨이 끊어진 경우가 많았다. 이순신은 이미 한 번 고초를 겪었기 때문에 또다시 문초를 당하면 목숨을 보존하지 못할 수도 있었다. 그렇다면 임금의 본래 뜻이 상하지나 않을까 걱정스러웠다.

정탁은 이순신과 원균의 전공에 대해서도 언급했다.

"전란이 일어났을 때 뛰쳐나가 앞장서는 용기에서는 이순신이 원균에게 미치지 못했습니다. 하지만 이순신의 군사가 아니었다면 원균도 공로를 세우지 못했을 것입니다. 전쟁을 피하지 않은 용기는 원균의 장점이었지만, 적을 꺾어버린 공로는 이순신이 원균에 결코 뒤지지 않았습니다."

정탁이 보기에 문제는 군공 평가였다.

"원균에게 공로가 있었음에도 조정의 은전이 이순신에게만 쏠렸음은 애석한 일입니다. 원균은 해군을 거느리는 재주가 있고 천성이 충실하며 적을 피하지 않고 무찌르기를 잘하는 만큼 두 장수가 마음과 힘을 합쳤다면, 적을 무찌르는 데 어렵지 않았을 것입니다."

정탁은 당시의 객관적인 상황을 중시했다.

"이순신이 한번 공로를 세운 뒤에 다시는 내세울 만한 것이 없다고 여기는 이들이 있습니다. 그러나 명나라 장수들은 화친을 주장하고 일본을 신하국으로 봉하려 했습니다. 우리나라 장수들은 그 틈에서 어찌할 길이 없었습니다. 이순신이 더 힘쓰지 못한 것도 실상 그의 죄는 아니었습니다.

왜적들이 또다시 쳐들어왔을 때 이순신이 미처 손쓰지 못한 것도 그럴 만한 사정이 있었을 것입니다. 변방 장수들은 한번 움직이려고 하면 반드시 조정의 명령을 기다려야 합니다. 장군 스스로는 제 마음대로 하지 못합니다. 왜적들이 바다를 건너오기 전에 조정에서 비밀리에 내린 분부가 그때 바로 전해졌는지 그렇지 않은지는 모를 일입니다. 바다의 형편과 뱃길 사정도 또한 알지 못할 일이었습니다. 그런 만큼 모든 책임을 이순신에게 돌릴 수는 없습니다."

정탁은 조정에서 논란이 되었던 이순신의 허위보고 징계 문제도 짚고 넘어갔다.

"신이 보기에 장계 가운데 진술된 사실들은 거짓되고 망령된 일이 없지 않았습니다. 하지만 그것은 아랫사람들이 떠드는 말을 적어놓았을 것입니다. 이순신이 정신병자가 아닌 이상 감히 그렇게 보고할 수는 없었을 것입니다. 임진왜란 초기의 장계는 원균의 공을 탐내 자신의 공로로 속여 보고했습니다. 따라서 그 죄를 다스린다면 이순신도 변명할 거리는 없을 것입니다.

그러나, 세상에 완전무결한 사람은 없습니다. 적과 상대할 때 남보다 자신을 높이려는 마음을 품지 않은 자가 적을 것입니다. 어름어름하는 사이에 잘못되는 일도 많았을 것입니다. 그러므로 저지른 일을 윗사람이 자세히 살펴서 경중에 따라 처리할 수밖에 없습니다."

정탁은 이순신 개인에 대한 변명과 옹호보다는 대국적인 견지에서 존망의 갈림길에 선 나라를 구하는 데 이순신의 무게가 결코 가볍지 않다는 데 초점을 맞추었다.

"이순신은 참으로 장수의 재질이 있고 해전과 육전에서 못하는 일이 없습니다. 이런 인물은 쉽게 얻을 수 없습니다. 그뿐 아니라 변방 백성들이 촉망하고 적들이 무서워합니다. 만일 죄명이 엄중해서 조금도 용서할 도리가 없고, 공과 죄를 서로 비겨볼 만한 점도 묻지 않고, 또 능력이 있고 없는 것도 생각하지 않고, 게다가 사리

를 보살펴 주지도 않고, 끝내 큰 벌을 내리게 된다면, 공이 있는 자
도 스스로 더 이상 내켜하지 않을 것이고 능력이 있는 자도 스스로
더 애쓰지 않을 것입니다."

정탁은 이순신이 다시 한 번 공을 세울 기회를 달라고 간청했다.
정탁의 글은 이순신에 대한 선조의 분노를 충분히 인정한다. 그러
면서도 이순신의 사정을 헤아려 그의 능력을 다시 한번 나라를 위
해 쓰게 하자는 것으로 요약될 수 있다. 어느 한쪽에 일방적으로 치
우치지 않으면서도 나라를 위하는 충정을 담은 정탁의 공정한 태
도가 선조의 강경한 태도를 누그러뜨렸을 것이다.

임진왜란 이전 이순신의 행적

이순신의 가계도

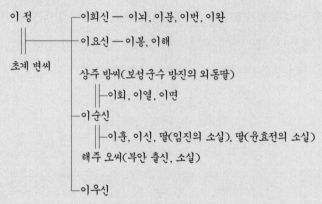

이 정 ── 이희신 ── 이뇌, 이분, 이번, 이완

├ 이요신 ── 이봉, 이해

초계 변씨

상주 방씨(보성군수 방진의 외동딸)
├ 이회, 이열, 이면
이순신
├ 이훈, 이신, 딸(임진의 소실), 딸(윤효전의 소실)
해주 오씨(부안 출신, 소실)

└ 이우신

우리가 이순신을 상상하기는 어렵지 않다. 그의 초상화와 동상이 우리 곁에 가까이 있어서다. 이순신의 초상화는 여러 차례 그려졌다. 통영 착량묘와 여수 충민사에 이순신 초상이 있었다는 기록은 있지만 실물은 전하지 않는다. 1931년 현충사를 복구할 때 청전 이상범 화백이 초상화를 그린 일이 있었다. 그 후 1949년에는 이당 김은호 화백이 이충무공 기념사업회의 고증을 거쳐 초상화를 제작했다. 이순신의 표준영정으로 지정된 것은 1953년에 그린 월전 장우성 화백의 작품이다. 이 초상화는 현재 현충사에 봉안되어 있다. 1975년에는 장 화백이 동전 도안용으로 다시 그려 백 원짜리 동전에 새겨넣었다. 세종로 사거리에 서 있는 이순신 동상은 1968년 조

이순신 초상화(조선시대 민화)

각가 김세중이 세운 것이다.

오늘날 전해지는 이순신의 초상화나 동상은 후대의 창작품일 뿐이다. 이 도상들은 유성룡의 증언에 살과 뼈를 붙인 것들이다. 유성룡은 『징비록』에서 "이순신은 말과 웃음이 적었다. 용모는 단아해 마음을 닦고 몸가짐을 삼가는 선비와 같았다"라고 이순신의 외모를 묘사했다. 이것이 이순신의 용모를 짐작할 수 있는 거의 유일한 당대인의 기록이다.

조금 뒤늦은 일이긴 하지만, 이순신의 먼 친척이었던 윤휴의 증언도 남아 있다. 윤휴는 윤효전의 아들로, 윤효전은 이순신의 딸 가운데 한 명을 소실로 맞이했다. 윤휴는 『백호전서』에서 이순신의 집안사람이나 그를 섬긴 사람들에게 들어서 이순신의 용모와 인품을 알 수 있었다고 한다. 그에 따르면, 이순신은 체구가 크고 용맹이 뛰어났다. 또한 붉은 수염을 기르고 담력이 있었다고 한다.

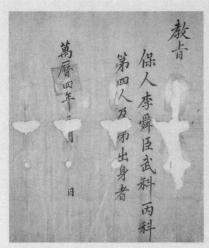

이순신의 무과 급제교지

　임진왜란 전 이순신의 생애는 신비한 일화와 영웅적인 전설로 뒤범벅되어 있다. 조카 이분이 남긴 「행록」이 거의 유일한 기록인데, 후대의 이순신 전기는 「행록」의 동어반복이거나 조금 긴 각주에 지나지 않는다. 일가친척의 손으로 각색된 기록이 이순신의 생애 전반기에 대한 권위적인 판본이라는 것은 이순신 가문으로서는 다행스러운 일일지 모르지만, 우리에게는 불행한 일이다. 다른 해석의 가능성이 원천적으로 봉쇄되기 때문이다.

　이분의 「행록」은 이순신 사후의 영광과 명예를 과거에 투사했다. 우리 귀에 익숙한 이순신의 아름다운 일화는 이순신의 생애를 신비화시킨다. 이순신이 대장의 운명을 타고났다는 것을 점지해준 어머니의 꿈, 어릴 적부터 무장의 재질이 있었다는 골목대장 이야기, 과거시험에서 말에 떨어져 다리뼈가 부러졌을 때 버드나무 껍질을 벗겨 싸매고 일어난 초인적인 용기, 일가친척이기 때문에 율곡 이이를 굳이 만나보지 않은 일, 상관이 관청의 오동나무를 베어가려 하자 이를 단호히 거절한 청백리 정신 등의 일화는 전혀 터무니없는 이야기라고는 할 수 없을지라도 이순신의 미덕만을 기록했다는 점에서 오히려 이순신을 특정한 해석의 틀 속에 가두어버리고 만다.

이순신은 32세에 무과에 급제하면서 비로소 관직에 발을 들여놓았다. 쟁쟁한 인물들이 10대 후반이나 20대 초반에 관직에 몸담은 데 비하면 출발이 꽤 늦었던 셈이었다. 더구나 28명 합격생 가운데 하위권인 병과에 합격했으니, 무예가 탁월했던 것은 아니었던 모양이다. 이순신의 관료생활은 순탄치 않았다. 초년에는 미관말직을 전전했다. 그마저도 상관과 불화하면서 한 번 파직당하고 한 번 백의종군하는 치욕을 겪었다.

1589년(선조 22) 이산해와 정언신이 이순신을 조정에 천거했다. 선조도 채용하려 했으나 논의에 그치고 말았다. 이순신은 임진왜란 한 해 전인 1591년(선조 24) 2월 13일 비로소 전라좌수사로 임명되었다. 수령 가운데 가장 말단에 속하는 정읍현감(종6품)에서 정3품 당상관으로 무려 일곱 계단을 뛰어올랐다. 유성룡의 추천에 따른 파격적인 승진이었다. 그러자 사간원에서 관작을 지나치게 남용한다며 거듭 반대했지만, 선조는 발령 명령을 거두지 않았다.

그런데 이순신이 임명된 전라좌수사는 원래 원균에게 돌아갈 예정이었다. 참 야릇한 운명이었다. 원균은 북방 오랑캐를 무찌른 공을 인정받아 함경도 부령부사(종3품)로 승진했다가 전라좌수사로 제수되었다. 하지만 사간원이 가로막았다. 원균이 수령으로 있을 때 인사고과 성적이 최악이었기 때문이었다. 원균은 결국 이듬해 임진왜란이 일어나기 직전 경상우수사로 임명되었다.

3부

죽음

죽음은 도망가는 사람을 바짝 뒤쫓고
달아나는 사람의 뒤에서 달려들어
그를 단숨에 쓰러뜨린다.

―호라티우스

1. 두번째 비극

하늘의 해조차 깜깜하다

여기서 잠시 나라 밖으로 시선을 돌려보자. 1596년 11월 선조가 명나라에 구원병을 요청하자, 명나라 조정에서는 다시 파병 문제를 논의하기 시작했다. 임진년에 비하면 의외로 빨리 파병이 결정되었다. 명나라에서는 전 도독동지 마귀를 비왜총병관으로 삼아 남군과 북군의 모든 군사를 통솔하게 했다.

이듬해 1597년 1월 14일 무렵 가토는 2백여 척을 이끌고 조선에 도착했다. 15일에는 고니시 등의 병선이 부산 먼바다에서 두모포 등으로 들어왔다. 일본군은 동래 다대포, 부산포, 울산 서생포 등에 교두보를 재구축했다. 3월 중순부터는 주력부대 14만 1,500명이 꼬리에 꼬리를 물고 바다를 넘어왔다. 일본 육군은 4~5월 사이에 거제, 안골포, 가덕도 등을 장악하고 김해, 창원, 함안, 진주, 고성, 사천, 곤양 등지를 왕래하면서 작전지역을 확대하고 있었다.

일본 수군 역시 4월 무렵 도도 다카도라, 와키사카 야스하루, 가토 요시아키 등이 연합함대를 구성하고 거제도 등을 거점으로 삼았다. 그들은 남해안 해상에서 작전을 펼치면서 7월에 들어와서는 육군과 합동으로 한산도의 조선 수군을 공격할 계획이었다. 고니시는 이 작전을 위해 조선측에 미끼를 던졌다. 요시라에게 일본 후속군의 도해 시일을 흘리게 해 조선 수군을 유인하려 했다. 조선측은 이 미끼를 덥석 물었고, 결국 통제사 이순신이 투옥됨으로써 일본군은 기대 이상의 성과를 얻었다.

일본이 재침했다는 급보가 올라오자 명나라 조정은 신속하게 행동했다. 3월에 양호를 경략조선군무로 삼고, 병부시랑 형개를 경략어왜, 양여남과 정응태를 찬획군전으로 임명했다. 마귀와 유정은 각각 남군과 북군의 원수를 맡게 했다. 5월에 형개는 산해관을 나서면서 부대 배치를 완료했다. 부총병 양원은 요동병 3천 명을 거느리고 남원으로 달려가게 하고, 유격 진우충은 2천 명을 거느리고 전주에 주둔하게 하며, 오유충은 충주로, 마귀는 서울로 출동하게 했다.

한편 3월 19일 도원수 권율의 장계가 조정에 올라왔다. 권율은 전라우수사 이억기의 보고를 인용했는데, 거기에는 신임 통제사 원균의 승전 소식이 실려 있었다. 이억기에 따르면, 3월 8일 적선 3척이 거제도에 와서 상륙했다는 소식이 전해졌다. 통제사 원균은 수군을 거느리고 9일 아침에 도착했다. 적선 3척이 해안에 정박해 있었고 산기슭에 밥 짓는 연기가 솟아나고 있었다. 원균은 항복한 일본군을 보내 적을 회유했다. 그러자 숨어 있던 일본군 80여 명이 나와 목숨을 구걸했다. 안골포 만호 우수, 고성현령 조응도, 거제현령 안위 등도 다투어 올라가 적의 항복을 받았고, 일본군 장수가 무리 7명을 거느리고 와서 통제사의 배로 올라왔다.

원균은 일본군 장수에게 술을 먹이고 배를 타고 떠날 것을 허락했다. 적들은 기뻐하며 절을 하고 정박해 있는 자기들 배로 내려가서 바다로 나아갔다. 그들이 돛을 달고 떠날 무렵 원균이 총통을 쏘고 지휘기를 흔들자 아군 군선들이 공격했다. 조응도는 전투과정에서 사망하고 부상자도 있었다. 이날 수군들은 적의 머리 18급을 베고 적선 3척을 불살랐다. 이억기의 보고가 사실이라면, 원균은 항복한 적의 뒤통수를 친 셈이었다. 명예를 중시하는 무장이라면 부끄러운 행동이었다.

이 보고를 받고 선조는 흐뭇했다. 원균을 통제사로 임명한 효과가 당장 나타났으니 그럴 만도 했다. 선조는 3월 25일 비변사에 지시했다. 통제사 원균이 임명을 받자마자 적선 3척을 불사르고 머리 47급을 바쳤으니 상을 주라는 것이었다. 그런데 그날 비변사는 원균이 바친 수급이 나무를 베러 왕래하는 일본군이었다고 보고했다. 이어 3월 22일에 쓴 경상우병사 김응서의 보고서도 동일한 내용이었다. 일본군이 나무를 베러 거제도 옥포 근처에 정박해 있다가 조선 수군에게 사살당했다는 내용이었다.

3월 30일에 올라온 도원수 권율의 장계에는 "수군이 전선을 거느리고서 순찰하다가 거제도에 정박해 나무를 베는 일본인을 구금하기도 하고 물건을 빼앗기도 한다 합니다. 이런 좀도둑 같은 짓은 한갓 분풀이로 아무 이익이 없습니다"라고 적혀 있었다. 4월 18일에는 유격 심유경이 접대도감에게 "그대 나라 사람이 영세한 적을 사살해 열일곱 명의 머리를 베었다고 하는데, 사소한 참획은 승패의 숫자에 아무 보탬이 없다"라며 힐난했다. 결국 원균은 선조의 기대와는 달리 물의만 빚고 있었다.

한편 이순신은 4월 1일 옥문 밖으로 나왔다. 무죄 석방은 아니었다. 관직을 모두 박탈당한 채 평민의 신분으로 강등되었다. 그리고 도원수 휘하에서 백의종군하며 죄를 갚아야 했다. 오늘날로 따지면 조건부 집행유예를 선고받은 셈이었다. 이순신은 4월 1일부터 다시 일기를 쓰고 있다. 그는 의금부 도사 이사빈, 서리 이수영, 나장 한언향 등의 감시를 받으며 초계에 있는 도원수 권율의 부대로 이동해야 했다.

옥에서 풀려나던 날 이순신은 조카 봉, 분, 아들 울(후에 열로 고침) 등을 만났다. 여러 사람들이 그를 찾아왔다. 지사 윤자신, 비변랑 이순지, 기헌 등이 보러 와서 위로하며 술을 권했다. 이순신은 그들의 정을 이기지 못하고 억지로 마셨다. 영의정 유성룡, 판중추부사 정탁, 판서 심희수, 찬성 김명원, 참판 이정형, 대사헌 노직, 동지 최원, 동지 곽영 등이 사람을 보내 문안했다. 이튿날 2일에는 유성룡을 찾아가 이야기하다가 닭이 울어서야 헤어져 나왔다.

이순신의 숙소는 초라하기 그지없었다. 3일에는 경기관찰사 홍이상 수하에서 심부름하는, 이름도 모르는 군사 집에서 묵었다. 5일에는 아산 선영에 나아가 울며 절하고 한참이나 일어나지 못했다. 멀고 가까운 친척과 아는 이들이 찾아와 이순신을 위로했다. 11일 새벽에 꿈자리가 어지러웠다. 이순신은 어머니의 안부를 알아오게 했다. 그 무렵 이순신의 어머니는 아들이 잡혀갔다는 소식을 듣고 여수에서 서울로 향하고 있었다.

12일 이순신은 영광 법성포에 이르렀다. 어머니가 오고 있다는

아산의 이순신 본가 이순신은 8세 때 이곳으로 이주, 성장기를 보냈다.

소식이 왔다. 아들 울을 먼저 바닷가로 보냈다. 이튿날 13일 일찍
아침을 먹고 어머니를 마중하려고 바닷가로 나갔다. 아들 울이 종
을 보내 어머니가 탄 배가 아직 도착하지 않았다고 기별했다. 홍백
의 집에 이르러 기다리고 있는데, 조금 후 종 순화가 와서 어머니의
부고를 전했다. 이순신은 하늘이 무너지는 듯한 충격에 휩싸였다.
슬픔이 크면 말이 막히게 마련이다. 그날 이순신은 일기를 쓰지 못
하고 나중에야 그날의 심정을 적었다.

　"뛰쳐나가 뛰며 뒹구니 하늘의 해조차 깜깜하다. 곧 해암(아산)
으로 달려가니 배가 벌써 와 있었다. 길에서 (돌아가신 어머니를)
바라보니 가슴이 미어졌다. 그 슬픔이야 어찌 이루 다 적으랴."

　죄인의 몸으로 간신히 풀려난 지 며칠 만에 그토록 애타게 그리

워하던 어머니를 여윈 이순신의 슬픔은 짐작하기 어렵다. 이순신은 곡하고 관을 짜 영구를 상여에 싣고 16일 집으로 돌아왔다. 그날따라 비는 구슬프게 내렸다. 이순신은 찢어지는 가슴을 가눌 길이 없었다.

"비가 억수같이 쏟아지고, 나는 맥이 다 빠졌다. 게다가 남쪽 길이 또한 급박하니 울부짖었다. 다만 어서 죽기만을 기다릴 뿐이다."

당시 관리들은 모친상을 당하면 시묘살이를 하는 게 일반적인 관례였다. 그들은 현직에서 물러나 묘소 옆에 기거하며 일체 술이나 고기 등을 금하고 근신했다. 하지만 이순신은 그런 사정조차 허락되지 않았다. 18일 의금부도사의 서기 이수영이 와서 어서 가자고 길을 재촉했다. 19일 어머니 영전 앞에서 하직하고 이순신은 연기와 공주로 길을 재촉했다. 이순신은 논산, 익산, 임실을 거쳐 24일 남원에 이르렀다. 27일 순천에 이르자 권율이 군관 권승경을 보내 위문했다.

원균을 믿을 수 없다

이순신은 5월 들어서도 행군을 계속했다. 이순신이 남쪽으로 향하는 길에 그를 만나러 온 사람들은 한산도에 있는 원균의 행실에 대해 여러 가지 이야기를 들려주었다. 5월 8일 원균은 이순신에게 편지를 보내 조상했다. 이순신은 그것이 원균의 진심에서 우러나온 것이 아니라 도원수의 명령에 따른 것이라고 여겼다. 그날 이경신이 한산도에서 와 원균의 일을 전해주었다. 자신이 데리고 온 서리를 곡식 사라는 구실로 육지에 보내놓고 그 처를 사통하려 했다는 이야기, 조정에 뇌물로 올려보내는 짐이 서울 길에 잇달았다는 이야기 등이었다.

이순신은 5월 14일 승주, 구례에 이르렀다. 5월 20일 저녁에는 도체찰사 이원익을 만났다. 이원익은 소복을 입고 이순신을 기다렸다. 그는 이순신에게 자신의 요즘 심정을 털어놓았다.

"일찍이 (이순신을 하옥하라는) 임금의 분부가 있었습니다. 거기에도 미안스러운 말이 많았는데, 그 뜻을 알지 못하겠습니다. 원균이 심하게 무고했는데, 임금이 굽어살피지 못했습니다. 나랏일이 어찌될지 모르겠습니다."

이순신은 23일에도 이원익과 만났다. 이원익은 시국이 그릇되게 흘러가는 것을 한탄하며 다만 죽을 날만 기다린다고 말했다. 군사 최고 지휘관이 일개 졸병의 몸인 이순신에게 흉금을 털어놓고 이야기하는 기묘한 장면이었다. 이순신은 하동, 산청, 합천을 거쳐 6월 4일 도원수 권율의 진이 있는 초계에 이르렀다. 8일 이순신은 도원수와 만났다. 거기서 박성이 도원수를 탄핵하는 상소를 올렸다는 소식을 들었다.

6월 17일 이순신은 아침 식후에 권율에게 갔다. 권율은 비변사에서 내려온 공문서와 자신이 쓴 장계를 보여주었다. 이순신은 이 글들을 읽으면서 원균과 조정, 도원수의 입장을 이해할 수 있었다. 전라좌수사 겸 삼도 통제사 원균은 전임자였던 이순신과 마찬가지로 수륙 합동작전을 구상하고 있었다. 3월 29일 원균이 조정에 올린 장계는 다음과 같다.

안골포, 가덕도 두 곳의 적은 3~4천 명에 불과하기 때문에 형세가 매우 고단합니다. 만약 육군이 몰아친다면 수군은 대쪽을 쪼개듯이 쉽게 섬멸할 수 있을 것입니다. 그 뒤로 우리 군사가 전진해 장수포 등에 진을 친다면 조금도 뒤를 돌아볼 염려가 없게 됩니다. (…)

신의 망령된 생각으로는 우리나라에서 모집할 수 있는 군병은 매우 많습니다. 노쇠한 자를 빼고 정병을 추리더라도 30만 명은 될 것입니다. 지금은 늦봄인데다 날씨가 가물어서 땅이 단단합니다. 말을 달리며 작전을 할 때는 바로 지금입니다. 반드시 4~5월 사이에 수륙양군을 대대적으로 출동시켜 한번 승부를 겨루어야 합니다.(『선조실록』 1597년 4월 19일)

원균의 작전계획에 대해 비변사는 신중한 입장이었다. 4월 22일 비변사는 선조에게 아뢰었다. 원균이 적을 치려고 하는 뜻이 매우 결연하다. 안골포는 육지와 이어져 있어서 육군이 진격할 수도 있다. 하지만 가덕도는 바다에 있어서 수군이 아니면 전진할 수 없다. 그러니 원균의 장계는 생각이 부족한 듯하다. 그리고 30만의 정병은 4~5월 내에 소집하기가 쉽지 않다. 이 일은 도체찰사와 도원수가 형세를 참작하고 기회를 엿보아 처치할 일이다. 멀리 조정에서 통제할 수는 없다.

도원수 권율은 비변사보다 더 비판적이었다. 그는 근본적으로 원균을 불신하고 있었다. 조정에 올린 비밀장계에서 권율은 "섣불리 싸우는 것은 옳지 않다"(『선조실록』 1597년 5월 8일)라고 보고했다. 6월 17일자 이순신의 일기에도 권율의 장계 내용이 인용되어 있다.

"통제사 원균은 앞으로 나가지 않고 오직 안골포의 적을 먼저 쳐야 한다고만 말합니다. 수군 여러 장수들은 다른 생각을 하고 있을 뿐더러, 원균은 안으로 들어가 나오지 않습니다. 원균은 여러 장수들과 절대로 합의하지 못할 것입니다. 그가 일을 그르쳐버릴 것은 뻔합니다."

원균은 빠른 시일 내에 수륙 합동작전으로 적을 치려 하고 있었지만, 권율은 그것이 원균의 핑계에 불과하다고 생각했다. 권율의 장계를 보면, 통제사 원균과 다른 수군 장수들 사이에 갈등이 심각하다는 것을 알 수 있다. 이순신의 후임으로 임명된 원균은 이순신의 휘하 장수들과 틈이 벌어져 있었다. 따라서 그의 명령은 제대로 시행되지 못하고 있었다. 이것은 얼마 후 칠천량 패전의 한 요인으로 작용했다.

이순신은 6월 18일 또다시 권율의 진을 찾았다. 권율은 원균을 비난하며 자신의 작전 계획을 이순신에게 들려주었다.

"통제사 원균의 일은 어떻게 말할 수 없소. 육군이 안골포, 가덕도를 모조리 무찌른 뒤에 수군이 나가 토벌해야 한다고 조정에 청하니 그게 무슨 심사겠습니까. 밀고 나가지 않으려는 뜻에 불과합니다. 나는 사천으로 가서 세 수사를 독촉해 진격하도록 할 예정입니다. 통제사는 내가 지휘할 것도 없소."

25일 저녁 이순신은 한산도에서 돌아온 종 한경에게 통탄할 만한 소식을 들었다. 보성군수 안홍국이 탄환에 맞아 죽었다는 것이었다. "놀라고 슬픔을 이기지 못했다. 적 한 놈도 잡지 못하고 먼저 두 장수를 잃어버리니 통탄함을 어찌 말하랴"라고 일기에 적었다. 여기서 두 장수란 안홍국과 함께 자기 자신을 말하는 것인지도 모른다.

패장의 말로

당시 원균은 난처한 상황에 놓여 있었다. 자신은 수륙 합동작전을 구상하고 있었지만, 도원수 권율과 도체찰사 이원익은 자신을 의심하고 있었다. 한산도에서 나오지 않으면서 육군 탓만 한다는 것이었다. 게다가 수군 장수들 사이의 갈등도 그를 괴롭히고 있었다. 이런 때 앞서 말한 대로 권율은 수군 장수들에게 가덕도 앞바다로 출동하라고 명령했다. 도원수 권율이 조정에 올린 보고는 다음과 같다.

통제사 원균은 매번 육로에서 먼저 안골포 등의 적을 치라고 미루면서 바다로 나가 오는 적을 막을 생각이 없습니다. 신은 분한 마음을 이기지 못하겠습니다. 그래서 혹은 전령을 보내 혹은 통제사의 전령을 돌려보내면서 호되게 나무랐고 세 번이나 도체찰사에게 군관을 보내기까지 했습니다. 체찰사의 명을 받든 남이공이 한산도에 들어가 앉아서 독촉했습니다. 그제야 부득이한 나머지 원균은 18일에 비로소 크고 작은 배 1백여 척을 이끌고 가덕도 앞바다로 향했습니다. 이는 남이공의 힘이었지 어찌 원균의 마음이었겠습니까. (…) 신은 우선 사천에 머물면서 해상의 소식을 기다리겠습니다.(『선조실록』 1597년 6월 28일)

권율의 보고대로 원균은 삼도 연합함대를 이끌고 6월 18일 가덕도로 출동했다. 다음날 19일 남이공이 도체찰사 이원익에게 전황을 보고했다. 남이공은 18일 한산도에서 떠나 저물녘에 장문포에 들어가 잤다. 이튿날 19일 일찍 통제사 원균과 함께 배를 타고 적의 소굴 안골포로 직진했다. 이날 수군은 적의 배 두 척을 빼앗았다. 가덕도에 이르러 공격하자 적들은 육지로 피해 들어가버렸다. 수군이 돌아오려 할 무렵 안골포의 적이 역습해왔다. 양측의 치열한 접전이 벌어졌다. 이날 전투에서 보성군수 안홍국이 전사했다. 원균은 칠천도(거제도 하청면)로 후퇴했다가 한산도로 귀환했다고 한다.

이순신은 7월 7일 꿈을 꾸었다. 꿈에 원균과 한 자리에서 만났다. 이순신이 원균 위에 앉아 음식상을 받자 원균이 즐거운 기색을 보이는 것 같았다. 기이한 꿈이었다. 이순신은 원균의 죽음을 예감하고 있었는지도 모른다. 그날 이순신은 한산도에서 온 박영남을 만났다. 박영남은 원균의 잘못으로 대신 죄를 받기 위해 도원수에게 붙들려 왔다고 했다. 이순신은 7월 14일부터 17일까지 우리 수군이 대패했다는 소식을 잇달아 들었다.

이제 원균의 최후를 말할 차례다. 쓰시마에 머물고 있던 일본 수군은 7월 8일 6백여 척을 이끌고 부산 앞바다로 건너왔다. 6월 19일 가덕도 작전에 실패한 원균은 7월 초 경상우수사 배설에게 야음을 틈타 적을 공격하라고 지시했다. 수군이 적선 8척을 발견하고 공격하자 적들은 배를 버리고 상륙해버렸다. 배설은 적선 8척을 불태우고 다시 한산도로 돌아왔다. 권율은 원균을 자신이 머물고 있는 사천으로 불러 작전 책임을 묻고 질책했다. 7월 10일 선조는 원균에게 "전날처럼 후퇴해서 적을 놓아준다면 나라에는 법이 있고 나 역시 사사로이 용서하지 않을 것이다"라고 전할 것을 신하들에게 지시했다.

원균은 권율의 질책을 받고 다시 부산의 일본군 본영으로 출동하지 않을 수 없었다. 그 무렵 수군 장수들은 원균의 작전에 반대의사를 분명히 했다. 원균이 권율에게 보낸 보고에는 "삼도 수사와 함께 수군을 몇 부대로 나누어 번갈아 내보내는 일을 의논했습니다. 수사들은 '반드시 패몰할 줄 분명히 알고서는 부산과 절영도를 왕래할 수 없다. 장수가 밖에 있을 때는 임금의 명령도 받지 않는다'라고 했습니다. 이는 곧 여러 장수들이 임금의 명령을 듣지 않는다는 뜻입니다. 이같은 일은 결코 용서하기 어렵습니다. 조정에서 결단을 내리소서"(『선조실록』 1597년 7월 25일) 하며 하소연하고 있었다.

원균의 말처럼 당시 수군 장수들은 무모한 작전에 반감을 품고 있었다. 게다가 원균과 부하 장수들 사이의 불화도 효율적인 작전을 방해하고 있었다. 훗날 임진왜란이 끝난 후 도체찰사 이덕형은 칠천량해전 당시 원균이 고립되어 있었다고 보고한 바 있다. 여러 장수들이 모두 이순신의 휘하여서 서로 의논하지 않았기 때문이었다고 한다.(『선조실록』 1601년 1월 17일)

이런 사면초가의 곤경 속에서 원균은 7월 14일 삼도 수군을 이끌고 한산도를 출항했다. 한산도에서 부산에 이르는 곳곳에는 적들이 조선 함대의 동태를 감시하며 서로 연락을 취하고 있었다. 그야말로 사지에 뛰어든 셈이었다. 수군 함대는 부산 절영도 앞바다까지 진출했지만, 풍랑이 심해 회항하지 않을 수 없었다. 가덕도와 영등포 등지에서는 일본군이 상륙하려는 조선군을 공격했다. 악천후와 적의 협공으로 갈팡질팡하면서 조선 수군은 그날 저녁에야 간신히 칠천량에 들어올 수 있었다.

조선 수군은 전열을 가다듬기 위해 잠시 한숨을 돌렸다. 하지만 그들을 기다린 것은 가혹한 죽음의 운명이었다. 당시 조선 함대에는 선조의 명령을 받고 파견된 선전관 김식이 함께 타고 있었다. 그는 7월 22일 당시 패전 상황을 조정에 보고했다.

조선 수군이 칠천량에 상륙한 다음날인 15일 밤 10시 무렵 적선 5~6척이 불의에 습격해왔다. 일본군은 조선군이 미처 손쓸 틈도 주지 않고 불을 질렀다. 전선 4척이 순식간에 불에 타 침몰했다. 장수들이 창졸간에 병선을 동원해 어렵게 진을 쳤지만, 닭이 울 무렵에는 헤아릴 수 없이 많은 적선이 몰려와서 서너 겹으로 에워쌌다. 형도刑島 등 주변 섬들에도 적들이 끝없이 가득 깔렸다. 조선 수군은 도저히 대적할 수 없었다. 할 수 없이 고성 땅 추원포로 후퇴해 주둔했다. 하지만 적세가 하늘을 찌를 듯했다. 마침내 전선은 거의 모두 불에 타 침몰했다. 장수들과 군졸들도 불에 타거나 물에 빠져 죽었다.

김식은 통제사 원균, 순천부사 우치적과 함께 간신히 탈출해 육지에 올랐다. 원균은 늙어서 잘 걷지 못했다. 그는 맨몸으로 칼을 잡고 소나무 밑에 앉아 있었다. 김식이 달아나면서 뒤돌아보았다. 일본군 6~7명이 칼을 휘두르며 원균에게 달려들었다. 김식은 그 뒤로 원균의 생사를 알 수 없었다. 경상우수사 배설과 옥포만호, 안골포만호 등은 간신히 목숨만 보전했다. 배들이 불에 타서 불꽃이 하늘을 덮었다. 무수한 적선이 한산도로 향했다.

당시 원균이 이끄는 삼도 수군 연합함대는 전선 134척, 수군 13,200명에 이르렀다. 칠천량해전에서 통제사 원균, 전라우수사 이억기, 충청수사 최호 등은 전사하고 배설만은 배 12척을 이끌고 간신히 한산도로 후퇴했다. 배설은 자신의 힘만으로 한산도를 지켜낼 수 없다는 사실을 알았다. 그는 관사와 군량, 무기를 불태워버리고 남아 있던 백성들을 대피하게 했다. 4년여 동안 이순신이 쌓아놓은 모든 노력이 한순간에 잿더미로 변하고 말았다.

김식의 증언으로 미뤄보면 원균은 적의 칼날 아래 비명횡사한 것으로 보인다. 조경남의 『난중잡록』에 따르면, 원균은 대식가였다. 평소 한 끼에 밥 한 말, 생선 50마리, 닭과 꿩 3, 4마리를 먹었다고 한다. 과장이 섞인 말이긴 하지만, 그의 체구가 거대했던 것만은 분명하다. 곡성에 사는 생원 오천뢰는 원균의 최후를 비아냥대는 시를 한 편 지었다.

한산도는 나라의 남문(南門)인데
무슨 일로 조정에서 장수를 자주 바꾸었나
처음부터 원균이 나라를 저버린 것이 아니라
원균의 배(腹)가 원균을 저버렸네.

그런데 원균은 칠천량 해전에서 전사하지 않았을 가능성도 없지 않다. 권율은 7월 21일에 쓴 장계에서 군관 최영길의 말을 전하고 있다. 원균이 사지를 벗어나 진주로 향하면서 최영길에게 다음과 같이 말했다고 한다.

사량에 도착한 전선 18척과 전라선 20척은 본도에 산재해 있고, 한산에 머물러 있던 백성들과 군기, 배 등을 남김없이 창선도에 집합시켜놓았다. 군량 1만여 석은 일시에 운반하지 못해 불태웠다. 도망하다 패배한 배는 모두 육지 가까운 곳에 정박시켰다. 사망자는 많지 않았다.(『선조실록』 1597년 7월 26일)

김식의 증언과는 퍽 다른 내용이다. 혹시 원균이 최후를 맞이하기 전에 대피하면서 최영길을 만나 전해준 말인지도 모른다. 8월 5일에는 도체찰사 이원익의 장계가 올라왔다. 이에 따르면, 칠천량 해전에서 힘을 다해 싸우다가 바다 한가운데서 전사한 자는 조방장 김완뿐이었다. 원균은 주장이었으니 군사를 상실한 군율로 처단해야 한다. 배설은 병선을 이끌고 바다에 있으므로 뒷날을 기다려 처치해야 할 것이다.

선조는 이 보고를 받고 "원균을 죽이려 하면, 그가 마음속으로 복종하지 않을 듯하다. 헤아려 처리하라"라고 일렀다. 그러자 비변사에서는 "원균이 군사를 잃은 죄는 참으로 용서하기 어렵습니다. 그러나 그간에 잘못한 죄를 오로지 원균에게만 책임지게 할 수는 없을 듯합니다. 우선 원균이 나타나기를 기다렸다가 다시 의논하여 처리하십시오" 하고 아뢰었다.

이로 미뤄보면 조정에서는 8월 초까지 원균이 살아 있는 것으로 알고 있었다. 정확한 날짜와 경위야 알 수 없지만, 어쨌든 원균은 논란이 많았던 생애를 마감했다. 그것도 패전 장수라는 불미스런 오명을 뒤집어쓴 채. 그에 대한 당대와 후대의 평가는 가혹할 만큼 매서웠다. 정희득은 『해상록』에서 "원균이 패전한 죄는 목을 베어도 남음이 있다"라고 적었다. 사관의 필법은 더욱 극단적이었다.

사신(史臣)은 논한다. 한산의 패배에 대해 원균은 책형(磔刑, 사지를 수레에 매고 찢어 죽이는 형벌)을 받아야 하고, 다른 장수와 군사들은 모두 죄가 없다. 왜냐 하면 원균이라는 사람은 원래 거칠고 사나운 무지한 위인으로서, 당초 이순신과 공을 다투면서 백방으로 상대를 모함해 결국 이순신을 몰아내고 그 자리에 앉았기 때문이다. 겉으로는 일격에 적을 섬멸할 듯 큰소리를 쳤다. 그러나 지혜가 고갈되어 군사가 패하자 배를 버리고 뭍으로 올라와 사졸들이 모두 어육(魚肉)이 되게 만들었다. 그때 그 죄를 누가 책임져야 할 것인가. 한산에서 한번 패하자 뒤이어 호남이 함몰되었고, 호남이 함몰되고서는 나랏일이 다시 어찌할 수 없게 되어버렸다. 시사를 목도하건대 가슴이 찢어지고 뼈가 녹으려 한다.(『선조실록』 1598년 4월 2일)

다시 통제사로

한산도 수군의 궤멸은 조정으로서는 마른하늘에 날벼락이나 마찬가지였다. 7월 22일 김식의 보고서를 받고 긴급 국무회의가 열렸다. 선조가 김식의 글을 내보이며 대신들에게 대책을 물었다. 대신들은 모두들 입을 다문 채 한 마디도 하지 않았다. 무거운 침묵이 흘렀다. 선조가 언성을 높였다.

"대신들은 어찌하여 대답하지 않는가? 이대로 방치한 채 아무런 방책도 세우지 않을 셈인가? 대답을 하지 않는다고 왜적이 물러나고 군사가 무사하게 될 것인가?"

유성룡이 여러 대신들을 대신해 입을 열었다. "너무도 민망한 나머지 계책을 생각하지 못해 미처 아뢰지 못하는 것입니다." 당시

이순신의 삼도 수군통제사 복직 교지

대신들이 얼마나 낙망했했는지 짐작할 수 있는 대목이다. 선조는 칠천량의 패전을 하늘의 뜻으로 돌렸다.

"수군 전군이 대패한 것은 천운이니 어찌하겠는가? 원균이 죽었더라도 어찌 사람이 없겠는가. 이제 각 도의 배를 수습해 속히 방비해야 할 뿐이다. (…) 한산도를 고수해서 호랑이와 표범처럼 버티고 있는 듯한 형세를 만들었어야 했다. 그런데도 출병을 독촉해 이같은 패배를 초래했다. 이는 사람이 한 일이 아니고 실로 하늘이 그렇게 만든 것이다."

그러면서 선조는 원균을 두둔하고 나섰다. "원균은 처음부터 가려고 하지 않았다. 남이공의 말을 들으면, 배설도 '비록 군법에 의해 나 홀로 죽음을 당할지언정 군졸들을 어떻게 사지에 들여보내겠는가'라고 했다고 한다"라며 패전의 궁극적 책임자로 원균을 독촉한 도원수를 지목했다. 그날 조정에서는 경림군 김명원, 병조판서 이항복 등의 건의에 따라 이순신을 전라좌도 수사 겸 경상·전라·충청 삼도 통제사로 임명한다는 결정을 내렸다.

한편 초계에 머물고 있던 이순신에게도 칠천량의 패전 소식은 충격이었다. 이순신은 7월 15일과 16일 일기에 "통분, 통분하다. 막을 방책이 없어 한스럽다. 우리나라에 믿을 만한 것은 오직 수군 뿐인데, 수군이 이러하니 다시 더 바라볼 것이 없다. 거듭거듭 생각 할수록 분해 가슴이 찢어지는 것 같다"라고 적었다.

7월 18일 도원수 권율이 이순신을 찾아왔다. 권율은 "일이 여기 까지 이르렀으니 어떻게 할 수가 없다"라며 한탄할 뿐이었다. 이순 신은 권율에게 말했다. "제가 직접 해안 지방으로 가서 듣고 본 뒤 에 방책을 정하겠습니다." 그러자 권율은 화색을 띠며 그렇게 좋아 할 수가 없었다.

이순신은 다음날 길을 떠났다. 산청, 진주, 진양을 거쳐 21일 하동 땅 노량에 이르렀다. 거제현령 안위와 영등포만호 조계종 등 10여 사람이 와서 통곡했다. 피해 나온 군사와 백성들도 모두 울부짖었 다. 그러나 경상우수사 배설은 코빼기도 보이지 않았다. 우후 이의 득이 찾아오자 이순신은 그에게 당시 상황을 물었다. 모든 사람들 이 울면서 "대장 원균이 적을 보자 먼저 뭍으로 달아났습니다. 여 러 장수들도 모두 그처럼 뭍으로 달아나 이 지경에 이르렀습니다. 원균의 살점이라도 뜯어먹고 싶습니다"라고 말했다.

다음날 배설이 찾아와서 원균이 패망하던 일을 자세히 말해주었 다. 그날 이순신은 사천에 이르렀다. 8월 3일 이른 아침에 선전관 양호가 이순신을 찾아왔다. 삼도 수군통제사로 임명한다는 선조의 교서를 가지고 온 것이었다. 이순신은 교서에 두 번 절하고 읽었다. 이 글에는 이순신에 대한 선조의 미안한 마음이 드러나 있었다.

"생각건대 그대는 일찍이 수사 책임을 맡던 그날부터 벌써 이름이 드러났다. 또 임진년에 승리한 뒤부터 업적이 크게 떨쳐 변방 군사들이 만리장성처럼 든든히 믿었다. 지난번에 그대의 직함을 갈고 그대에게 백의종군하도록 했던 것은 역시 사람의 모책이 어질지 못한 데서 생긴 일이었다. 그래서 오늘 이처럼 욕되게 패전한 것이다. 무슨 할 말이 있겠는가. 무슨 할 말이 있겠는가. 이제 그대를 상복을 입은 채로 기용한다. (…) 시기 따라 나가고 물러오는 것은 이미 다 그 능력을 겪어 보아 아는 바다. 내 구태여 무슨 말을 많이 하겠는가."

이순신은 8월 3일 다시 길을 떠나 하동, 구례를 거쳐 5일 곡성에 이르렀다. 피난민들이 길에 가득 차 있었다. 그들은 울면서 "사또가 다시 오셨으니 이제 우리는 살았습니다"라고 입을 모았다. 순천과 승주에서는 전라병사 이복남이 관청과 창고와 병기를 모두 불살라버려 고을이 폐허로 변해 있었다. 이순신은 다시 길을 떠나 보성, 강진을 거쳐 18일 장흥 회령포에 도착했다. 이날 배설의 남은 군선 12척을 인수받았다. 다음날 19일 이순신은 여러 장수들을 불러모았다. 20일 진을 회령포에서 해남으로 옮겼다. 29일에는 진도 벽파정에서 머물며 적정을 탐문했다.

9월 2일 배설이 진중에서 도망쳐버렸다. 칠천량해전의 악몽이 채 가시지 않은데다 또다시 적과 대적해야 하는 중압감을 견디지 못한 것으로 보인다. 그는 도피생활을 하다 전쟁이 끝난 후인 1599년 3월 6일 선산에서 붙잡혀 올라와 사형을 당했다.

2. 울돌목의 전설

13척 대 130여 척

1597년 7월 중순 한산도 수군이 전멸하다시피 하면서 일본군은 남해의 제해권을 장악했다. 그들은 이제 호남을 노리고 있었다. 임진왜란 때 조선 수군에게 타격을 입고 곡창지대인 전라도 지역을 장악하지 못한 것을 뼈저리게 후회하고 있었다. 정유재란 때는 이런 실패를 되풀이하지 않으려 했다. 6월 초 부산포로 들어온 야나가와 시게노부는 여러 장수들에게 도요토미의 명령을 전했다. 전라도를 공격해 군량을 확보한 후 충청도를 거쳐 서울로 입성하라는 것이었다.

정유재란 때 일본에 포로로 끌려갔던 강항의 『간양록』에 따르면, 도요토미는 출병하는 장병들에게 엄포를 놓았다. "사람마다 귀는 둘이요, 코는 하나다. 목을 베는 대신에 조선놈의 코를 베는 것이 옳다. 병졸 한 명당 코 한 되씩이다. 모조리 소금으로 절여서 보내도록 하라." 도요토미는 소금에 절여져 산더미같이 실어오는 코를 일일이 검사했다. 그리고는 후시미^{伏見} 성에다 쌓아 한 뫼를 만들었다고 한다.

일본군은 8월 초 육군을 좌우로 나누고 경상도의 요충지인 진주와 전라도 방어의 핵심기지인 남원과 전주를 공략하기 위해 진군했다. 일본 수군도 남해안으로 상륙하거나 섬진강을 거슬러 남원 공략에 나섰다. 좌군대장 우키타 히데이에와 선봉장 고니시 유키나가는 고성, 사천, 하동을 거쳐 전주로 육박해갔다. 우군대장 모리 히데모토와 선봉장 가토 기요마사는 밀양, 초계를 거쳐 진주로 치고 들어갔다.

이순신이 승주에 머무르던 8월 중순 무렵 육지에서는 남원성 혈투가 벌어지고 있었다. 8월 12일부터 15일 사이에 일본군은 남원성을 공략했다. 전라병사 이복남과 명나라 부총병 양원이 이끄는 조명연합군은 결사 항전했으나 끝내 남원성은 함락되고 말았다. 조선군 장수들은 모두 전사하고, 양원은 명나라 병사 1백여 명을 이끌고 간신히 사지에서 도망쳤다. 일본군은 곧바로 전주에 무혈 입성했다.

남원성전투는 참혹했다. 당시 남원성전투에 의료진으로 참가했던 승려 게이넨^{慶念}은 『조선일일기(朝鮮日日記)』에서 "남원성을 함락하고 성과 온 산천을 불태웠다. 사람들이 죽어 타는 냄새가 온 동네에 가득했다. 우리(일본) 병사들은 그래도 분이 풀리지 않아 큰 칼을 가지고 죽은 자의 코를 베어 대바구니에 담았다"라고 끔찍한 살육의 현장을 묘사하고 있다. 심지어 일본군 가운데 일부는 금줄을 끊고 들어가 출산 후 초이레도 되지 않은 갓난아기와 산모의 코도 베어갔다고 한다.

8월 18일 남원성 함락 소식이 조정에 전해졌다. 선조와 대신들은 피난문제로 의견이 분분했다. 선조는 중전을 속히 대피시키는 방안을 강구하라고 지시했다. 이미 6월 18일 선조는 중전을 피난시키고 싶다는 뜻을 대신들에게 밝힌 바 있었다. 명군이 적을 토벌한다고 믿기 어려웠고, 지난날 명나라 군사들의 오만방자한 태도와 내정간섭을 겪은 바 있었기 때문이었다. 이때 유성룡을 비롯한 대신들은 생사를 걸고 싸워야 한다고 선조를 압박했다. 6월 20일에 선조는 옹주 등을 강화로 피신시키라고 지시했다. 명나라 군사들의 악랄한 행실이 걱정스러워서였다.

그 무렵 해남과 강진 사이에는 이순신이 바닷길을 지키고 있었다. 9월 7일 진도 벽파정에 있던 이순신은 탐망 군관 임중형의 보고를 받았다. 적선 55척 가운데 13척이 어란포 앞바다에 이르렀다는 소식이었다. 이순신은 여러 장수들에게 군령을 내려 타일렀다. 오후 4시 무렵 적선 12척이 공격해왔다. 우리 배들이 닻을 달고 바다로 나가 적선을 추격하자 적선은 뱃머리를 돌려 도망쳤다. 조선군은 먼바다까지 쫓아갔다가 되돌아왔다. 바람과 조수가 모두 역류였고, 복병선이 있을까 우려했기 때문이었다. 벽파정으로 돌아온 이순신은 여러 장수들에게 말했다.

"오늘밤에는 반드시 적의 야습이 있을 것이다. 모든 장수들은 미리 알아서 준비하라. 조금이라도 군령을 어기는 일이 있으면 군법대로 시행하겠다."

밤 8시에 과연 적이 야음을 틈타 급습해왔다. 이순신이 탄 배가 바로 앞장을 서서 지자포를 쏘자 강산이 흔들렸다. 적들도 감히 달려들지 못하고 네 번 나왔다 물러갔다 하면서 화포만 쏘다가 자정이 지나 물러갔다.

14일 이순신은 적선 2백여 척 가운데 55척이 벌써 어란포 앞바다에 들어왔다는 소식을 들었다. 그는 우수영으로 전령선을 보내 피난민들을 뭍으로 올라가게 했다. 15일 조수를 따라 장수들을 거느리고 진을 우수영 앞바다로 옮겼다. 벽파정 뒤에 명량이 있는데, 숫자가 적은 수군이 명량을 등지고 진을 칠 수가 없었다. 이순신은 장수들을 불러놓고 훈시했다.

"병법에 이르기를 죽으려 하면 살고 살려고 하면 죽는다고 했다. 또 한 사람이 길목을 지키면 천 명도 두렵게 할 수 있다는 말이 있다. 모두 오늘 우리를 두고 이른 말이다. 너희 여러 장수들이 조금이라도 명령을 어긴다면 군율대로 시행해서 작은 일이라도 용서하지 않겠다."

이날 밤 이순신은 이상한 꿈을 꾸었다. 신이 나타나 이렇게 하면 크게 이기고 저렇게 하면 진다고 일러주었다. 그가 꿈속에서도 작전계획을 구상하고 있었다는 이야기다.

16일 이른 아침 정찰병이 와서 보고했다. 적선 2백여 척이 명량을 거쳐 곧바로 우수영으로 온다는 기별이었다. 장수들과 약속한 다음 닻을 달고 바다로 나갔다. 적선 133척이 아군 배를 에워쌌다. 장수들은 지레 겁부터 집어먹고 피할 꾀만 내고 있었다. 중과부적의 형세가 너무 뚜렷했다. 전라우수사 김억추가 탄 배는 벌써 2마장(약 8백 미터) 밖에 나가 있었다.

이순신은 군사들에게 바삐 노를 젓게 해 적선 속으로 파고 들어갔다. 지자, 현자 등 각종 총통이 불을 뿜었다. 탄환이 폭풍우같이 쏟아지고 군관들은 배 위에 총총히 들어서서 화살을 빗발처럼 쏘았다. 적의 무리가 감히 대들지 못하고 나왔다 물러갔다 했다. 그러나 여러 겹으로 둘러싸여 형세가 어찌 될지 알 수 없었다. 온 배에 있는 군사들이 서로 돌아보며 얼굴빛이 하얗게 질렸다. 이순신은 조용히 타일렀다.

"적이 비록 천 척이라도 감히 곧바로 우리 배에 덤벼들지 못할 것이다. 조금도 동요하지 말고 다시 힘을 다해 적을 쏘아라."

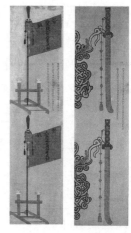

독전기와 참도 명 만력제가 이순신에게 내린 팔사품 중에 포함되어 있다.

이순신은 부하 장수의 배들을 돌아보았다. 그들은 멀찍이 물러나 있었다. 배를 돌려 군령을 내리려 해도 적들이 더 대들 것이라 나가지도 돌아서지도 못할 형편이었다. 호각을 불어 군령을 내리는 기를 세우라고 지시했다. 미조항첨사 김응함의 배가 차츰 이순신의 배 가까이 왔다. 거제현령 안위의 배가 그보다 먼저 왔다. 이순신은 배 위에서 안위를 불러 꾸짖었다.

"안위야. 네가 군법에 죽고 싶으냐. 도망간다고 어디 가서 살 것이냐."

안위는 이 말을 듣고 황급히 적선 속으로 뛰어들었다. 이순신은 또 김응함을 불렀다.

"너는 중군(주장의 부관)으로서 멀리 피하고 대장을 구원하지 않으니 죄를 어찌 면할 것이냐. 당장 처형할 것이지만 적세가 급하니 우선 공을 세우게 한다."

김응함도 이순신의 명령에 감히 거역할 수 없었다. 치열한 공방전이 거듭되었다. 어느 순간 적들이 안위의 배를 집중 공략했다. 개미가 달라붙듯 적들이 서로 먼저 올라가려고 아우성이었다. 안위와 그 배에 탄 군사들이 사력을 다해 몽둥이, 긴 창, 돌덩어리를 가릴 것 없이 무수히 치고 막았다. 군사들이 기진맥진해질 무렵, 이순신은 곧바로 뱃머리를 돌려 안위의 배로 향했다. 순식간에 적선 3척이 거의 다 엎어지고 자빠졌다. 녹도만호 송여종과 평산포 대장 정응두의 배가 뒤쫓아와서 힘을 보탰다. 적은 한 명도 몸을 움직이는 자가 없었다.

이순신의 배에는 안골포에서 투항해온 일본인 준사가 같이 타고 있었다. 그가 바다에 빠져 있는 적을 굽어보더니, 이순신을 돌아보며 말했다. 붉은 비단옷을 입은 자가 바로 안골포에 있던 적장 마다시(구루시마 미치후사來島通總)라는 것이었다. 이순신은 물 긷는 군사 김돌손에게 갈고리로 낚아 올리게 했다. 준사가 그것을 보더니 "그래, 마다시다"라며 좋아 날뛰었다. 이순신은 곧 적장의 머리를 베고 높이 치켜들게 했다. 그러자 적은 일시에 사기가 꺾였다.

전세는 역전되었다. 조선 수군은 일제히 북을 울리고 함성을 지르면서 쫓아 들어가 지자, 현자 대포를 쏘았다. 그 소리가 산천을 뒤흔들었다. 화살을 빗발처럼 쏘아 31척을 깨뜨리자 일본 수군은 부랴부랴 퇴각하고 말았다. 이날 명량해전에서 이순신 배에 탔던 순천감목관 김탁과 영노(營奴) 계생이 탄환에 맞아 전사했다. 박영남, 봉학, 강진현감 이극신도 탄환에 맞았지만 중상은 아니었다. 이순신은 그날 무안 당사도로 배를 옮겨 밤을 지냈다. 물결이 험하고 바람도 역풍이었다. 게다가 형세 또한 위태로웠기 때문이었다.

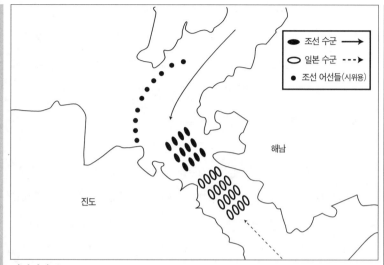

범례:
- 조선 수군 →
- 일본 수군 ···>
- 조선 어선들(시위용)

해남

진도

명량해전도

　이순신이 훗날 조정에 올린 장계에 따르면, 명량해전 때 조선 수군은 전선 13척, 정탐선 32척이었고, 적의 전선은 130여 척이었다. 적선 20여 척을 깨뜨리고 적장 마다시를 비롯해 적군 8명을 목 베는 전과를 거두었다. 그밖에 긴 칼 두 자루 등을 포획했다.

　이순신은 명량해전에서 승리한 날 일기에 "이번 일은 참으로 천행(天幸)이었다"라고 썼다. 명량해전은 한산해전과 함께 임진왜란사뿐만 아니라 세계해전사에도 유례를 찾아보기 힘든 극적인 승리였다. 아군과 적군의 전선수가 13척 대 130여 척으로 마치 다윗과 골리앗의 싸움 같은 형국이었다. 이런 군사적 열세를 만회하고 승리할 수 있었던 것은 명량해협의 지리적 특수성을 무시할 수 없다. 이중환의 『택리지』에는 다음과 같이 기록되어 있다.

울돌목의 전설

255

(전라도) 해남현 삼주원三洲院에서 돌맥이 바다를 건너면 진도군이다. 물길로 30리이며 벽파정이 그 목이 된다. 삼주원에서 벽파정까지는 물속에 가로 뻗친 돌맥이다리 같으며, 다리 위와 다리 밑은 끊어지른 듯한 계단으로 되었다. 바닷물이 밤낮없이 동에서 서쪽으로 오며 폭포같이 쏟아져서 물살이 매우 급하다.

명량해협은 오늘날 해남과 진도를 잇는 진도대교 아래를 말하는데, 우리나라에서 조류가 가장 빠른 곳이다. 해협의 폭은 325미터, 수심은 1.9미터밖에 되지 않고, 물살이 빠를 때는 시속 약 24킬로미터로 흐른다. 물살이 마치 우는 것 같은 소리를 낸다고 해서 '울돌목'이라고도 부른다. 하루 네 번 밀물과 썰물이 번갈아든다. 밀물과 썰물이 뒤바뀔 때는 물결이 잠시 멈춘다.

명량해협은 폭이 좁았기 때문에 많은 배들이 한꺼번에 지나갈 수 없었다. 적선 2백여 척은 어란포를 떠나 긴 꼬리를 물고 명량으로 들어오고 있었다. 이 때문에 이순신에게 발견된 것은 133척이었고 선두에 선 배들은 30여 척이었다. 나머지는 그 뒤를 따르고 있었다. 갑자기 밀물이 썰물로 바뀌는 순간 조선 수군들은 총공격했다. 이순신이 절대 열세의 전세를 뒤집을 수 있었던 것은 이런 지리적 조건을 간파했기 때문이었다.

명량해전의 승리로 일본군의 서해안 진격 구상은 좌절되었고, 조선 수군은 칠천량해전 후 잃었던 남해안 제해권을 다시 장악하게 되었다.

명량해협 사진

슬프다, 내 아들아

천행 뒤에 불행이라고 했던가. 명량해전의 기쁨이 채 가시기도 전에 이순신은 아들 면의 죽음이라는 청천벽력 같은 소식을 들어야 했다. 명량해전이 끝난 9월 17일 이순신은 무안군 어의도로 물러나 영광 칠산바다와 위도를 거쳐 21일 옥구 고군산도에 이르렀다. 전투 후유증 때문인지 땀을 흘리고 신음했다. 10월 1일에는 병조에서 파견한 사람에게서 아산 집이 적에게 분탕질당해 잿더미가 되었다는 불길한 소식을 들었다. 이순신은 아들 회를 보내 가족의 생사를 알아오게 했다.

이순신은 법성포, 어의도, 해남 우수영, 안편도를 거쳐 12일 발음도에 머물고 있었다. 13일 밤 달빛은 비단결 같고 바람 한 점 없었다. 이순신은 혼자 배 안에 앉아 어지러운 마음을 가누지 못했다. 어머니를 여읜 지 6개월이 지났지만 그에게는 여전히 어머니의 별세가 한으로 남아 있었다. 이리 뒤척 저리 뒤척 앉았다 누웠다 하며 밤새 잠을 이루지 못하고 하늘을 우러러 통곡했다.

다음날 새벽 2시쯤 이순신은 아들 꿈을 꾸었다. 그는 말을 타고 언덕 위를' 달리고 있었다. 말이 발을 헛디뎌 그만 냇물에 떨어지고 말았다. 다행히 거꾸러지지는 않았다. 막내아들 면이 엎드려 마치 자신을 안는 것 같았다. 이순신은 깜짝 놀라 잠에서 깨었다. 저녁에 어떤 사람이 천안에서 와 집안 편지를 전했다. 겉봉을 뜯기도 전에 뼈와 살이 먼저 떨리고 정신이 혼미해졌다. 겉봉을 대강 뜯고 둘째 아들 열의 글씨를 보니 '통곡' 두 글자가 쓰여 있었다. 이순신은 아들 면이 전사한 것을 알고 목놓아 통곡했다.

"하늘이 어찌 이다지도 인자하지 못하신가. 간담이 타고 찢어지는 것 같다. 내가 죽고 네가 사는 것이 이치에 마땅한데, 네가 죽고 내가 살았으니 이런 어긋난 일이 어디 있을 것이냐. 천지가 깜깜하고 해조차도 빛이 변했구나. 슬프다, 내 아들아. 나를 버리고 어디로 갔느냐. 남달리 영특해서 하늘이 이 세상에 머물게 하지 않는 것이냐. 내가 지은 죄 때문에 화가 네 몸에 미친 것이냐. 내 이제 세상에 살아 있어도 누구에게 의지할 것이냐. 너를 따라 같이 죽어 지하에서 같이 지내며 같이 울고 싶건만 네 형, 네 누이, 네 어머니가 의지할 곳이 없구나. 아직은 참고 연명이야 한다만 마음은 죽고 형상만 남아 있어 울부짖을 따름이다. 하룻밤 지내기가 1년 같구나."

이순신의 셋째아들 면은 당시 약관 21세 청년이었는데 일본군이 마을로 쳐들어왔을 때 맞서 싸우다 적의 칼날에 죽고 말았다. 어머

이면의 무덤 아산 현충사 경내에 있다.

니와 아들을 한꺼번에 잃은 이순신의 슬픔을 우리가 어찌 짐작할 수 있겠는가. 아들의 부음 소식을 들은 다음날 종일 바람이 불고 비가 내렸다. 여러 장수들이 위문하러 왔지만, 이순신은 차마 얼굴을 들고 맞이하지 못했다. 그 다음날 16일 이순신은 소금 굽는 사람 강막지의 집으로 들어갔다. 아들을 위해 마음놓고 울어보고 싶어서였다.

아들을 잃은 슬픔은 이순신의 몸을 더욱 초췌하게 했다. 19일에는 날이 저물 무렵 코피를 되 남짓이나 흘렸다. 하지만 나라의 운명을 어깨에 짊어진 그로서는 슬픔마저도 안으로 억눌러야 했다. 23일에는 전마의 편자가 떨어진 것을 고쳐 박았다. 다음날 이순신은 명나라 수군이 강화도에 도착했다는 소식을 들었다.

이순신은 10월 28일 진을 목포 고하도로 옮겼다. 섬이 서북풍을

유달산에서 내려다본 고하도 이순신은 1597년 10월 28일부터 1598년 2월 17일 고금도로 진을 옮기기까지 108일간 이곳에 머물렀다.

막을 만하고 배를 감추기에 적합했다. 육지에 내려 섬 안을 돌아보니 지형이 오래 머물 만했다. 곧 집 지을 계획을 세웠다. 11월에 들어서는 목수를 시켜 집 지을 재목을 베어오게 했다. 군량 곳간을 세우고, 거처할 집의 벽에 흙을 바르고, 마루를 만들며 수군 진영을 세우느라 바쁜 나날을 보냈다.

11월 16일 이순신은 명나라 경리 양호가 보낸 은 20냥과 붉은 비단 한 필을 받았다. 양호는 "배에다 붉은 비단을 걸어 공을 치하하는 예식을 올리고 싶지만 길이 멀어 가지 못한다"라는 글도 덧붙였다. 양호는 9월 3일 서울에 도착했는데, 이순신이 명량해전에서 승리했다는 소식을 듣고 몸소 선물을 보낸 것이었다. 10월 20일 양호는 선조와 만났다.

선조 : 통제사 이순신이 사소한 왜적을 잡은 것은 그의 직분에 마
    땅한 일입니다. 더구나 큰 공이 있는 것도 아닙니다. 대인께서
    은과 비단으로 상을 주고 표창해 가상히 여기시니 과인은 마음
    이 불안합니다.

양호 : 이순신은 뛰어난 인물입니다. 패배한 후에 다 흩어진 전선
    을 수습해 큰 공을 세웠으니 매우 가상합니다. 그 때문에 약간의
    은과 비단을 베풀어서 나의 기쁜 마음을 표현한 것입니다.

선조 : 대인은 그렇지만 과인은 참으로 미안합니다.

은과 비단을 받은 다음날 11월 17일 이순신은 양호가 보낸 사람
편에 면사첩을 받았다. 사형을 적용하지 않는다는 것을 보증하는
포고문이었다. 이순신이 이미 통제사로 임명되었음에도 불구하고
그에게는 아직 사형의 죄목이 걸려 있었다는 이야기다. 놀라운 일
은 면사첩을 선조가 보낸 것이 아니라 양호가 보냈다는 점이다.

12월 5일 아침에 도원수 권율의 군관이 이순신에게 찾아왔다. 선
조는 비록 개인적으로는 이순신을 불신하거나 폄하했지만, 국왕으
로서 장수에게 인자한 면모를 보여야 했다. 선조는 글과 함께 고기
반찬도 곁들였다.

이번 선전관 편에 들으니, 통제사 이순신이 아직도 상제의 예법대
로만 지키고 방편을 좇지 않아 여러 장수들이 민망히 여긴다고 한다.
사정(私情)이야 간절하지만, 국사가 한창 바쁘다. 옛사람의 말에도
전쟁에 나가 용맹하지 않으면 효가 아니라고 했다. 전쟁에 나가 용감

하다는 것은 소찬이나 먹어서 기력이 쇠약한 자로서는 할 수 없는 일이다. 『예기』에도 원칙을 지키는 경(經)이 있고, 방편을 취하는 권(權)이 있어 꼭 원칙대로만 지킬 수 없다고 했다. 경은 내 뜻을 생각해 소찬 먹는 것을 치우고 방편을 좇도록 하라.

어머니와 아들을 잃은 상제로서 이순신은 고기를 금하고 채소만 먹고 있었던 모양이다. 선조는 건강을 챙기라며 고기반찬까지 내렸다. 이순신은 선조의 은덕에 감개무량했다. 12월 30일 일기에 "이 밤은 해가 다 되는 그믐밤이라 비통한 마음이 더욱 더했다"라고 썼다. 그의 인생에서 가장 극적이었던 정유년 한해가 그렇게 저물어가고 있었다.

머리가 희어지다

한편 육지에서는 새로운 상황이 전개되고 있었다. 남원을 함락시키고 전주에 입성한 일본군은 후속부대가 속속 도착하면서 전열을 정비했다. 전주에서 회의를 거쳐 북상로를 결정했다. 좌군의 우키타 히데이에 부대 가운데 일부는 익산에서 부여로, 나머지는 금산, 진산에서 회덕으로 진출했다. 우군의 가토 기요마사 부대는 청주로, 모리 히데모토와 구로다 나가마사黑田長政 부대는 공주를 거쳐 서울로 북상했다.

하지만 임진왜란 때와는 달리 조선 관군과 명나라 구원병은 호락호락하지 않았다. 9월 5~6일 사이에 벌어진 직산전투에서 명나라 군대가 구로다 나가마사 부대를 격파함으로써 일본군의 서울 진격은 기세가 꺾이고 말았다. 9월 20일 무렵에는 경상우병사 정기룡이 가토 기요마사 군을 보은에서 물리쳤다. 가토 군은 울산으로 퇴각할 수밖에 없었다. 전라도에서 이순신 함대에게 대패하고 직산과 보은에서 조명연합군에 가로막힌 일본군은 모든 전선에서 총퇴각했다. 동쪽으로는 울산, 기장부터 서쪽으로는 남해, 순천에 이르는 남해안 요충지에 성을 쌓고 방어태세에 들어갔다.

임진왜란 때와는 달리 정유재란 때는 명나라 수군이 참전했다. 정유재란이 터지면서 명나라 조정 일각에서는 수군을 파견해야 한다는 논의가 있었지만, 실행에 옮기지는 못하고 있었다. 하지만 칠천량해전과 남원전투의 패배로 수군파병 결정이 급진전되었다. 명나라 조정에서는 심각한 위기의식을 느끼고 있었다. 일본군이 전라도와 충청도를 거쳐 해로로 남경, 절강, 등래 등 명나라 본토로 치고 들어올 것이란 생각 때문이었다.

명나라 조정은 신속한 조치를 취했다. 8월 27일 무렵에는 의주 부근에 머물러 있던 수군을 남하하도록 지시했다. 9월 9일에는 진린을 부총병에 임명해 광동수군 5천 명을 이끌고 조선을 원조하도록 했다. 11월 무렵에는 유격 계금 휘하의 수군이 강화도에 도착해 전라좌수영을 향해 남하하고 있었다.

1598년(선조 31년) 2월 유정은 사천의 군사를, 등자룡은 절강과 직예의 군사를 이끌고 조선으로 들어왔다. 경략 형개는 수륙군을 4로로 나누었다. 중로는 이여매(후에 동일원으로 교체), 동로는 마귀, 서로는 유정, 수로는 진린이 각각 맡았는데, 이들이 거느린 군사는 도합 10만여 명이었다. 이 무렵 일본군도 세 지역으로 나뉘어

호준포 명나라 수군의 주력 화포 중 하나였다

수비를 맡고 있었다. 동로는 가토 기요마사가 맡아 울산에 주둔했고, 서로는 고니시 유키나가의 지휘 아래 순천 예교(왜성대)에 방어선을 구축했다. 시마즈 요시히로는 중로를 책임지고 사천에 주둔하고 있었다.

한편 이순신은 2월 17일 진을 목포 고하도에서 강진 고금도로 옮겼다. 이순신은 조정에 올린 보고서(『선조실록』 1598년 3월 18일)에서 진을 옮긴 이유를 밝혔다. 고금도는 산봉우리가 겹겹이 둘러싸고 적정을 정탐하기 편리한 호남의 요충지였다. 게다가 농장도 많고 거주하는 민가도 1천5백여 호나 되었다. 이순신은 주민들에게 농사를 짓게 했다. 군량 조달을 위한 장기적인 포석이었다. 이순신은 고금도로 옮긴 다음 날인 19일 영암에 사는 감역 현건이란 사람에게 편지를 썼다.

(저는) 오랜 동안 진중에 있어 수염과 머리가 모두 다 희어졌습니

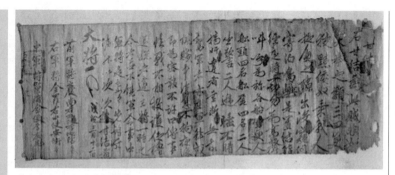

이순신이 휘하 병사들에게 내린 감결 「약속군중사」의 내용이 적혀 있다.

다. 다음에 만나면 지난날 아무개로는 알아보지 못하리다. 어제 고금
도로 진을 옮겼는데, 순천에 있는 왜적과는 백 리의 거리를 두고 있
습니다. 걱정스러운 형상이야 무슨 말로 다 적으리까.

이순신은 3월 12일 「약속군중사(約束軍中辭)」를 지었다. 군사들
이 지켜야 할 규칙을 조목조목 밝힌 글이었다. 이것은 삼엄한 군령
집행자로서 이순신의 면모를 짐작하게 해준다.

진을 치고 밤을 지새울 때는 절대 높은 소리로 떠들지 말라. 각 배
에 숙직하는 사람은 이물(뱃머리)에 네 명, 고물(배 뒤)에 네 명으로
하되 두 사람씩 번갈아 자게 한다. 무시로 조사 적발해 위반하는 자
에게는 중죄를 주고 까닭 없이 군중을 놀라게 하는 자도 역시 군법으
로 다스릴 것이다. 적의 소식을 듣거든 비록 한밤중이라도 즉시 비밀
리에 보고하되 구두로 전달하는 일은 허락하지 않는다. 또 전투할 때
서로 구원하지 않고 배를 저어 도망하는 자나 주장의 일시 명령이라

도 어기는 자는 모두 군법에 붙이고 용서하지 않을 것이다. 이것을
중군장에게 알리는 바 선봉 척후들도 아울러 차례차례 이 약속을 받
들도록 하라.

이순신이 가상하다

한편 4월 들어 조정에서는 원균의 패전 책임과 이순신의 군공 문
제가 논의되고 있었다. 4월 2일 비변사는 칠천량해전에서 패배한
장수들을 징계하도록 건의했다. "원균은 주장으로서 절제를 제대
로 하지 못했기 때문에 적들에게 불의의 기습을 당했습니다. 전군
이 함몰되게 했으니 죄는 모두 주장에게 있습니다"라고 아뢰자, 선
조는 "원균 한 사람에게만 핑계대지 말라"라고 쌀쌀맞게 답했다.

4월 14일 명나라 경리 양호는 조선 장수 가운데 군공을 세운 자
들을 적어 보내면 명나라 조정에도 알리겠다고 이정구에게 전했
다. "이순신이 그처럼 힘을 다해 적을 죽이고 있어 내가 매우 가상
히 여기며 좋아하고 있다. 서둘러 권장하는 상을 내려 사기를 고무
해야 할 것이다. (…) 만일 그대 나라에서 줄 만한 물건이 없다면
내가 처리하고 싶다"라고 말했다. 명나라 장수가 그렇게 이순신을
극구 칭찬하는 데도 선조의 반응은 놀랄 만큼 싸늘했다.

우리나라 군신이 적을 토벌하지 못해 중국을 번거롭게 만들고 있
는 실정이다. 죄를 기다릴지언정 무슨 기록할 만한 공로가 있겠는가.
비록 사소한 적을 목 베었다 하더라도 이는 변방 장수의 직분상 당연

팔사품 명 만력제가 이순신에게 내린 여덟 가지 물품이다.

히 할 일을 한 것일 뿐이다. 아직 하나의 적진을 섬멸하지도 못했고 한 명의 적장도 목 벤 일이 없다. 우리나라 변방 장수들로서는 당연히 죄를 받아야 할 입장이다.(『선조실록』 1598년 4월 14일)

다음날 15일에도 비변사에서 "이순신은 수군이 여지없이 패한 뒤에도 군량과 군선을 조치해 승리를 거두어 경리로부터 상을 받았습니다. 포상의 은전을 내리는 것은 오직 성상의 결단에 달려 있습니다"라고 아뢰자, 선조는 "우리나라 장수들이 수급을 얻은 것은 흡사 어린애들 장난과 같아서 천하에 웃음거리가 되고 있다. (…) 이순신에게 포상은 할 만하지만 품계를 올리는 것은 좀 지나친 듯하다"라고 막아버렸다.

4월 28일 승정원의 보고에 따르면, 선조의 명령에 따라 이순신은 절충장군(정3품)에서 가선대부(종2품)로 승진했다. 이로 미뤄보면 이순신은 명량해전의 공으로 절충장군이 된 후 명나라 장수들의 상에 힙입어 가선대부가 된 것으로 보인다. 이순신은 통제사에서 파직되기 전에는 정헌대부(정2품)였는데, 무보직 백의종군 후 정유재란 때 그 아래 품계인 가선대부로 올라간 것이었다.

정확한 날짜는 알려져 있지 않지만, 이순신은 1598년 6월 무렵 명나라 유격 계금과 합세했다. 1597년 11월 4일 경리 양호는 조선 조정에 이순신을 속히 불러오도록 요청했다. 당시 수군장 계금이 이순신과 만나 군사작전을 논의하기 위해서였다. 하지만 이순신은 해남 등지로 떠났다가 육로가 적에게 차단당해 올라오기가 쉽지 않았다. 당시 이순신은 명나라 장수들을 접대하는 문제로 골머리를 앓고 있었다. 6월 24일 비변사가 올린 보고에는 당시 이순신의 곤경이 잘 드러나 있다.

이순신은 수군이 모조리 패배한 뒤, 떠돌아다니며 피난하는 사람들을 수습해 군병(軍兵)을 만들고 황폐한 곳에 주둔하고 있으면서 가까스로 물자를 자급하고 있습니다. 지금 중국의 많은 장수와 관리들이 내려가 그와 함께 진을 치고 있는데, 모든 일에 우리의 물자를 헤아리지 않고 끊임없이 독촉하고 있습니다. 심지어 우리의 군병과 기계(器械)까지 점고(點考)합니다. 그래서 모든 사무를 자유로이 처리하지 못하고 한결같이 명나라 장수의 명령을 받고 있으니, 그간 징발의 폐단과 난감한 역사(役事)는 이루 말할 수 없을 정도입니다. 그리고 육지로 군량을 운반할 수 없어서 할 수 없이 우리나라 수군의 군량을 우선 공급하고 있습니다. 조금 남아 있던 군량마저도 머지않아 고갈될 것입니다. 신들은 이 점이 몹시 우려됩니다. (이순신이) 지형이 좋은 곳을 구해 (적을) 바라볼 수 있는 지역에 나누어 주둔하면서 앞뒤에서 적을 몰아치는 태세를 구축한다면, 밖으로는 웅장한 형세를 갖추고 안으로도 진퇴를 자유롭게 할 수 있어서 온전하고 편할 것입니다. 그런데 지금은 이미 유격 계금과 함께 거처하고 있으니 이 일도 행하기가 어렵습니다.

당시 명군 지휘부에서는 인사이동이 있었다. 6월 14일 이순신을 높이 평가하던 경리 양호가 파직당하고 만세덕으로 교체되었다. 1597년 12월 23일부터 1598년 1월 4일까지 벌어진 울산 도산성 전투의 패전 책임에 따른 것이었다. 당시 조명연합군은 총력을 기울여 가토 기요마사군을 공격했다. 하지만 일본군은 군량과 식량이 부족했음에도 완강히 저항했다. 그들은 군량이 떨어져 종이를 씹어먹고 성벽에 바른 흙을 삶아먹으며 굶주림을 채우고 있었다. 하지만 서생포와 부산포의 일본군이 합세하면서 전세는 더욱 불리해졌다. 조명연합군은 결국 혹독한 추위 등으로 많은 부상자와 전사자만 남긴 채 군사를 퇴각시키고 말았다.

사단은 명나라 장수들의 허위보고로 불거졌다. 울산전투에서 거의 2만 명에 가까운 사상자가 났는데, 양호는 명나라 조정에 단지 1백 명만 전사했다고 속여 보고했다. 찬획주사 정응태는 명나라 조정에 양호를 탄핵하는 보고서를 올렸다. 양호가 엉성하게 작전을 세우고 장교들의 군량을 허비한 사실을 폭로한 것이었다. 명나라 황제는 이 보고를 받고 진노하여 양호를 처형하려 했지만, 두둔하는 신하의 설득으로 간신히 사형은 면해주었다.

3. 영웅의 최후

명나라 수군제독 진린

　그 무렵 명나라 수군제독 진린이 선조와 서울에서 만나고 있었다. 진린은 증파된 수군과 육군 9천여 명을 이끌고 4월 27일 요동에 도착한 후 국경선을 넘었다. 그는 노량해전에서 이순신과 운명을 같이할 인물이었다. 선조는 6월 26일 남쪽으로 떠나는 진린을 동작진까지 배웅나갈 정도로 극진히 대우했다. 그런데 진린은 이날 작별하면서 선조에게 의미심장한 말을 던졌다.

　"나는 천조(天朝)에서 명을 받아 수군을 거느리고 있으니, 조선 수군과 변방 장수들을 절제해야만 합니다. 조선의 관리 중에 혹 명을 어기는 자가 있으면 일체 군법으로 다스려 절대로 용서하지 않을 것입니다."

　선조는 도승지 신식에게 "이것은 매우 중요한 일이다. 비변사에 알려서 의논해 조치하게 하라"라고 지시했다. 이어 선조는 진린에게 두 번 절하고 환궁했다. 다음날 6월 27일 비변사는 명나라 장수들의 처리 문제가 난감하다는 점을 선조에게 아뢰었다. 비변사의 이야기를 간추려보면 다음과 같다.

명나라 장수는 아군에게 오히려 방해되는 일이 많다. 모든 일을 처리하는 데 독촉이 성화같다. 심지어 중요한 시기에 작전을 벌일 때도 자기들 마음대로 해서 우리의 뜻이 통하지 않고 있다. 공을 세울 만한 일에는 조선군이 손도 대지 못하게 하고, 잘못한 일이 있으면 번번이 우리에게 책임을 돌린다. 더구나 수군의 경우는 모두 유랑하는 백성들을 어렵게 끌어모은 상태인데 지금 허다한 중국 장수들이 진중(陣中)에 내려가서 절제를 핑계로 엄격하고 다급하게 처치한다면 다시 흩어져버릴 우려가 없지 않다.

접반사 남복흥에게 들으니 "제독(진린)이 우리나라의 군병을 직접 거느리고 싶어한다"라고 한다. 만약 이 말대로 된다면 일은 더욱 어렵게 될 것이다. 통제사 이하는 모두 군사 없는 장수로 전락하고 말 것이다. 진린의 일은 몹시 걱정스럽다. 형편이 어렵다고 거절하고 싶지만 그렇게 할 수도 없다.

조정으로서는 난처하기 짝이 없었다. 결국 비변사는 선조에게 진린의 요구에 다음과 같이 회답하라고 조언했다.

"본국의 수군은 모조리 패배한 나머지 제 모양을 갖추지 못하고 있습니다. 그간 군사물자와 전선도 힘이 모자라 많이 대비하지 못했습니다. 사졸들은 모두 바닷가의 어부와 여염집 사람들이라 제대로 훈련도 되지 않았습니다. 그래서 대인의 계획에 따라 지휘하는 데 일일이 합당하게 하지 못할까 염려스럽습니다. 그러나 분부하신 뜻대로 다시 각별히 타이르겠습니다. 통제사 이순신, 경상우

「무술일기」의 일부 물품 목록을 정리한 것이다. 이순신의 꼼꼼한 성격을 엿볼 수 있다.

수사 이순신李純信, 전라우수사 안위, 충청수사 오응태 등에게 각각 부하 장수들을 거느리고 소속 군병을 단속케 하겠습니다. 그래서 모든 군사상 기회와 대사를 대인의 분부대로 따르고 감히 태만히 하지 못하게 하겠습니다."

비변사는 우리 수군 장수들의 처지도 고려하지 않을 수 없었다. 그래서 내놓은 방책이 선조가 특별히 조정의 뜻을 알리는 글을 내려보내 장수들이 따르게 하자는 것이었다. 그러면 설령 진린 제독이 직접 군병을 통솔하려고 하더라도 여러 장수들이 아마 이해할 것이다. 중국 장수를 접대하는 일은 끝이 없어서 시일이 지날수록 사사건건 더욱 대처하기 어려울 것이다. 군량을 마련하는 일 등에 대한 모든 일을 미리 준비해야 한다. 명나라 장수들의 환심을 잃지 않아야 서로 협력해 일을 성사시킬 수 있을 것이다…… 이런 식으로 조선으로서는 까다로운 상전을 뒷바라지하는 데 여간 조마조마한 게 아니었다.

명나라 수군제독 진린은 어떤 인물일까. 유성룡의 『징비록』에 따

명군의 군선 당시 명군의 군선 형태는 지역마다 조금씩 달랐다. 왼쪽이 광동선이고 오른쪽이 복건선이다.(『무비지』)

르면, 진린은 성질이 사나워서 우리나라 사람들이 그를 두려워했다고 한다. 진린이 서울에 머물고 있을 때 일이다. 그의 부하 군사가 한 고을의 수령을 때리고 욕설을 퍼부었다. 또한 새끼줄로 조선 관리의 목을 매고 끌어와 얼굴이 피투성이가 되기도 했다. 유성룡이 통역관을 시켜 말렸지만, 진린은 듣지 않았다. 유성룡은 여러 신하들과 모인 자리에서 한탄했다.

"애석하게도 이순신의 군사가 장차 패할 것 같습니다. 진린과 함께 군중에 있으면 행동하는 것이 억눌리고 의견이 서로 맞지 않을 것입니다. 그는 반드시 우리 장수의 권한을 침탈하고 군사들을 마음대로 학대할 것입니다. 이를 거스르면 더욱 성낼 것이고, 그대로 따라주면 꺼리는 일이 없을 것입니다. 이순신의 군사가 어찌 패전하지 않을 수 있겠습니까?"

수급을 빼앗기다

7월 16일 진린은 수군 5천 명을 이끌고 이순신의 진이 있던 고금도에 이르렀다. 진린의 지휘를 받는 장수들은 부총병 진잠, 등자룡, 유격 마문환, 계금, 장양상 등이었다. 조선 조정에서 우려한 것처럼 이순신 부대와 합세한 진린은 이순신의 군사작전을 방해하거나 군공을 가로채는 등 말썽을 일으키고 있었다. 이순신은 명나라 상전을 모시고 전전긍긍하는 한편 적을 쳐야 하는 이중의 어려움을 헤쳐가야 했다. 약소국 장수의 운명이란 서글프기 짝이 없었다.

이순신이 진린과 만난 지 얼마 지나지 않은 7월 18일이었다. 적선 1백여 척이 녹도로 들어온다는 전령이 왔다. 이순신과 진린은 전선을 거느리고 장흥의 금당도로 출동했다. 하지만 막상 도착해보니 적선 2척만이 달랑 남아서 허둥지둥 도망치고 있을 뿐이었다. 이순신과 진린은 고금도로 되돌아왔다. 이순신은 녹도만호 송여종에게 전선 8척을 이끌고 고흥 절이도에서 복병하게 했다. 진린도 명나라 수군 전선 30척을 남겨두었다.

그달 24일 송여종이 거느린 조선 수군이 절이도 앞바다에서 적선을 대파하는 개가를 올렸다. 반면 명나라 군사들은 멀리서 팔짱을 낀 채 싸움 구경만 할 뿐이었다. 이날 전투에서 조선군은 머리 71급을 거두었지만, 명군은 전과가 전혀 없었다. 이순신의 장계(『선조실록』1598년 8월 13일)에 따르면, 조선 수군들이 개선하는 것을 보고 진린은 뱃전에 서서 발만 동동 구르며 부아를 참지 못했다고 한다. 그는 적의 머리 하나 베지 못한 부하 장수들에게 분통을 터뜨렸다. 게다가 애먼 조선 장수들까지 협박했다. 이순신은 마지 못해 그에게 머리 40급을 보내주었다. 진린의 부장 계급도 부하를 시켜 수급을 애걸했다. 이순신은 그에게도 적의 머리 5급을 바쳤다. 사정이 이런데도 진린은 명나라 지휘부에 허위보고서를 보냈다. 10월 4일 비변사가 선조에게 진상을 아뢰었다.

도독 진린이 이순신에게 독촉해 26급만을 벤 것으로 장계를 꾸미게 했습니다. 이순신은 도독의 말대로 26급을 베었다고 거짓 장계를 보내고 별도로 장계를 만들어 사실대로 보고했습니다. 안찰사 왕사기가 남쪽으로 내려와서 그 소문을 듣고 우리나라에 공문을 보냈습니다. 수급에 관련된 일을 묻고 아울러 이순신의 장계를 보내라고 명했습니다. 만약 실제 장계를 보내면 반드시 도독을 큰 죄에 빠뜨릴 것입니다. 거짓 장계를 보내는 것이 합당할 듯합니다.

조선 조정으로서는 명나라 장수의 심기를 불편하게 할 수는 없는 노릇이었다. 결국 명나라 장수와 공모해 자기 나라 장수의 공을 낮추고 상대편 장수의 공을 높이는 식으로 전공을 조작할 수밖에 없는 게 당시 조정의 현실이었다. 이순신의 장계가 올라온 후 이틀 뒤인 8월 15일 선조는 제독 마귀와 만나 이야기를 나누었다. 이때 절이도 승전이 화제로 올랐다.

마귀 : 근일 남쪽 소식은 어떻습니까?
선조 : 수군의 보고를 들으니, 진 도독 대인이 적의 수급을 상당히 많이 거두었는데, 소방(小邦)의 수군도 황제의 위엄에 힘입어 약간의 승리를 거두었다고 합니다.

마귀 : 저도 들었습니다. 이순신이 아니었던들 중국 군대가 작은 승리를 거두는 것도 어려웠으리라고 했습니다. 국왕께서는 조선의 여러 장수들 가운데 누가 훌륭하다고 생각하십니까? 저는 이순신, 정기룡, 한명련, 권율 등이 제일이라고 여깁니다. 저번에 군문(형개)에게 이 말을 했더니 군문이 상품을 나누어 보내 그들의 마음을 격려했다고 합니다.

중앙에서 선조와 마귀가 외교적 수사를 나누고 있을 무렵, 남쪽에서는 명나라와 조선 장수들 사이에 갈등의 골이 깊어가고 있었다. 당시 진린은 이순신이 거느린 조선 수군까지 자기 손아귀 안에 두려 했다. 심지어 조선군의 공격 계획까지 무산시키는 일도 있었다. 이순신은 조정에 올린 장계에서 "신이 기회를 틈타 왜적을 섬멸하려 해도 매번 도독에게 중지당합니다. 걱정스럽기 그지없습니다"(『선조실록』 1598년 9월 10일)라며 어려움을 털어놓고 있다. 당시 진린은 육군장 유정과도 군사 관할권을 놓고 서로 다투고 있는 상황이었다. 이순신과 조정의 입장은 더욱 난처할 수밖에 없었다.

도요토미, 이슬로 지다

한편 1598년 8월 무렵 일본에서는 전쟁의 운명을 가를 중대한 사태가 전개되고 있었다. 바로 도요토미 히데요시가 사망한 것이었다. 당시 일본에 있던 예수회 신부 프란시스코 파시오의 보고서에는 당시 상황이 자세히 기록되어 있다. 도요토미는 6월 8일 단오

절 축하행사 뒤 병에 걸렸다. 7월 초에는 병이 눈에 띄게 악화되면서 자리에서 일어나지 못했다. 자신의 최후가 가까워졌다는 사실을 알아차린 히데요시는 자신의 사후에 여섯 살 난 아들 도요토미 히데요리豊臣秀賴를 후계자로 남길 방법을 거듭 궁리했다. 여러 제후들이 모인 자리에서 히데요시는 도쿠가와 이에야스德川家康를 옆자리로 불렀다.

"나는 곧 죽을 것이다. 어차피 죽음은 피할 길이 없으므로 특별히 고통스럽게 생각하지는 않는다. 다만 적잖이 우려하는 바는 아직 통치할 정도가 되지 못하는 어린 자식을 남기고 세상을 뜨는 것이다. 나는 자식과 함께 일본 전체를 통치할 권한을 지금 그대의 손에 넘기기로 한다. 그대는 내 자식이 통치의 임무를 감당할 만한 나이에 이르게 되면 반드시 정권을 내 자식에게 넘겨주라."

히데요시는 자신의 사후에 전란이 일어날 것이 두려웠다. 그래서 오사카 성에 새롭게 성벽을 둘러 난공불락의 요새를 만들고 성안에는 주요 가신들이 처자와 함께 생활할 저택을 짓게 했다. 또한 명나라와 강화를 맺고 전쟁에 참가한 모든 장수들이 조선에서 귀국할 때까지는 자신의 죽음이 비밀에 붙여지는 편이 좋다고 판단했다. 그래야 아들의 장래가 한층 더 튼튼해질 것이라고 여겼던 것이다.

병세가 나날이 악화되자 히데요시는 후시미 성 안에서 가장 높고 깊숙한 곳에 있는 안방으로 거처를 옮겼다. 성의 모든 출입문에는 삼엄한 경계태세가 펼쳐졌다. 8월 15일 히데요시는 광란 상태에 빠져 얼토당토않은 이야기를 지껄여댔다. 마침내 다음날 새벽 날이 채 밝기 전에 그는 숨을 거두었다. 다른 기록에 따르면, 도요토

도요토미 히데요시 초상화

미는 8월 18일 새벽 2시에 사망했다고 한다. 임종 전에 도요토미는
시를 한 편 지어 시녀에게 보관해두도록 했다.

이슬로 떨어져 이슬로 사라지는 것이 나의 몸일까.
오사카에서 이룬 대업도 꿈속의 꿈이런가.

한갓 이슬로 사라질 인간이 이웃나라를 피와 눈물의 골짜기에
빠뜨렸으니 역사는 이성보다 광기의 손을 들어주기도 하는 모양
이다. 어쨌든 도요토미의 사망으로 전쟁 국면은 일변했다. 도쿠가
와 이에야스를 비롯한 막료들은 도요토미의 죽음을 일급비밀에 부
쳤다. 9월 말 도쿠나가 도시마사德永壽昌와 미야모토 도요모리宮本豊盛

를 조선에 파견해 히데요시의 죽음을 비밀로 한 채 일본군에게 철수할 것을 명했다.

한편 조선에서는 8월 초부터 도요토미의 와병설이나 사망설이 유포되고 있었다. 하지만 선뜻 믿을 수 없는 정보였다. 조명연합군은 9월 중순 4대 부대로 나누어 일본군을 총공격할 계획을 세웠다. 제독 마귀는 울산의 가토 기요마사를, 제독 동일원은 사천의 시마즈 요시히로를, 제독 유정은 순천 예교의 고니시 유키나가를, 도독 진린은 수로에서 해군을 협공하기로 한 것이다.

일본군은 한편으로는 조명연합군에 대항하고 한편으로는 화친을 구걸하면서 철병을 서두르고 있었다. 가토와 시마즈는 철수가 비교적 쉬웠지만, 순천에 있던 고니시는 조명 연합함대에 의해 퇴로가 봉쇄당하고 있던 터라 본국으로 물러가는 것조차 여의치 않았다. 다급해진 고니시는 9월 20일 순천을 포위하고 있던 유정을 만나 길을 열어줄 것을 애원하려 했다. 하지만 명나라 육군과 때마침 당도한 진린과 이순신의 연합함대의 공격을 받고 후퇴할 수밖에 없었다.

9월 22일 조명연합함대가 순천에 접근하자 일본군은 필사적으로 저항했다. 이날 명나라 유격 계금이 오른쪽 팔에 탄환을 맞았지만 상처가 깊지는 않았다. 하지만 명나라 군사 11명이 사망하고 지세포만호와 옥포만호도 탄환에 맞았다. 조명군의 사상자가 많았던 것은 명군측에서 적극적인 공격의사가 없었기 때문이었다. 이 무렵 고니시는 유정에게 뇌물공세를 퍼부으며 퇴로를 열어달라고 애걸하고 있었다. 명나라측의 보고(『선조실록』 1598년 12월 4일)에 따르면, 고니시는 유정에게 머리 2천 급을 바칠 테니 돌아가게 해달하고 흥정했다고 한다.

10월 2일부터 3일 사이에 이순신은 다시 일본군 진영을 공격했다. 신흠의 『상촌집』에 따르면, 3일 진린이 부하 장수들에게 "배 한 척마다 적선 몇 척씩 잡아오도록 하라. 오늘밤에 기필코 이 적을 남김없이 섬멸해야 할 것이다"라고 독려했다. 이순신은 진린에게 조수가 빠져나가니 위험하다고 경고했다. 하지만 진린은 이를 무시해버렸다. 명나라 전선 23척이 적선을 탈취하려다가 얕은 여울에 걸려 꼼짝달싹하지 못하게 되었다.

적은 이런 호기를 놓치지 않았다. 적이 명나라 전선을 포위하며 공격하자 명군 진영은 순식간에 혼란에 빠지고 말았다. 조선 군사들이 화살을 쏘며 공격하자 적이 비로소 한쪽을 텄다. 진흙탕 속에 빠져 있던 명군 1백40여 명이 이 틈을 타서 간신히 빠져나올 수 있었다. 이날 전투에서 진린 부대는 전선 39척이 불타고 5명이 사망하는 피해를 입었다. 조선 수군의 희생도 적지 않았다. 사도첨사 황세득과 이청일 등 29명이 전사했다. 진린의 만용이 부른 어이없는 결과였다.

이때도 유정은 깃발을 내린 채 나 몰라라 하고 있었다. 김수가 공격하자고 간청했지만, 되레 노기만 띤 채 끝내 군대를 출동시키지 않았다. 유정은 7일 밤을 틈타 군대를 거두어 물러가고 말았다. 우의정 이덕형의 보고에 따르면, 유정군이 철수할 때 승주 예교에서 순천에 이르기까지 쌀이 길바닥에 낭자했고, 일부는 일본군의 손에 들어갔다고 한다. 이덕형은 명나라 군사들의 한심한 작태를 다음과 같이 보고했다.

유정은 한결같이 교만하고 경솔하며 돈과 여자를 좋아할 뿐입니다. 여러 장수들은 그를 하찮게 여겨 두려워하지 않고 있으니 더욱 염려스럽습니다. 이방춘과 우백영 등의 경우는 싸우려는 뜻이 더욱 없습니다. 늘 적을 뒤에 두고 진군하기가 불편하다고 말하며 의심하는 마음을 부추깁니다. 또 남원에서 거느리던 기생을 진중으로 데리고 왔습니다. 부하 장수들과 군사들도 다투어 여자를 데리고 다녀 진중이 문란하기 비길 데 없습니다.(『선조실록』 1598년 11월 2일)

대장별이 희미해지다

유정의 육군이 물러나자 이순신도 더이상 버틸 수 없었다. 이순신은 10월 9일 진린과 함께 순천을 떠나 12일 고흥에 이르렀다. 11월 8일에는 진린과 다시 만났다. 진린은 승주 예교의 적들이 10일 사이에 철수한다는 육지의 기별을 받았다며 퇴로를 차단하자고 말했다. 이순신은 9일 진린과 함께 여수를 출발해 11일 광양군 유도에 이르렀다. 이때 고니시는 진린에게도 뇌물로 꾀며 퇴로를 열어달라고 농간을 부리고 있었다. 다시 명나라측의 보고를 따라가보자.

고니시는 유정에게 머리 2천 급, 진린에게는 1천 급을 바치겠다고 사신을 보내 제안해왔다. 진린은 유정보다 뇌물이 적은 것을 알고 분개했다. 그는 "나에게도 머리 2천 급을 주면 보내줄 수 있다"라고 답했다. 고니시는 날마다 진린에게 예물, 술과 음식, 창검 등을 바쳤다. 그러면서 진린에게 꿍꿍이를 숨기고 태연히 말했다. "남해에 사위가 있습니다. 그와 만나 의논해야 하므로 사람을 보내

시마즈 요시히로島津義弘. 사쓰마병 1만 4천여 명을 이끌고 참전했던 4번대의 사령관. 육전에서는 명성을 날렸으나 고니시의 구원 요청을 받고 구하러 가다가 노량해전에서 이순신의 함대에 대패했다.

불러오려고 합니다. 이곳의 배를 내보내주기 바랍니다." 이순신은 이 소식을 듣고 적이 구원병을 청하려는 계략임을 간파했다. 이순신은 진린에게 항의했다.

"속임수를 믿어서는 안 됩니다. 사위를 불러온다는 것은 구원병을 청하려는 것입니다. 결코 허락할 수 없는 일입니다."

하지만 진린은 이순신의 말을 무시해버렸다. 14일 진린이 길을 터주자 고니시는 작은 배 한 척에 8명을 태워 바다를 건너가게 했다. 이 배는 사천에 머무르고 있던 시마즈 요시히로를 찾아갔다. 이를 탐지한 이순신은 진린을 간절히 설득했다. "왜선이 나간 지 이미 나흘이 되었습니다. 머지않아 반드시 구원병이 올 것입니다. 우리들도 묘도 등지로 가서 길목을 지켜 적을 차단해야 합니다." 진린은 결국 이순신의 뜻에 따르지 않을 수 없었다.

이순신의 일기에도 고니시와 진린이 밀통하는 상황이 기록되어 있다. 11월 14일 일본 배 두 척이 강화하기 위해 바다로 나왔다. 진린은 통역관을 시켜 일본 배를 마중했다. 일본인들은 진린에게 붉은 기와 환도 등을 바쳤다. 오후 8시에는 일본군 장수가 작은 배를 타고 진린에게 와서 돼지 두 마리와 술 두 통을 바치고 갔다. 15일에는 진린이 진문동을 일본 군영으로 들여보냈다. 조금 후에 일본 배 세 척이 말 한 필과 창, 칼 등을 진린에게 바쳤다.

이순신의 일기는 11월 17일로 끝나고 있다. 이순신이 전사하기 바로 이틀 전이다. 마지막 일기에서 이순신은 이렇게 썼다.

어제 복병장 발포만호 소계남과 당진포만호 조효열 등이 한산도 앞바다까지 적선을 추격했다. 왜의 중간 배 한 척이 군량을 가득 싣고 남해에서 바다를 건너갔던 것이다. 왜선은 기슭을 타고 올라가 달아났다. 잡은 왜선과 군량은 명나라 군사에게 빼앗기고 빈손으로 와서 보고했다.

이날 진린은 이순신에게 편지를 썼다. "제가 밤이면 천문을 보고 낮이면 인사를 살폈는데, 동방에 대장별이 희미해져갑니다. 머지 않아 공에게 화가 미칠 것입니다. 공이 어찌 이를 모르겠소. 어찌 무후(제갈량)의 예방하는 법을 쓰지 않습니까." 무후의 예방법이란 『삼국지연의』에 나오는 제갈량의 일화를 가리킨다. 제갈량이 오장원에 진치고 있을 때였다. 하루는 혜성이 나타나 정승의 별인 삼태성을 침범했다. 제갈량은 자신이 죽을 징조임을 예감했다. 그는 장막 안에 촛불을 켜고 북두칠성에 기도를 올리며 죽음을 피해보려

이순신의 투구함

했다. 하지만 부하 장수가 실수로 촛불을 꺼뜨리는 바람에 기도는 허사로 끝나고 말았다고 한다.

　이순신은 진린의 편지를 받고 바로 답장을 썼다. "저는 충성, 덕망, 재주 이 세 가지 모두 무후만 못합니다. 비록 무후의 법을 쓴다 한들 하늘이 어찌 들어줄 리가 있으리까?" 이순신은 하늘의 뜻을 알았던 것일까. 다음날 과연 하늘에서 큰 별이 떨어졌다고 한다. 이 이야기는 이순신의 최후에 신비한 후광을 드리운다. 위대한 장수의 죽음을 하늘이 미리 알려주었는지는 모르지만, 진린이 이순신의 안위를 걱정했던 것만은 틀림없다.

죽은 자와 산 자

11월 18일 임진왜란을 종결짓는 전투이자 이순신 최후의 해전인 노량해전이 벌어졌다. 이날 이순신은 진린에게 말했다. "적의 구원병이 곧 당도할 것입니다. 저는 먼저 가서 공격하겠습니다." 진린은 처음에는 이를 허락하지 않았다. 이순신은 물러서지 않았다. 이순신이 나팔을 불며 출격하자 진린도 어쩔 수 없이 그 뒤를 따랐다. 훗날 좌의정 이덕형의 보고(『선조실록』 1599년 2월 2일)에 따르면, 중국 배는 전장에서 멀리 떨어진 채 그저 위세만 보였을 뿐, 중국 장수 가운데는 등자룡과 진린 두 사람만 판옥선을 타고 가서 싸웠다고 한다.

한편 고니시의 구원 요청을 받은 시마즈 요시히로 등 일본 수군은 남해 창선도에 집결해 있었다. 그들은 11월 18일 밤을 틈타 5백여 척을 이끌고 순천으로 향했다. 당시 진린 함대는 곤양 죽도, 이순신 함대는 남해 관음포 부근에서 적의 길목을 지키고 있었다. 적들이 하동과 남해 사이의 노량해협을 향해 다가오고 있다는 보고가 들어왔다. 이순신은 곧 노량 쪽으로 배를 몰았다. 명나라 수군도 뒤를 따랐다.

이날 전쟁의 선봉에 선 것은 이순신과 명의 부총병 등자룡이었다. 전쟁은 한 치 앞을 내다볼 수 없는 혼전을 거듭했다. 진린의 배가 적에게 포위되어 위기에 빠지자 이순신은 급히 달려가서 그를 구해주었다. 얼마 후 이순신이 궁지에 몰리자 이번에는 진린이 이순신을 구출해주었다. 적과 아군의 전투가 갈수록 치열해지면서 명군의 실수로 등자룡이 탄 배에 불이 붙고 말았다. 군사들이 허둥

일본 사료 『회본태합기』 명량해전도

지둥 갈피를 잡지 못하는 틈을 타서 적군이 등자룡의 배에 올랐다. 등자룡은 결국 불귀의 객이 되고 말았다. 전투는 다음날 19일까지도 그칠 줄을 몰랐다.

어느새 해가 중천에 떠올랐다. 조명연합군의 기세에 눌린 일본군은 남해 관음포로 퇴각하기 시작했다. 이순신은 군사를 독려하며 일본군의 뒤를 쫓았다. 쫓는 자와 쫓기는 자들의 일진일퇴 공방전이 예측불허의 상황으로 치닫고 있었다. 그때 적이 쏜 탄환 하나가 이순신을 향해 날아갔다. 이순신의 몸이 꺾였다. 얼마 후 이순신은 절명하고 말았다. 양측의 교전이 한창일 무렵 고니시 유키나가는 급히 배를 타고 몰래 빠져나갔다. 이순신의 사후에도 전투는 계속되었다. 그 결과 조명연합군은 약 2백 척에 이르는 적선을 침몰시키고

중국 사료에 보이는 명량해전 그림(대파왜구도大破倭寇圖)

머리 5백 급을 거두었다. 남해의 푸른 물을 피로 물들인 노량해전은 그렇게 끝났다. 장장 7년에 걸친 임진왜란도 종말을 고했다.

이순신의 최후에 대해서는 여러 기록들이 엇갈린 증언을 하고 있어 오늘날까지도 논란이 분분하다. 먼저 『선조실록』의 기록을 살펴보자. 11월 21일 기록에 따르면, 이순신은 몸소 활을 쏘다가 적의 탄환에 가슴을 맞아 선상에 쓰러졌다. 이순신의 아들이 곡하려 하고 군사들도 당황했다. 그때 곁에 있던 손문욱이 아들의 울음을 그치게 했다. 그는 이순신의 유해를 옷으로 가려놓은 다음 북을 치며 독전을 계속했다. 모든 군사들은 이순신의 사망을 모른 채 용감하게 싸웠다고 한다. 12월 18일 도원수 권율의 장계에도 손문욱이 이순신의 사후처리를 맡았던 것으로 기록되어 있다.

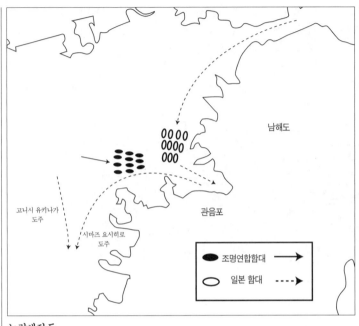

남해도

남해도

고니시 유키나가
도주

시마즈 요시히로
도주

관음포

| | 조명연합함대 | ──► |
| | 일본 함대 | ┄┄► |

노량해전도

통제사 이순신이 전사한 뒤 손문욱 등이 임기응변으로 잘 처리했습니다. 그 덕택에 (우리 군사들이) 죽음을 무릅쓰고 싸웠습니다. 손문욱이 직접 갑판 위에 올라가 적의 형세를 두루 살피며 지휘해 싸움을 독려했는데, 진 도독이 함몰을 면한 것도 우리 수군의 공이 컸습니다.

김시양의 『자해필담』에도 "손문욱이 이순신의 죽음을 숨기고 평시처럼 북을 쳐서 싸움을 독려했다"라고 나와 있다. 『자해필담』에 따르면 진린은 이순신의 배에서 수급을 다투는 것을 바라보고 깜짝 놀라며 "통제사가 죽었다"라고 말했다. 좌우의 사람들이 어떻게 아느냐고 묻자, 진린은 "통제사는 군율이 매우 엄했다. 지금 그 배에서 수급을 다투어 문란하다. 이것은 호령이 없기 때문이다"라고 대답했다.

하지만 군사들의 증언은 달랐다. 이듬해 2월 8일 형조전랑 윤양은 고금도에 내려가 군사들에게 들은 말을 선조에게 전하고 있다. 고금도 군사들에 따르면, 노량해전의 전공은 모두 이순신이 힘써 이룬 것이었다. 불행하게도 이순신이 탄환에 맞자 군관 송희립 등 30여 명이 아들과 조카의 입을 막아 곡성을 내지 못하게 했다. 생시나 다름없이 호각을 불어 모든 배가 주장이 죽은 것을 알지 못하게 했다. 하지만 손문욱은 하찮은 졸개로 우연히 한 배에 탔다가 자기의 공으로 가로챘다. 이 때문에 모든 군사들이 분해했다.

송희립은 임진왜란 초기부터 군관으로서 이순신의 곁에서 전투에 참가한 인물이었다. 그는 전쟁이 끝난 후인 1601년 5월에 양산 군수로 임명되었다. 손문욱은 정유재란 이전에는 이순신의 글이나 실록의 기록에는 전혀 보이지 않는다. 정유재란 당시 이덕형과 이순신·진린 사이를 오가면서 명령을 전달했고, 전쟁이 끝난 후에는 쓰시마를 오가면서 조선과 일본의 외교교섭을 담당했다. 이로 미뤄보면 고금도 군사들의 말처럼 손문욱보다는 송희립이 이순신의 곁에 있으면서 사후처리를 맡았을 가능성이 높다.

『선조수정실록』은 "이순신이 몸소 화살과 돌을 무릅쓰고 힘껏 싸우다 날아온 탄환에 가슴을 맞았다. 좌우가 부축해 장막 속으로 들어갔다. 이순신은 '지금 한창 싸움이 급하니 조심하라. 내가 죽었다는 말을 하지 말라'고 말했다. 말을 마치자 절명했다. 이순신의 조카 이완이 그의 죽음을 숨기고 이순신의 명령에 따라 더욱 급하

묘당도(고금도에 딸린 섬) 충무사   이순신의 영구는 아산으로 이장하기 전까지 83일 동안 이곳에 안치되었다.

게 싸움을 독려했다. 군중에서는 이를 알지 못했다"(1598년 11월)라고 기록했다. 이는 대체로 이순신과 친밀한 주변 사람들의 기록과 거의 차이가 없다. 이분의 「행록」에는 이순신의 아들 회와 조카 완이 중심인물로 그려져 있다.

　19일 새벽에 공이 한창 독전하다가 문득 지나가는 탄환에 맞았다. 공은 "싸움이 한창 급하다. 내가 죽었단 말을 내지 말라"라는 말을 마치고 세상을 떠나셨다. 그때 공의 맏아들 회와 조카 완이 활을 쥐고 곁에 섰다가 울음을 참고 말했다.
　"이렇게 되다니 기가 막히는구나."
　"그렇지만 지금 만일 곡성을 냈다가는 온 군중이 놀라고 적들이 또 기세를 얻을지 모릅니다."

"그렇다. 그리고 또 시체를 보전해 돌아갈 수 없을지도 모른다."

"그렇습니다. 싸움이 끝나기까지는 참는 수밖에 없습니다."

그러고는 곧 시체를 안고 방 안으로 들어갔다. 따라서 오직 공을 모시고 있던 종 금이와 회와 완 세 사람만이 알았을 뿐, 송희립 등도 알지 못했다. 그대로 기를 휘두르며 여전히 독전했다.

유성룡의 『징비록』에서는 조카 이완이 이순신의 죽음을 숨기고 싸움을 독려했다고 하고, 조경남의 『난중잡록』에는 아들 회가 배에 있다가 아버지의 분부에 따라 북을 울리며 기를 휘둘렀다고 기록되어 있다.

한편 명나라측 기록에는 이순신의 최후가 단 한 줄로 나와 있다. 『양조평양록』은 "이순신이 등자룡을 구하려고 하다가 죽고 말았다", 『동정기』에는 "등자룡이 이 전투에서 죽었고, 이순신 역시 이 전투에서 죽었다"라고 적혀 있을 뿐이다. 두 기록 모두 노량해전에서 으뜸 공을 세운 장수로 진린을 내세우고 있다. 『양조평양록』에서는 진린이 적선 1백여 척을 불사르고 3백여 명을 죽였다고 한다. 『동정기』에는 진린이 머리 224급을 거두었다고 기록했다. 진린이 조선 조정에 보고한 기록에는 자신이 생포하거나 죽인 적이 도합 320명이라고 나와 있다.

하지만 조선측에서는 진린의 전공을 신뢰하지 않았다. 앞서 언급한 것처럼 이덕형은 진린이 전투에 소극적이었다고 지적했다. 선조는 12월 8일에 "그가 수급을 벤 숫자를 아직 확인하지 못했고 또 전투를 치른 상황이 어땠는지도 알 수 없다. 중국 장수들의 처사

남해 관음포 전경 일본 수군은 관음포가 먼바다로 통하는 수로로 착각하고 만 안으로 도주했다가 피해가 커졌다.

는 대부분 속임수가 많으니 그들의 마음을 헤아릴 수 없다"라고 말했다.

하지만 진린은 노량해전이 끝나고 자신의 공로를 내세우는 데 거침이 없었다. 자신을 접대하는 관리 남복흥에게 "나는 조선을 위한 공로가 매우 크다. 내 초상을 그려서 족자로 만들어 벽에 걸어두고 향을 피우더라도 불가할 것이 없다"라고 거드름을 피우며 말했다. 남복흥은 신임 통제사 이시언과 상의해 진린의 초상을 그려 가져갔다. 진린은 희색이 만면해 화공에게 상을 주고 다시 분부했다.

"돌아가 국왕에게 보고하고 그림은 두 장을 만들라. 또 부, 시, 송, 찬을 지어 모두 그 족자에 넣어주면 한 건은 내가 가지고 가서 후세에 길이 전하겠다."

삼강행실도에 그려진 이순신의 최후 모습

진린은 1599년 2월 7일 선조와 만난 자리에서 자신의 공을 치켜세웠다. "한창 적이 포위해오자 내 배는 큰 북을 치고 먼저 나아갔습니다. 나는 죽기를 무릅쓰고 앞으로 나아가면서 동요하지 않아 다행히 패배를 면했습니다. 이 또한 운수입니다." 죽은 자는 말이 없었지만, 죽은 자의 덕으로 살아남은 자는 제 공을 뽐내며 챙길 것을 챙겨갔다.

넬슨과 이순신, 불멸의 최후

흔히 영국의 해군 제독 호레이쇼 넬슨(1758~1805)을 이순신에 견주곤 한다. 이순신과 넬슨은 구국의 명장으로서 국가적으로 추앙받고 있다. 서울에 충무로와 이순신 동상이 있듯이, 런던에는 트래펄가 광장과 넬슨 동상이 있다. 도요토미 히데요시와 보나파르트 나폴레옹이라는 희대의 야심가들을 몰락시켰다는 점에서도 두 사람은 비슷하다. 그들이 전쟁의 승패를 가르는 해전에서 적의 총탄에 맞아 절명했다는 것도 닮은꼴이다. 흥미로운 것은 그들에게 순교자의 후광이 드리워져 있다는 점이다. 한 서양사학자는 영웅과 죽음의 관계에 대해 이렇게 말했다.

"영웅들 가운데서도 가장 강력한 영향력을 발휘하는 영웅은 죽은 영웅, 특히 순교자이다. 순교자는 그의 목표를 달성하기 위해 이 세상에서 사라짐으로써 영웅으로서의 위치를 가장 쉽게 확대시키고, 해석되게 하고, 조작될 수 있게 만들기 때문이다."(박지향, 『제국주의』)

이순신과 넬슨이야말로 전장에서 최후를 맞이함으로써 불멸의 신화를 완성한 인물들이었다. 먼저 넬슨의 죽음을 살펴보자. 1805년의 트라팔가르 해전은 숙적 영국과 프랑스의 운명을 건 한판 승부였다. 당시 유럽을 제패하고 있던 군사 천재 나폴레옹에게 도무지 풀 수 없는 숙제가 하나 있었다. 영국을 굴복시키는 것이 바로 그것이었다. 1794년부터 1805년 사이에 영국 해군은 여섯 차례나 승리하며 나폴레옹의 발목을 잡고 있었다.

1803년부터 나폴레옹은 도버 해협 연안의 불로뉴에서 영국 침공을 준비했다. 영국 해군은 이에 맞서 프랑스와 그 동맹국인 스페인, 네덜란드 항구를 봉쇄했다. 1805년 3월 빌뇌브가 이끄는 프랑스 함대는 영국의 해상봉쇄를 뚫고 툴롱을 빠져나와 스페인의 카디스에서 스페인 함대와 합류했다. 1805년 10월 19일 프랑스-스페인

연합함대는 지중해로 나가기 위해 카디스에서 출항했다. 나폴리에 군대를 상륙시켜 프랑스군의 작전을 지휘하라는 나폴레옹의 명령에 따른 것이었다.

넬슨 함대는 10월 21일 빌뇌브 함대를 추격해 카디스와 지브롤터 해협 사이에 있는 스페인의 트라팔가르 곶에서 대치했다. 프랑스-스페인 연합함대의 전투함은 33척, 넬슨 함대는 27척이었다. 넬슨은 교전하기 전에 유명한 신호문을 게양했다. "영국은 모든 대원이 각자의 임무를 완수할 것이라고 기대한다." 이어서 "닻을 준비하라" "적에게 더 가까이 접근해 교전하라"라는 신호문을 더 내걸었다. 넬슨은 공격의 최선봉에 서서 빌뇌브의 기함 부상테르를 노렸다.

정오가 가까워질 무렵 넬슨이 탄 빅토리호에 사격이 가해졌다. 영국 함대는 규칙적이고 신속한 사격으로 프랑스-스페인 연합함대를 압도했다. 전투가 시작되고 나서 3시간 만에 연합함대는 전의를 상실할 만큼 파괴되었다. 선봉에 섰던 빅토리호는 연합함대의 전열을 흐트러뜨렸지만, 프랑스 함대의 필사적인 공격으로 피해도 컸다. 넬슨은 후미 갑판 위를 거닐면서 전투 상황을 지켜보고 있었다.

오후 1시 15분 무렵, 넬슨은 부관 하디와 이야기를 나누고 있었다. 그때 프랑스 함대에서 발사된 탄환이 넬슨의 왼쪽 어깨에 명중했다. 갑판에 쓰러진 넬슨은 하디에게 "결국 나를 잡는 데 성공했군. 총알이 내 척추를 부수고 지나갔어" 하고 말했다. 하디는 넬슨을 곧 의무실로 옮겼다. 넬슨에게는 탄환을 맞은 순간부터 마지막 숨을 거두기까지 자신의 최후를 준비할 얼마 정도의 시간이 주어졌다. 그것은 넬슨의 행운이었다.

넬슨은 임박한 죽음의 고통 속에서도 인간적인 따뜻함을 잊지 않았다. 한 장교 후보생이 자신의 친구 아들이라는 사실을 알고 아버지에게 안부를 전해달라고 부탁하기도 했다. 넬슨은 마지막 순간에도 전투 결과를 물었다. 하디에게는 자신의 애인 엠마를 돌봐달라고 부탁했다. 넬슨은 자신이 살아 있는 한 끝까지 자신이 전투를 지휘하겠다고 말했다. 그리고 자신의 시신을 바다에 던지지 말라는 당부도 잊지 않았다.

숨이 가빠오는 순간에도 넬슨은 "곧 죽을 몸이었으니 갑판을 떠나지 말았어야 했다" "나는 그리 큰 죄를 짓지 않았어"라는 말을 남겼다. 그리고 불후의 명언으로 기억되는 마지막 말을 남기고 숨을 거두었다. "신에게 감사한다. 나는 내 의무를 다했노라. 신과 조국……" 영웅의 최후는 그렇게 전설이 되었다. 트라팔가르 전투 결과 프랑스 함대는 재기불능에 빠졌고 나폴레옹은 몰락의 길로 접어들었다.

넬슨의 사후 명성은 눈이 부실 만큼 압도적이었다. 넬슨은 사후에 실존하는 영웅에서 국가의 신으로 탈바꿈했다. 넬슨의 전사 소식이 전해지자 국왕은 말을 잃을 만큼 충격을 받았고, 수상 피트는 잠마저 설쳤다. 넬슨의 장례는 국장으로 치러졌고 그의 시신은 세인트폴 대성당에 묻혔다. 빅토리호는 국민들의 성지가 되었다. 무수한 화가, 조각가, 작가들이 넬슨과 트라팔가르 해전을 주제로 한 작품을 발표했다. 넬슨 기념물은 날개 돋친 듯 팔려나갔다. 소설가 조셉 콘래드가 "넬슨은 영웅주의를 의무화시켰다"라고 평할 정도였다.

이순신과 넬슨은 닮은 점보다는 다른 점이 더 많았다. 이순신이 악전고투의 명장이었다면, 넬슨은 상대적으로 유리한 조건에서 싸운 명장이었다. 이순신은 허약한 수군, 지휘관들의 불화와 분열, 장수를 신뢰하지 못하는 국왕과 대신들, 군량과 무기까지 스스로 책임져야 하는 상황 등 총체적인 난국 속에서 적과 맞서야 했다. 반면 넬슨은 세계 최강의 정예 해군, 우수한 군비, 거국일치의 지원과 신망, 일사불란한 지휘체계, 허술하고 부실한 적 등 천재적인 역량을 갖춘 장수라면 승산이 있는 전투를 치렀다.

임종의 순간도 극적으로 갈렸다. 이순신에게는 죽음을 준비할 시간이 너무 짧았다. 그의 사후 처리를 누가 맡았는지 의견이 분분할 만큼 기록마저 부실하다. 넬슨에게는 죽음이 연기되면서 생애 마지막 순간을 불후의 기억으로 남길 만한 운이 따랐다. 넬슨의 곁에는 임종을 지켜보는 사람이 많았기 때문에 넬슨의 말 한마디, 숨소리와 표정 하나까지 남김없이 기록되었다.

사후 명성에 이르는 과정도 퍽 달랐다. 이순신의 기념비적 업적과 명성은 국왕과 대신들의 오랜 논란을 거쳐 겨우 국가적으로 인정받았다. 일등공신에 올랐지만, 그와 같은 반열에 오른 인물들의 면면을 보면 반드시 영예로운 것만은 아니었다. 반면 넬슨의 사후 명성은 즉각적이고 열광적이었다. 게다가 그는 한 나라의 영웅뿐만 아니라 세계적인 영웅의 반열에 올랐다. 영웅 대접마저 국력에 반비례하는지도 모른다. 한마디로 이순신은 불행한 시대에 불행한 나라에서 살다 간 불행한 영웅이었다.

4. 끝나지 않은 이야기

백성을 감복시키다

이순신은 죽었지만 그에 대한 이야기는 죽지 않았다. 전쟁이 끝난 후 명나라 장수들은 이순신을 한결같이 높이 평가했다. 노량해전이 끝난 후 경략 형개는 이순신의 죽음을 슬퍼하며 사람을 보내 제사지냈다. 1599년 1월 6일 선조를 만난 자리에서 부총병 조여매는 "이순신은 충신입니다. 이런 자가 십여 명만 있다면 왜적에 대해 무슨 걱정할 것이 있겠습니까"라고 말했다. 그해 1월 9일 제독 마귀도 선조에게 이순신의 출신 지역을 물으면서 그의 죽음을 애석해했다.

조정 대신들의 반응도 마찬가지였다. 이순신을 둘러싼 그간의 비판적인 목소리들은 자취를 감추었다. 찬사만이 발언권을 얻을 수 있는 것처럼 보였다. 좌의정 이덕형의 발언은 당시 조정 대신들의 생각을 대변하고 있었다. 그는 명량해전이 끝난 후 이순신을 이렇게 평가했다.

　　이순신이 어떤 인물인지 알지 못했습니다. 신이 직접 확인해본 적이 없었고, 한 차례 서신을 통한 적밖에 없었습니다. 전일에 원균이 그의 처사가 옳지 못하다고 한 말만 듣고, 그는 재간은 있어도 진실성과 용감성은 남보다 못할 것이라고 여겼습니다. 그런데 신이 본도에 들어가 해변 주민들의 말을 들어보니, 모두가 그를 칭찬하며 한없이 아끼고 추대했습니다. 또 듣건대 그가 금년 4월에 고금도로 들어갔는데, 모든 조치를 매우 잘했으므로 겨우 3~4개월이 지나자 민가와 군량의 수효가 지난해 한산도에 있을 때보다 더 많았다고 합니다. 그제야 그의 재능이 남보다 뛰어난 줄 알았습니다.

　　그리고 제독 유정이 힘껏 싸우는 데 뜻이 없다는 것을 간파한 뒤에는 국가의 대사를 전적으로 수군에 기대지 않을 수 없었습니다. 그래서 신이 자주 수군에 사람을 보내 이순신에게 기밀의 일을 주선하게 했습니다. 그는 성의를 다해 나라에 몸 바칠 것을 죽음으로써 스스로 맹세했습니다. 그가 영위하고 계획한 일들이 모두가 볼 만했습니다. 따라서 신은 나름대로 '국가가 수군의 일에서만은 훌륭한 주장을 얻어서 우려할 것이 없다'라고 생각했습니다.

　　그런데 불행하게도 그가 전사했으니 앞으로 수군의 일을 책임지고 조치하는 데 그만한 사람을 구하기가 어려울 것입니다. 참으로 애통합니다. 첩보가 있던 날 군량을 운반하던 인부들이 이순신의 전사 소식을 듣고서 무지한 노약자라 할지라도 대부분 눈물을 흘리며 서로 조문하기까지 했습니다. 이처럼 사람을 감복시킬 수 있었던 것이 어찌 우연한 것이겠습니까.(『선조실록』 1598년 12월 7일)

충무공 묘 충남 아산시 염치읍 백암리 소재

사관의 평가도 이덕형과 크게 다르지 않았다. 그해 11월 27일자 『선조실록』에서 사관은 이순신의 사람됨이 충성스럽고 용감하며 재략도 있었고 기율을 밝히고 군졸을 사랑해서 사람들이 모두 즐겨 따랐다고 썼다.

그의 죽음이 알려지자 호남 일대의 사람들이 모두 통곡했다. 노파와 아이들까지 슬퍼하지 않는 자가 없었다. 국가를 위하는 충성과 몸을 잊고 전사한 의리는 비록 옛날의 어진 장수라 하더라도 이보다 더할 수 없다. 조정에서 사람을 잘못 써서 이순신에게 그 재능을 다 펴지 못하게 한 것이 참으로 애석하다.

구천의 원균이 억울하리라

이런 찬양 일색의 분위기에서 단 한 명 예외적인 인물이 있었다. 바로 국왕 선조였다. 선조는 놀라울 만큼 이순신의 공과 인품에 대해 인색했다. 1599년 2월 2일 이덕형과 만난 자리에서 선조는 노량해전의 전공을 의심했다. 전공이 지나치게 부풀려진 게 아닌가 반문했다. 이덕형은 "수군의 대첩은 거짓말이 아닙니다. 소신이 종사관 정혹을 보내 알아보았습니다. 부서진 배의 판자가 바다를 뒤덮어 흐르고 포구에는 무수한 왜적의 시체가 쌓여 있다고 했습니다. 이로 보면 굉장한 승리였음을 알 수 있습니다"라며 선조의 의혹을 정면에서 반박했다.

공신 책정 과정에서도 선조의 입장은 신하들의 의견과 적지 않은 충돌을 일으켰다. 전쟁 공로자에 대한 논공행상은 1601년(선조 34)에 시작되어 1604년(선조 37) 10월에 마무리되었다. 3년 7개월에 걸친 난산 과정이었다. 왕과 신하들의 입장이 엇갈리면서 수차례 조정을 거쳐야 했다. 그만큼 민감하고 정치적인 성격이 짙은 사안이었다.

특히 이순신과 원균의 군공 평가 문제가 논란의 핵심이었다. 대신들은 이순신을 일등공신, 원균을 이등공신으로 책정했다. 하지만 선조의 입장은 달랐다. 이순신과 동일하게 원균을 일등공신으로 올려야 한다는 게 선조의 일관된 논지였다. 공신 책정 논의가 본격적으로 시작되기 전인 1601년 1월 17일, 선조는 이덕형에게 원균에 대한 자신의 생각을 밝혔다.

원균이 전쟁에서 패한 후 사람들이 그를 헐뜯고 있다. 과인은 원균이 용감하고 슬기로운 자라고 생각한다. (…) 원래 영웅은 성패를 가지고 논할 수 없다. 과인이 원균의 행적을 직접 본 것은 아니나 당초 임진년에 이순신과 함께 적을 칠 때 싸움이 벌어지면 반드시 앞장섰다. 이로써 그가 용감히 싸웠던 것을 알 수 있다. 한산싸움(칠전량해전)에서 패전한 것 때문에 다투어 그에게 허물을 돌리지만, 그것은 그의 잘못이 아니었다. 바로 조정이 그를 빨리 들어가도록 재촉했기 때문이다. (…) 지금 원균의 후인으로 고관대작이 된 자가 많다. 그런데도 그 싸움에 패한 죄를 유독 원균에게만 돌린다면, 원균의 본심이 후세에 밝혀지지 않을 것이다. 구천에 있는 그의 넋도 어찌 승복하고 억울하게 여기지 않겠는가.

이순신을 통제사직에서 파직하면서 그에게 증오에 가까운 언사를 내비쳤던 것과는 달리, 선조는 원균에 대해서는 이상하리만큼 너그러웠고 틈날 때마다 그를 옹호했다. 심지어 구천에 있는 원균의 억울한 심정까지 국왕이 몸소 헤아리고 있는 실정이다. 1603년 6월 26일 군공청에서 원균을 이등공신으로 책정하자 선조는 불쾌한 심사를 드러냈다.

적변이 발생했던 초기의 사정을 살펴보면 원균이 이순신에게 구원해주기를 청했던 것이지 이순신이 자진해서 간 것이 아니었다. 왜적을 토벌할 적에 원균이 죽기로 결심하고 매번 선봉이 되어 먼저 올라가 용맹을 떨쳤다. 승전하고 노획한 공이 이순신과 같았는데, 노획한 적의 장수와 배를 도리어 이순신에게 빼앗긴 것이다. (…) 원균은 용기만 삼군에서 으뜸이었던 것이 아니라 지혜도 또한 지극했다. (…) 원균을 이등에 두었으니 어찌 원통하지 않겠는가. 원균은 지하에서도 눈을 감지 못할 것이다.

이런 선조의 강경한 의지에 힘입어 원균도 일등공신으로 이름이 올라갔다. 이날 신하들은 원균을 이등에 올린 까닭을 밝혔다. 원균이 "당초 군사가 없는 장수로서 해상의 대전에 참여했고, 뒤에는 수군을 패전시킨 과실이 있기 때문"이었다. 하지만 "방금 성상의 분부를 받들었으니, 올려서 일등에 넣겠습니다"라며 입장을 바꾸었다. 이런 결정에 대해 사관은 "원균은 군선을 침몰시키고 군사를 해산시킨 죄가 매우 컸다"라고 논평했다.

선조는 왜 그렇게 원균에게 집착했던 것일까. 용맹한 장수가 지나치게 폄하되는 데 대해 국왕으로서 안타까웠을 수도 있다. 하지만 그것이 진실의 전부는 아니었다. 여기에는 좀더 복잡한 정치적 논리가 숨어 있었다. 이순신을 파직시키고 원균을 통제사에 임명함으로써 결국은 칠천량의 패전을 초래한 궁극적인 책임은 선조 자신에게 있었다. 또한 명나라 장수부터 백성들에 이르기까지 이순신은 불멸의 명성을 얻고 있었다. 이순신의 명성은 절대권력을 지닌 국왕의 권위에 위협적일 수도 있었다. 선조는 자신의 책임을 덜고 이순신의 명성을 견제할 필요가 있었다. 결국 선조의 원균 옹호는 위기의식의 발로일 수도 있었다.

한편 이순신의 부하 장수들에 대한 공도 시빗거리가 되었다. 공신도감에서는 이순신과 원균의 장계를 토대로 군공을 평가하려 했다. 이순신의 장계에는 권준, 이순신李純信의 이름이 첫머리에 올라 있었다. 원균은 이운룡과 우치적의 공을 높이 평가했지만, 등급을 논할 때는 이들을 다른 사람의 아래에 두기도 했다. 공신도감에서는 선조에게 다음과 같이 아뢰었다.

이순신의 장계는 비록 과장한 점이 없지 않으나, 분명히 의거한 데가 있습니다. 그에 비해 원균의 장계는 당초부터 군공의 등급이 분명하지 못합니다. 어느 때는 이운룡과 우치적 두 사람을 다른 사람의 밑에 두었다가 그 뒤의 장계에는 으뜸 공이라고 했습니다. 앞뒤의 전도가 심합니다.(『선조실록』 1603년 4월 28일)

그대의 충성을 백대에 전한다

공신 책정 과정에서 선조는 전투에 참가한 장수들보다는 자신의 피난길에 수행한 사람들을 더 많이 공신에 책정하려 했다. 선조는 기본적으로 자국민에 대한 신뢰가 없었다. "우리나라의 장수들이 왜적을 막는 것은 양을 몰아다가 호랑이와 싸우는 것과 같았다"(『선조실록』 1603년 2월 12일)라는 것이 선조의 기본적인 인식이었다. 선조는 의병장들의 공은 철저히 배제한 반면 명나라의 역할을 과대평가했다.

이번 왜란의 적을 평정한 것은 오로지 중국 군대의 힘이었다. (…) 중국 군대가 나오게 된 이유를 논하자면 모두가 호종한 여러 신하들이 어려운 길에 위험을 무릅쓰고 나를 따라 의주까지 가서 중국에 호

소했기 때문이다. 그래서 왜적을 토벌하고 강토를 회복하게 된 것이다.(『선조실록』1601년 3월 14일)

대신들은 역전의 무장들이 여럿 공신에서 삭제된 것에 대해 시정해줄 것을 진언했다. 무장을 매몰차게 대한다면, 누가 전쟁 때 앞장서서 나가 싸우겠는가 하는 항변이었다. 하지만 선조는 단호했다. 이순신, 원균, 고언백 외의 장수들은 진실로 적을 무찌르면서 역전한 공이 없다고 잘라 말하면서 호종한 신하들의 공을 챙겼다. 하지만 신하들은 너무 과하다고 재차 가로막았다. "호종했던 여러 신하들이야 무슨 기록할 만한 공로가 있다고 공신의 훌륭한 명칭을 차지할 수 있겠는가" 하는 입장이었다.

여러 차례 엎치락뒤치락하는 과정을 거쳐서 드디어 1604년 6월 25일 공신 책정 과정이 완료되었다. 공신들은 세 부류로 나뉘었다.

첫째는 '호성공신(扈聖功臣)'으로, 서울에서 의주까지 시종일관 왕을 따른 사람들이었다. 일등은 이항복, 정곤수, 이등은 왕자 신성군과 정원군, 이원익, 윤두수, 윤근수, 유성룡, 김응남 등, 삼등은 정탁, 이헌국 등이었다. 호성공신은 모두 86명인데, 삼등공신 가운데는 내시 24명, 이마(理馬, 궁중의 말과 가마를 맡아보던 사복시의 정6품 잡직) 6명, 의관(醫官) 2명, 별좌(別坐, 각 관아에 딸린 5품 벼슬)와 사알(司謁, 임금의 명령을 전달하는 정6품 잡직) 2명이 포함되어 있었다.

둘째는 '선무공신(宣武功臣)'으로 왜적을 친 군사와 양곡을 주청한 사신들이었다. 일등은 이순신, 권율, 원균이었다. 이등은 김시민, 이정암, 이억기 등, 삼등은 권준, 이순신^{李純信}, 기효근, 이운룡

선무공신복권 명단

등 모두 18명이었다. 호성공신에 비해 턱없이 적은 숫자였다.

셋째는 '청난공신(淸難功臣)'으로 이몽학의 난을 토벌한 사람들이었다. 일등은 홍가신, 이등은 박명현, 최호, 삼등은 신경행, 임득의 등 모두 5명이었다.

이런 논공에 대해 사관의 평가는 싸늘했다. 1603년 2월 12일자 『선조실록』에서 사관은 "요리나 하고 말고삐나 잡던 천한 자들까지 35명이나 공신의 반열에 올랐으니 어떻게 후세의 비난을 면할 수 있겠는가"라고 탄식했다. 또한 호종한 신하들은 대거 참여시키고 싸움에 임한 장수들은 소략하게 했으니, 공에 보답하는 방도를 잃었다고 혹평했다. 공신 책정 결과가 발표되던 날에도 사관은 뼈 있는 말을 적어놓았다.

호종신을 80여 명이나 녹훈했고, 그 가운데 내시가 24명이며 미천한 노비들이 20여 명이나 되었다. 어찌 분수에 지나친 일이 아니겠는가. 이몽학의 난은 고을에서 불러모은 도적떼에 지나지 않는데, 그것을 토벌한 것이 어찌 공이 될 수 있는 일이겠는가. 당초 단서철권(丹書鐵券, 공신 증서)을 만든 것이 어찌 이처럼 구차한 데 쓰려고 한 것이겠는가.

일등공신의 혜택은 공신 자신뿐만 아니라 후대에 미칠 만큼 막대했다. 공신의 모습을 그려 후세에 전하며, 관작과 품계를 세 계급이나 올려주었다. 그들의 부모와 처자도 마찬가지이며, 아들이 없으면 조카와 사위에게 두 계급을 올려주었다. 적장자는 부친의 녹봉을 세습하고 죄를 짓더라도 영원히 용서받았다. 병사 10명, 노비 13명, 관노비 7명, 논과 밭 150결(상등전 1결은 약 3천 평), 은 10냥, 궁궐에서 쓰던 말 1필도 하사했다.

공신의 은전이 막대했던 만큼 녹훈의 파장은 적지 않았다. 뒤에 공신에서 깎인 우치적은 1605년 처의 종을 시켜 대궐에서 원통한 일을 하소연하게 했다. 사헌부가 이를 소민(小民)과 같은 무지한 행동이라며 죄를 물으라고 그해 6월 5일 상소했다. 선조는 우치적의 일이 범연한 일이니 파직할 것까지는 없다고 답했다. 그만큼 공신에서 누락된 이들의 상실감과 소외감이 컸던 셈이다.

이순신은 노량해전에서 전몰한 직후 우의정으로 추증되었고, 1604년(선조 37) 7월 12일에는 좌의정, 1793년(정조 17) 7월 21일에는 영의정에 이름이 올랐다. 1643년(인조 21)에는 이순신에게 '충무공'의 시호가 내려졌다.

정조 때 이순신의 이름에는 '유명수군제독 조선국 증효충장의적의협력 선무공신 대광보국 숭록대부 의정부 좌의정 덕풍부원군 행정헌대부 전라좌도 수군절도사 겸 삼도 통제사 시충무공 이순

정조 때 내린 충무공 증시교지(贈諡敎旨)

신'(有明水軍都督 朝鮮國 贈效忠丈義 迪毅協力 宣武功臣 大匡輔國崇祿大夫 議政府 左議政 德豊府院君 行正憲大夫 全羅左道水軍節度使 兼三道統制使 諡忠武公 李舜臣)이라는 길고도 영예로운 이름이 붙었다.

이순신은 우리에게 무엇이었나

이순신의 생애를 한마디로 요약하는 것은 불가능하다. 아니 부질없는 일이다. 모든 인간이 그렇듯이 그도 언어의 성긴 올로는 그릴 수 없는 천 개의 얼굴과 심장을 가진 존재였다. 인간의 내면을 일종의 극장이라고 한다면, 거기서 공연되는 연극에는 스스로 선택한 소품도 미리 짜인 각본도 고정된 역도 없다. 더구나 그 연극은 그 자신만이 독해할 수 있으며, 때로는 그 자신에게마저 불가해하다. 그것이 인간의 숙명이다.

그렇다고 해서 한 인간의 내면에 건축된 극장의 모든 출입구가 봉쇄되어 있는 것은 아니다. 우리는 그의 말이나 행동, 또는 그가 남겨놓은 기록을 실마리 삼아 극장 안을 엿볼 수 있다. 물론 그것은 불완전하고 때로는 오독의 위험이 도사리고 있다. 그가 우리와 동시대를 살아가는 인물이라면, 해석의 정확성은 상대적으로 높아진다. 하지만 수백 년 전의 인물이라면? 혼돈과 억측과 곡해를 피할 길이 없을 것이다.

이순신의 경우는 그래도 행복한 축에 끼는 편이다. 그가 쓴 방대한 분량의 장계나 일기는 거의 원형 그대로 보전되어왔다. 정조 때 국가사업으로 편찬된 『이충무공전서』는 당대인과 후대인의 증언을 거의 대부분 망라해놓았다. 하지만 여전히 한계는 있다. 어떤 시기나 사건에 관한 기록은 공백으로 남은 채 영원히 침묵하고 있다. 때로는 의도적으로 특정 기록을 누락시켰다는 혐의마저 없지 않다. 따라서 그의 일생도 그저 희미한 윤곽만을 그려볼 수 있을 따름이다.

이순신은 비극적인 인간이었다. 그의 시대가 비극적이었고, 그의 개인사 또한 비극의 색채로 물들어 있었다. 그는 얄궂게도 전란의 조짐이 보일 무렵 변방의 장수로 임명되었고, 자신의 의지와는 무관하게 전쟁의 운명이 그의 어깨 위에 걸려 있었다. 섬나라 오랑캐의 만행으로 국토가 요절나고 백성들이 피의 제물로 바쳐졌을 때, 그의 존재 자체가 위대했다. 혼미한 시대에 그는 거대한 악과 맞서 무릎 꿇지 않았다.

바깥의 적은 이순신을 거꾸러뜨릴 수 없었다. 제갈량이 말한 것처럼 작전 명령은 격류와 같이 신속히 전파하고 작전 명령의 성과는 독수리나 매가 목표물을 포획하는 것처럼 정확했다. 정지해 있을 때는 활처럼 충만한 힘을 비축했다가 행동할 때는 기계가 작동하는 것처럼 박력이 있었다. 장수로서 이순신을 빛나게 했던 것은 전략적 기지나 신중성, 장기적 안목뿐만 아니었다. 오히려 인간적 품성과 실천성이 그의 참된 미덕이었다. 『회남자』의 다음 말은 '무사' 이순신의 생애에도 적용될 수 있다.

옛날의 훌륭한 장수는 반드시 자신이 앞장을 섰다. 그는 더위도 수레에 포장을 치지 않고 추위도 갖옷을 입지 않았다. 추위와 더위를 헤아리기 위해서 그랬던 것이다. 험하고 좁은 곳에서는 수레를 타지 않고, 구릉을 올라갈 때는 반드시 수레에서 내렸다. 수고로움과 편함을 가지런히 하고자 한 까닭이다. 군사들의 밥이 익은 후에야 먹고 군사들이 우물물을 다 같이 마신 후에야 물을 마셨다. 기갈을 같이하기 위한 까닭이다. 교전을 벌일 때는 반드시 시석(矢石)이 날아오는 곳에 가서 섰다. 안위를 같이하기 위한 까닭이다. 그러므로 훌륭한 장수가 용병할 때는 항상 적덕(積德)으로써 적원(積怨)을 치고, 애정을 쌓음으로써 증오가 쌓이는 것을 쳤다. 그러니 어찌 이기지 않겠는가.

이순신을 불행에 빠뜨린 것은 바깥의 오랑캐가 아니라 내부의 적이었다. 문치주의 사회에서 무장의 지위는 문신 관료에 비해 열등했다. 유교적 이상주의는 평화시에는 추상적인 도덕으로 군신간의 위계질서를 유지하고 백성들을 묶어둘 수 있을지 모르지만, 전시에는 모든 질서가 한순간에 허물어지면서 비생산적인 공리공론에 빠지기 십상이었다. 게다가 수군 장수는 육군 장수에 비해 천대받았다. 전장의 특수성은 무시되고 군사작전의 자율성과 효율성은 훼손되었다.

이순신은 이런 두 겹의 불리한 조건 속에서 불가해한 적과 대치하며 악전고투해야 했다. 그를 궁극적으로 곤경에 빠뜨린 것은 국왕이었다. 손자는 군주가 군을 위험에 빠뜨리는 세 가지 조건을 꼽았다. 군대가 전진해서는 안 될 때 전진하라고 명령하고 군대가 후퇴해서는 안 될 때 후퇴하라고 명령하는 것, 군사행정에 간섭하는 것, 그리고 군사의 명령계통을 무시하고 군사업무에 참여하는 것이 그것이다.

선조는 군사에 무지했을 뿐만 아니라 승리 아니면 패배라는 이분법적 사고방식에 젖어 있었다. 클라우제비츠가 말한 것처럼 전쟁은 불확실성과 우연의 영역이다. 전쟁의 승리와 패배는 몇몇 군사적 천재들만의 대결로 판가름나는 것이 아니라, 전투원과 비전투원을 가리지 않고 모든 인간의 육체적 고통과 의지의 한계가 충돌하면서 결판나는 것이다. 선조는 이런 전장의 논리를 무시한 채 승패의 도식적인 틀로 이순신을 정죄하려 했다.

이순신에게 국왕을 정점으로 하는 중앙정치가 불가해했다면, 동료 장수 원균과의 관계는 통제불능의 영역이었다. 이순신과 원균처럼 원한과 증오, 질투로 일그러진 극단적인 숙명의 관계도 역사상 찾아보기 어려울 것이다. 둘은 역사의 평가에서 승자와 패자, 피해자와 가해자, 주연과 악역으로 엇갈렸지만, 서로 미워하면서 닮아가는 기묘한 짝패이기도 했다. 이순신이 차가운 이성의 소유자였다면, 원균은 뜨거운 감성의 인물이었다. 이순신은 전장에서는 냉정했지만, 유독 원균에 대해서만은 평정을 잃었다.

앞에서 살펴본 것처럼 이순신의 내면은 비애로 얼룩져 있었다. 우리가 독해할 수 있는 한 그의 감정의 기상상태는 언제나 흐린 안개가 끼어 있거나 추적추적 비가 내리고 있었다. 그의 일기(日記)는 마치 비나 바람이 주역인 것처럼 일기(日氣)가 불순한 날이 잦았다. 그는 밤이면 달에 매혹된 채 늘 혼자서 근심과 시름으로 잠을 이루지 못했다. 그의 프로필은 고독한 단독자의 모습 그것이었다.

전장의 소름끼치는 공포와 두려움보다는 소통불능의 조정과 원균에 대한 원한이 이순신의 영혼을 주름지게 했다. 가족들의 죽음과 질병도 그의 우울증과 수심의 깊이를 더했다. 그 시대에 누구나 전쟁의 참화에서 자유롭지 못했듯이, 이순신의 가족에게도 가혹한 운명은 비켜가지 않았다. 노모와 아들의 죽음은 이순신의 비극과 긴밀하게 엮여 있었다. 나라의 치욕과 가족의 슬픔과 자신의 질병이 한꺼번에 닥쳐들면서 그의 생애는 순교자의 그것을 닮아갔다. 그가 남긴 어떤 기록에서도 웃음을 찾아볼 수 없는 것은 놀라운 일이 아니다.

이순신의 생애에서 가장 숭고했던 순간은 이승에서 저승으로 문턱을 넘을 때였다. 신화학자 조셉 캠벨은 영웅은 마땅히 무덤과 화해할 수 있어야 한다고 말했다. 이순신은 죽음의 순간에 무덤과 화해했을 뿐만 아니라, 불행했던 시대와 삶의 상처와도 화해했다. 그는 자신의 목숨을 시대와 나라의 제단에 바침으로써 전쟁터의 영웅을 초월해 민족의 영웅, 국가의 영웅, 삶의 영웅으로 도약했다. 개인의 생이 끝나는 순간에 민족이라는 더 큰 공동체의 기억 속에 불멸의 인물로 새겨졌다는 점에서 이순신은 위대했다.

영웅과 완전무결한 인간은 등식이 아니다. 이순신도 결코 흠결 없는 인간이 아니었다. 승리의 영광을 차지하기 위해 숙적과 경쟁했고, 판단착오로 부하들의 목숨을 잃기도 했다. 자신에게 불리한 사건은 감추거나 기록하지 않았다는 의심을 받았다. 때론 자신의 생에 닥친 불행을 원망했고, 지나친 결벽증 때문에 다른 인간들을 악덕의 무리로 낙인찍기도 했다. 그는 결코 선의 화신도 신도 아니었다.

우리는 신을 숭배할지언정 사랑하기는 어렵다. 이순신은 우리와 같은 범속한 사람들의 범주에서 그리 멀리 떨어져 있지 않다. 그가 우리와 같은 인간이었다고 해서 그의 가치가 낮아지는 것은 아니다. 그는 우리와 같은 삶의 조건 속에서도 자기 삶을 자기보다 더 큰 것에 바칠 줄 알았다. 그것은 민족의 생존이었고, 공동체의 안전이었으며, 가족의 평화였다. 그에게 닥친 시련은 가혹했고 불리한 조건들이 그의 행동을 제약했지만, 그는 거기에 굴복하지 않았다.

오늘날 우리가 이순신과 같은 삶을 살 수는 없다. 그는 전쟁이라는 극단적인 조건에서 자신의 모든 삶을 하나의 가치로 수렴해야 했다. 그것이 이순신이 살았던 시대의 조건이자 의무였고 이순신은 그것에 성실했다. 그의 시대와 우리 시대는 별종의 인간이 살아가는 것처럼 동떨어져 있다. 그럼에도 그때나 지금이나 추구하는 가치는 별반 다르지 않다. 자아의 좁은 울타리에서 벗어나 타자나 공동체를 위해 헌신할 수 있는 지혜와 용기와 결단력, 그것은 예나 지금이나 인간이 도달하려는 가치다. 이순신은 비록 미완성의 초안이기는 했지만, 인간의 보편적 가치로 향하는 하나의 길을 우리에게 열어주었다.

참고문헌

사료

이은상 역주, 『국역 주해 이충무공전서(상 · 하)』, 충무공기념사업회, 1960.
이은상 역주, 『난중일기』, 현암사, 1968.
조선왕조실록 CD-ROM 간행위원회, 『국역 조선왕조실록』, 동방미디어, 1999.
유성룡, 허선도 옮김, 『서애집 · 징비록』, 양우당, 1988.
조경남 외, 민족문화추진회 옮김, 『국역 대동야승』, 민족문화추진회, 1966.
이긍익, 민족문화추진회 옮김, 『국역 연려실기술』, 민족문화추진회, 1967.
한치윤, 민족문화추진회 옮김, 『국역 해동역사』, 민족문화추진회, 2002.
신흠, 민족문화추진회 옮김, 『국역 상촌집』, 민족문화추진회, 1994~1996.
윤휴, 민족문화추진회 옮김, 『국역 백호전서』, 민족문화추진회, 1995~1996.
신숙주 외, 민족문화추진회 옮김, 『국역 해행총재』, 민족문화추진회, 1966.
이항복, 민족문화추진회 옮김, 『국역 백사집』, 민족문화추진회, 1998~1999.
이산해, 민족문화추진회 옮김, 『국역 아계유고』, 민족문화추진회, 1997~1998.
이이, 민족문화추진회 옮김, 『석담일기』, 솔, 1998.
임형택 편역, 『이조시대 서사시 하』, 창작과비평사, 1992.
신숙주 · 강항, 이을호 옮김, 『해동제국기 · 간양록』, 대양서적, 1975.
한우근 외, 『역주 경국대전』, 한국정신문화연구원, 1985.

국사편찬위원회, 『국역 중국 정사 조선전』, 국사편찬위원회, 1986.

Herodotos, *Historiai*, 박광순 옮김, 『역사』, 범우사, 1987.

저서(가나다 순)

국립진주박물관 엮음, 『프로이스의 『일본사』를 통해 다시 보는 임진왜란과 도요토미 히데요시』, 부키, 2003.

국방군사연구소 엮음, 『한국군사사 논문선집 5 왜란·호란편』, 국방군사연구소, 1999.

국사편찬위원회, 『한국사 24 조선 초기의 경제구조』, 국사편찬위원회, 1994.

국사편찬위원회, 『한국사 27 조선 초기의 문화 II』, 국사편찬위원회, 1996.

국사편찬위원회, 『한국사 29 조선 중기의 외침과 그 대응』, 국사편찬위원회, 1995.

국사편찬위원회, 『한국사론 22 임진왜란의 재조명』, 국사편찬위원회, 1992.

국사편찬위원회, 『한국사론 3 조선전기』, 국사편찬위원회, 1981.

국사편찬위원회, 『한국사론 4 조선후기』, 국사편찬위원회, 1981.

김재근, 『거북선의 신화』, 정우사, 1978.

김재근, 『조선왕조 군선연구』, 일조각, 1977.

김한규, 『한중관계사(II)』, 아르케, 1999.

남천우, 『이순신, 왜란, 선조 그리고 의문의 죽음』, 역사비평사, 1994.

문일평, 정해렴 편역, 『호암사론사화선집』, 현대실학사, 1996.

박병호, 『한국의 전통사회와 법』, 서울대출판부, 1985.

방상현, 『조선초기 수군제도』, 민족문화사, 1991.

오봉근, 『조선 수군사』, 사회과학출판사(평양), 1991.

육군사관학교 한국군사연구실 엮음, 『한국군제사 근세 조선 전기편』, 육군본부, 1968.

이익, 정해렴 편역, 『성호사설 정선(상·하)』, 현대실학사, 1998.

이기백, 『한국사학의 방향』, 일조각, 1978.

이상백, 『한국사 근세전기편』, 을유문화사, 1962.

이성무, 『조선왕조실록 어떤 책인가』, 동방미디어, 1999.

이수광, 남만성 옮김, 『지봉유설(상·하)』, 을유문화사, 1994.

이은상, 『성웅 이순신』, 햇불사, 1969.

이장희, 『근세조선사논고』, 아세아문화사, 2000.

이장희, 『임진왜란사 연구』, 아세아문화사, 1999.

이재범, 『원균을 위한 변명』, 학민사, 1996.

이중환, 이익성 옮김, 『택리지』, 을유문화사, 1993.

이진희, 『한국과 일본 문화』, 을유문화사, 1982.

이진희 · 강재언, 김익한 · 김동명 옮김, 『한일교류사』, 학고재, 1998.

이형석, 『임진전란사(전3권)』, 신현실사, 1974.

장학근, 『조선시대 해양방위사』, 창미사, 1988.

정문기, 『어류박물지』, 일지사, 1974.

정약전, 정문기 옮김, 『자산어보』, 지식산업사, 1977.

정시채, 『한국관료제도사』, 화신출판사, 1977.

진단학회 엮음, 『이충무공 350주기 기념 논총』, 동학사, 1950.

차문섭, 『조선시대 군사관계 연구』, 단대출판부, 1996.

천관우, 『한국사의 재발견』, 일조각, 1974.

최관, 『일본과 임진왜란』, 고려대출판부, 2003.

최남선, 『육당 최남선 전집1 한국사(통사편)』, 현암사, 1973.

최두환, 『충무공 이순신 전집 5』, 우석, 1999.

최문정, 『임진록 연구』, 박이정, 2001.

최석남, 『한국수군활동사』, 명양사, 1965.

최영희, 『임진왜란』, 세종대왕기념사업회, 1974.

한국고문서학회, 『조선시대 생활사 2』, 역사비평사, 2000.

한국문화상징사전 편찬위원회, 『한국문화상징사전』, 동아출판사, 1992.

한국역사연구회, 『한국역사 속의 전쟁』, 청년사, 1997.

한명기, 『임진왜란과 한중관계』, 역사비평사, 1999.

한일관계사학회, 『한국과 일본, 왜곡과 콤플렉스의 역사 2』, 자작나무, 1998.

해군군사연구실 엮음, 『임란수군활동사 연구논총』, 해군군사연구실, 1993.

해양전략연구부, 『세계해전사』, 해군대학, 1998.

홍양호, 국방부전사편찬위원회 옮김, 『해동명장전』, 국방부전사편찬위원회, 1987.

孫武, 남만성 역주, 『손자병법』, 현암사, 1965.

諸葛亮, 박동석 편역, 『제갈량집』, 홍익출판사, 1998.

村上智順, 『朝鮮の占卜と豫言』, 김희경 옮김, 『조선의 점복과 예언』, 동문선, 1990.

Lambert, Andrew, *Nelson*, 박아람 옮김, 『넬슨』, 생각의나무, 2005.
Montgomery, Bernard Law, *A History of Warfare*, 승영조 옮김, 『전쟁의
　　역사 I』, 책세상, 1995.

논문(가나다 순)

김수룡, 「이순신, 넬슨, 도오고 제독의 해전 비교」, 『군사논단』12호, 1997년
　　가을.
김용국, 「임진왜란중 서울 수복전과 방어계획(상 · 하)」, 『향토 서울』22 ·
　　23호, 1964.
김재근, 「거북선의 신화와 그 혈통」, 『자유』125호, 1983년 7월.
김재근, 「조선왕조의 수군」, 『군사』 창간호, 1980년 12월.
김태준, 「일본에서의 충무공 이순신 장군의 명성」, 『현대사조』10호, 1978년
　　9월.
김태준, 「임진란과 이순신의 시대」, 『명대 논문집』14집, 1983.
남천우, 「구선구조에 대한 재검토」, 『역사학보』71집, 1976.
박석황, 「임진왜란기 조선군의 화약병기에 대한 일고찰」, 『군사』 30호,
　　1995년 6월.
박성래, 「신화와 사실 거북선 이야기」, 『세대』180호, 1978년 7월.
박성봉, 「충무공 이순신 연구」, 경희대 박사학위 논문, 1992.
박혜일, 「이순신의 전사와 자살설에 대하여」, 『창작과 비평』1993년 가을호.
박혜일 외, 「이순신의 명량해전」, 『정신문화연구』88집, 2002년 가을.
이규성, 「해양력과 국가흥망사」, 『해양전략연구 논총』3호, 2002년.
이상훈, 「조선 전기 도체찰사에 대한 소고」, 『군사』38호, 1999년 10월.
이일상, 「충무공 이순신과 넬슨 제독의 해전 비교 연구」, 『군사논단』8호,
　　1996년 가을.
이장희, 「임란중 양향고」, 『사총』15 · 16합집, 1971.
이장희, 「조선전기 사대교린 관계와 국방정책」, 『군사』34호, 1997년 6월.
이재호, 「이충무공의 구국정신 특히 원균 관계의 곡필에 대한 변박」, 『해양

전략』88호, 1995.

이정일, 「원균론」, 『역사학보』89집, 1981.

이태진, 「임진왜란 극복의 사회적 동력」, 『한국사학』5집, 1983.

이태진, 「임진왜란에 대한 이해의 몇 가지 문제」, 『군사』 창간호, 1980년 12월.

이현종, 「임진왜란과 서울」, 『향토 서울』18호, 1963.

장강남, 「임란 실기의 문학적 특성 고찰」, 『숭실어문』11집, 1994.

장학근, 「이순신, 원균의 시대별 여론추이와 평가」, 『동서사학』5호, 1999.

장학근, 「임란기 선조의 전략사고와 수군의 입장」, 『사학지』28집, 1995.

정두희, 「이순신」, 『한국사 시민강좌』30집, 2002.

정중환, 「임진왜란시의 부산지구 전투」, 『군사』2호, 1981년 8월.

조성도, 「명량해전 연구」, 『군사(軍史)』4호, 1982년 7월.

조주관, 「텍스트의 만남: 뿌쉬낀의 「청동 기마상」과 김지하의 「구리 이순신」」, 『러시아 어문학 연구논집』7집, 2000.

최두환, 「이순신의 꿈과 심리적 불안해소」, 『해양전략』91호, 1996.

최두환, 「충무공 이순신의 여가선용 종정도 놀이 연구」, 『해양전략』95호, 1997.

최영호, 「역사적 사실과 문학적 상상력 한국 문학 속에 나타난 이순신」, 『이순신 연구』 창간호, 2003.

최영희, 「임란 의병의 성격」, 『군사』2호, 1981년 8월.

최영희, 「임진왜란중의 대명사대에 대하여」, 『사학연구』18집, 1980.

최칠호, 「이순신 장군의 전략구상과 작전결과」, 『군사』2호, 1981년 8월.

한명기, 「정유재란 시기 명 수군의 참전과 조명연합작전」, 『군사』38호, 1999년 10월.

허선도, 「「제승방략」 연구(상·하)」, 『진단학보』36·37집, 1973·1974.

허선도, 「임진왜란에 있어서의 이충무공의 승첩」, 『군사』2호, 1981년 8월.

황원구, 「명사(明史) 「조선전(朝鮮傳)」 역주(Ⅰ·Ⅱ)」, 『동방학지』14·15집, 1973·1974.

인간 이순신 평전

ⓒ 박천홍 2005

1판 1쇄 | 2005년 9월 3일
1판 3쇄 | 2009년 10월 28일

지 은 이 | 박천홍
펴 낸 이 | 김정순
책임편집 | 이주엽
펴 낸 곳 | (주)북하우스 퍼블리셔스
출판등록 | 1997년 9월 23일 제406-2003-055호

주   소 | 121-840 서울시 마포구 서교동 395-4 선진빌딩 6층
전자메일 | editor@bookhouse.co.kr
홈페이지 | www.bookhouse.co.kr
전화번호 | 02-3144-3123
팩   스 | 02-3144-3121

ISBN 89-5605-131-3 03910

이 도서의 국립중앙도서관 출판도서목록(CIP)은 e-CIP 홈페이지(http://www.nl.go.kr/cip.php)에서
이용하실 수 있습니다.(CIP제어번호:CIP2005001606)